Le guide du

GOLF

POUR FEMMES

Le *guide du*

GOLF
POUR FEMMES

Un guide complet
pour améliorer votre jeu

VIVIEN SAUNDERS

 **Broquet**

97-B, Montée des Bouleaux, Saint-Constant, Qc, Canada, J5A 1A9
Tél. : (450) 638-3338 / Télécopieur : (450) 638-4338
Site Internet : www.broquet.qc.ca
Courriel : info@broquet.qc.ca

Données de catalogage avant publication (Canada)

Saunders, Vivien

Le guide du golf pour femmes : Le guide complet pour améliorer votre jeu

Traduction de : The women's golf handbook.
Comprend un index.

ISBN 2-89000-613-1

1. Golf féminin. 2. Golf - Matériel. 3. Savoir-vivre - Golf. I. Titre.

GV966.S2814 2004 796.352'082 C2003-941875-8

Pour l'aide à la réalisation de son programme éditorial, l'éditeur remercie :
Le Gouvernement du Canada par l'entremise du Programme d'Aide au Développement de
l'Industrie de l'Édition (PADIÉ) ; La Société de Développement des Entreprises Culturelles
(SODEC) ; L'Association pour l'Exportation du Livre Canadien (AELC).; Le Gouvernement
du Québec - Programme de crédit d'impôt pour l'édition de livres - Gestion SODEC.

Conçu, édité et créé par Marshall Editions
Pour l'édition originale parue sous le titre *The women's Golf handbook*
Copyright © 2000 Marshall Editions Developments Ltd.

Rédacteur de projet Guy Croton
Directeur de la création Glen Wilkins
Recherche photo Caroline Watson
Éditeur en chef Wendy James
Éditeur artistique Wendy James
Directeur de la rédaction Ellen Dupont
Directeur artistique Dave Goodman
Coordonnateur à la rédaction et à l'édition Ros Highstead
Production Amanda Mackie

Pour l'édition en langue française
Copyright © Ottawa 2004 - Broquet inc.
Dépôt légal — Bibliothèque nationale du Québec
1er trimestre 2004
Imprimé à Milanostampa en Italie

ISBN 2-89000-613-1

Table des matières

Introduction

En 1977, Vivien Saunders devenait la première Européenne à se qualifier pour le US Tour et le British Ladies Open Champion. Elle possède deux terrains de golf très fréquentés en Angleterre et suit de près les activités des équipes nationales de plusieurs pays. Elle a été nommée entraîneur sportif de l'année à deux reprises en Angleterre et, en 1977, officier de l'Ordre de l'Empire britannique pour services rendus au golf.

Le Guide du golf pour femmes s'adresse à toutes celles qui s'intéressent de près ou de loin à ce merveilleux sport : débutantes, joueuses chevronnées et même ces passionnées qui aiment le regarder sans le pratiquer.

Il va sans dire que la meilleure façon d'apprendre consiste à se rendre sur un terrain de golf ou un terrain d'exercice, mais quelle que soit votre approche, *Le Guide du golf pour femmes* vous sera d'une grande utilité.

Ce guide spécialement conçu pour les femmes est abondamment illustré et contient de superbes photographies. Il présente les notions élémentaires du golf ainsi que sa terminologie et ses règles. Les golfeuses accomplies y puiseront également de précieux conseils, tant en matière de technique que sur le plan de la psychologie sportive, lesquels augmenteront leur compréhension du jeu et leur permettront de hausser leur niveau d'un cran.

Chacune des pages est agrémentée de pensées à mémoriser qui amélioreront votre style ou vous seront utiles pour participer à un tournoi. Le golf est un sport merveilleux, accessible aux personnes de tous les âges, de 6 à 80 ans. Beaucoup de femmes ont commencé à pratiquer ce sport dans la cinquantaine ou la soixantaine et sont encore capables de maintenir un bon niveau de jeu. Le principal avantage du golf

réside dans l'application du principe des handicaps. Ce système permet aux débutantes de rivaliser avec des joueuses de calibre très supérieur. Il s'agit d'un sport dans lequel les hommes et les femmes partent sur un pied d'égalité en raison des handicaps et des différentes longueurs de parcours.

Actuellement, il y a probablement plus de 10 millions de femmes qui pratiquent le golf dans le monde, dans presque tous les pays, sur des terrains qui offrent de captivants défis et de magnifiques paysages. Ce sont des lieux conviviaux où se nouent de belles amitiés.

Si vous n'avez jamais pratiqué le golf, j'espère que ce livre vous permettra de vous familiariser de façon agréable avec ses rudiments.

Si vous êtes une joueuse expérimentée, je suis convaincue que vous serez encore meilleure une fois que vous aurez terminé le livre.

Bon golf !

VI Saunders

Vivien Saunders, Abbotsley, St Neots, Cambridgeshire
www.ladiesgolf.co.uk

Le golf au féminin – survol historique

L'origine précise du golf demeure un mystère. On suppose que ce sport date de l'époque médiévale, alors que les bergers frappaient des cailloux à flanc de coteau à l'aide de leur houlette pour passer le temps pendant les longues heures de garde des moutons.

Une autre hypothèse veut que ce jeu soit un dérivé du *chole*, un passe-temps d'origine flamande qui était pratiqué en Angleterre au milieu du 14e siècle.

Toutefois, la version qui semble la plus vraisemblable concerne un jeu hollandais du nom de kolf, qui a existé dès la fin du 13e siècle et a été représenté au 16e siècle dans de nombreux paysages de tableaux hollandais. Les « golfeurs » de l'époque ont assurément joué dans toutes les régions du pays, se servant d'un club et d'une balle, et visant non pas des trous mais des cibles, généralement les portes de certains immeubles.

Néanmoins, c'est en Écosse que le golf a réellement connu son essor. Du nord au sud de la côte est, il est devenu si populaire qu'en 1457 le roi James II a décidé de bannir, dans une loi du Parlement, et le golf et le foot (soccer en Amérique du Nord), car ces deux sports nuisaient à la pratique du tir à l'arc. Le monarque jugeait indispensable que les Écossais sachent manier arcs et flèches avec dextérité pour garder les Anglais à distance.

Ce jeu est demeuré l'apanage des Écossais, si l'on excepte le *kolf* hollandais, jusqu'au règne de James VI d'Écosse, qui, devenu roi d'Angleterre, a contribué à le populariser dans le sud du pays. À Blackheath, dans le sud de Londres, les nobles écossais avaient aménagé un parcours de sept trous afin que le roi et sa cour puissent continuer de pratiquer leur jeu favori.

Les premiers terrains aménagés en Écosse ressemblaient peu à ceux d'aujourd'hui. Les parties étaient disputées sur des terres publiques, en des endroits qui sont demeurés des terrains de golf parsemés d'obstacles naturels. Non seulement les murs et les fossés faisaient-ils partie du jeu, mais les joueurs devaient souvent se frayer un passage au milieu d'autres personnes qui s'adonnaient à divers loisirs en plein air comme l'équitation, le cricket, les pique-niques ou autres.

Catherine d'Aragon, première épouse d'Henri VIII, fut la première femme connue à manifester publiquement un intérêt marqué pour le golf. Catherine a d'ailleurs exprimé sa passion du golf dans ses écrits, mais elle a été enceinte tellement souvent, pour donner un héritier au trône britannique, qu'elle disposait malheureusement de très peu de temps libre pour s'adonner à son sport favori. Aujourd'hui encore, au début du 21e siècle, il existe d'irréductibles golfeurs chauvins qui affirment haut et fort que la place d'une femme est dans la cuisine et non sur un terrain de golf!

Marie Stuart, reine d'Écosse, avait une attitude plus ouverte. Lors de son procès, elle fut accusée de trahison pour avoir joué au golf deux jours après la mort de son époux infidèle, Lord Darnley. Nous ignorons à quel moment le golf féminin a vraiment commencé à gagner en popularité. Toutefois, il est certain que les femmes des pêcheurs de Musselburgh, sur la côte est de l'Écosse, jouaient au golf durant la deuxième moitié du 18e siècle. Elles n'étaient probablement pas d'aussi bonnes gestionnaires que la plupart des golfeuses actuelles et ne tenaient pas de registres. Les premiers clubs de golf féminin officiellement reconnus furent le St Andrews Ladies Golf Club, qui a commencé ses activités en 1867, et le Westward Ho! Club de Devon, fondé en 1868.

La Ladies Golf Union a été créée en 1893, époque à laquelle plus de 50 clubs de golf pour dames existaient dans le pays. Le golf s'est répandu dans toute l'Amérique et les pays du Commonwealth britannique. En 1930, eut lieu le premier match de la Coupe Curtis, parrainé par les sœurs américaines Harriot et Margaret Curtis; la partie mettait aux prises des golfeuses amateurs des États-Unis et de la Grande-Bretagne. À partir de 1950, le golf professionnel féminin a connu un essor considérable aux États-Unis et, dans les années 1970, la fièvre du golf féminin gagnait l'Europe, l'Australie et l'Asie.

Malgré l'immense popularité du golf chez les femmes, celles-ci sont encore vues, dans plusieurs clubs, comme des joueurs de second plan. Aussi récemment qu'en 1975, l'Association des golfeurs professionnels du Royaume-Uni stipulait que les femmes membres devaient avoir les mêmes droits que les hommes, sans toutefois participer aux tournois, assister aux réunions ni voter! Dans d'autres clubs, les femmes n'ont pas le droit de jouer avant 16 heures le samedi. Il arrive également qu'elles soient limitées au statut de membre associé plutôt que d'être membres à part entière. D'autres endroits affichent des enseignes devant le pavillon, indiquant que les chiens et les femmes ne sont pas admis. Heureusement, grâce à la loi et à une attitude plus respectueuse envers les femmes, les règles et les traditions sont en voie de changer, même si aux États-Unis et dans le Royaume-Uni, il existe des clubs où les femmes divorcées ne peuvent être membres, où on leur refuse le droit d'être actionnaires ou de voter, et où les femmes seules ne sont pas admises.

À la fin du 20ᵉ siècle, les deux meilleures golfeuses de tout le circuit professionnel

Laura Davies Originaire d'Angleterre, Laura Davies est l'une des femmes qui frappent la balle le plus loin. Elle est l'une des meilleures joueuses au monde depuis plusieurs années et une excellente ambassadrice du sport en général.

n'étaient ni américaines ni britanniques. L'Australienne Karrie Webb était la joueuse par excellence et la Suédoise Annika Sorenstam, sa plus proche rivale. Ces deux athlètes de haut niveau sont originaires de pays où les golfeuses ont un statut égal à celui des hommes.

De nos jours, dans certains pays, Catherine d'Aragon trouverait peu de clubs disposant des installations requises pour accueillir une jeune mère de famille participant à un sport professionnel. Marie Stuart elle-même (en dépit de son statut royal) ne pourrait être membre du Royal and Ancient Golf Club de St-Andrews. Pire encore, certains clubs pourraient même lui demander de remettre sa démission en raison de son statut de veuve !

C'est un départ

Au golf, les points forts et les points faibles des femmes diffèrent sensiblement de ceux des hommes. La plupart des femmes ont une plus grande mobilité et apprennent plus facilement à exécuter un élan raffiné. Les problèmes des femmes concernent plutôt le contact et la distance ; de façon générale, les hommes gardent mieux l'œil sur la balle, obtiennent un meilleur contact et évaluent mieux la hauteur du point d'impact de la balle et la distance.

Si vous n'avez jamais joué au golf, commencez par accompagner une joueuse expérimentée ou servez-lui de caddie. Ainsi, vous pourrez vous familiariser avec l'étiquette, saurez où vous placer sur le terrain, connaîtrez les clubs et apprendrez quelques-uns des termes essentiels de ce sport.

Les deux ou trois premières leçons devraient être les plus importantes de votre carrière de golfeuse. Un terrain d'exercice adjacent à un parcours de golf constitue l'endroit idéal pour faire ses premières armes, particulièrement lorsqu'il s'agit d'un parcours de par 3. Les professionnels de l'endroit peuvent vous donner des cours sur le terrain d'exercice même et vous guider dans vos premiers pas sur un terrain de golf.

Mais ne précipitons pas les choses, car il faut bien commencer quelque part. Vous trouverez dans ce chapitre tout ce que vous devez savoir sur les différents types de clubs et comment vous équiper.

La Suédoise Catrin Nilsmark appartient à l'élite du golf professionnel.

Choisir ses clubs

Vous changerez de clubs au fil de votre progression. Il est préférable de commencer avec quelques-uns et d'apprendre à bien les utiliser plutôt que d'en avoir plusieurs et de ne pas être capable de les différencier.

Autrefois, il n'y avait pas de limite au nombre de clubs que les joueurs pouvaient transporter sur le terrain. Des photographies prises aux États-Unis dans les années 1940 montrent des caddies transportant péniblement jusqu'à 30 clubs différents! Aujourd'hui, les golfeurs sont limités à un maximum de 14 clubs, mais il y a tout de même moyen de faire des choix. Les fabricants produisent des ensembles comprenant cinq bois

pour les longues distances et 11 fers conçus pour différentes distances, parmi lesquels vous pourrez faire votre choix, ainsi qu'un putter.

Les débutantes devraient se contenter de quelques clubs pour commencer, soit la moitié d'un ensemble complet. Cet ensemble réduit devrait comprendre les bois 3 et 7, les fers 5, 7 et 9, un sand wedge et un putter. La meilleure chose à faire consiste à demander au

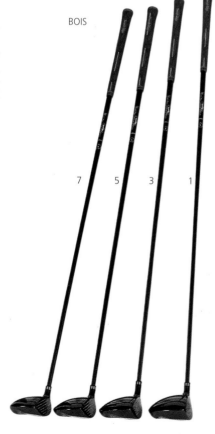

BOIS

7 5 3 1

Il existe plusieurs formes différentes de têtes de putter et chaque joueuse y va selon ses préférences personnelles. Il est préférable d'essayer différents modèles avant de faire son choix.

Le degré d'inclinaison ou d'ouverture de la face d'un club est le principal facteur permettant d'atteindre une certaine distance avec ce club. Règle générale, plus le chiffre est petit, moins l'inclinaison de la face du club est prononcée et plus la balle ira loin.

IMPORTANT
Commencez avec quelques clubs et complétez votre ensemble plus tard.

professionnel du terrain que vous fréquentez de vous aider à choisir des clubs au fur et à mesure de votre progression. Vous pourrez également troquer votre ensemble de débutante pour un ensemble plus complet lorsque vous aurez fait des progrès, ce qui devrait prendre au maximum deux ans.

L'ensemble idéal pour une golfeuse moyenne est constitué des bois 1, 3, 5 et 7, des fers 3, 4, 5, 6, 7, 8 et 9, d'un pitching wedge — identifié P dans l'illustration ci-dessous —, d'un sand wedge — identifié S dans l'illustration ci-dessous — et d'un putter. Le driver et le fer 3 peuvent s'avérer des clubs difficiles à maîtriser pour des joueuses moyennes. Beaucoup de golfeuses professionnelles n'utilisent plus de fer 3, lui préférant un bois 7, qui couvre environ la même distance. La plupart des femmes trouvent plus facile d'utiliser le bois 7. Quelques fabricants produisent des bois 2, lesquels sont munis d'une face un peu plus ouverte et sont plus faciles à utiliser qu'un bois 1. Pour une joueuse ayant un handicap plus élevé, un bon ensemble réduit devrait comprendre les bois 3, 5 et 7 avec les fers 4 à 9, le sand wedge et, bien sûr, le putter.

Il existe des putters de formes et de matériaux divers, offerts dans différentes couleurs. Choisissez-en un conçu spécifiquement pour les femmes.

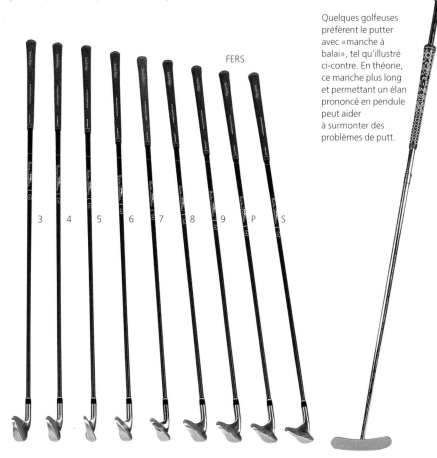

FERS

3   4   5   6   7   8   9   P   S

Quelques golfeuses préfèrent le putter avec «manche à balai», tel qu'illustré ci-contre. En théorie, ce manche plus long et permettant un élan prononcé en pendule peut aider à surmonter des problèmes de putt.

Les différents modèles de clubs

Connaître la différence entre les divers modèles de clubs vous aidera à choisir ceux qui vous conviennent le mieux. Choisissez toujours des clubs conçus spécifiquement pour les femmes, à moins que nous ne soyez particulièrement forte, que vous ne participiez à des tournois réguliers ou que vous ne soyez très grande, car les clubs pour hommes sont généralement trop lourds pour la golfeuse moyenne.

La tige est assurément la partie la plus importante du club. Les matériaux utilisés dans la fabrication d'un club changent constamment. Optez pour une tige légère en titane ou en graphite. Si la tige est trop rigide, votre balle ne lèvera pas suffisamment et vous serez portée à frapper vers la droite. C'est le principal risque que comporte l'utilisation de clubs conçus pour les hommes. Si la tige est trop faible et trop souple, elle peut faire dévier la trajectoire de la balle. N'utilisez pas de tiges trop rigides à moins d'être certaine de pouvoir bien les maîtriser.

Les formes de tête des fers

Les types de fers que vous utilisez peuvent influencer la hauteur de vos coups et le contrôle de la direction de la balle. Un club dont le poids est équilibré dans la partie inférieure de la tête aura tendance à frapper la balle plus haut. Lorsque le poids est équilibré à l'arrière du club, la balle lève moins haut.

La forme de la tête peut aussi influencer la direction des coups. Le club à décalage correcteur, dont la tête est déplacée vers l'arrière par rapport à la tige, a pour fonction de corriger le crochet extérieur, car il a été conçu de façon à aligner l'extrémité de la pointe avec le cou du club. La face de ce club a tendance à se fermer et à éliminer les slices vers la droite.

Les fers à tête large sont plus faciles à utiliser. Le poids de la majorité des clubs est réparti sur la pointe et le talon. Un club dont le poids est équilibré à la pointe et au talon permet d'agrandir la zone de frappe idéale et réduit les risques d'effectuer un mauvais coup.

Les bois à décalage correcteur

Il existe également des bois à décalage correcteur. Ceux-ci présentent les mêmes caractéristiques que les fers à décalage correcteur et contribuent à éliminer le slicing vers la droite.

L'angle d'ouverture de la face des bois et des fers augmente ou diminue selon la numérotation des clubs, ce qui permet d'exécuter des coups plus ou moins longs. La différence entre les clubs de numéros voisins est de 1,25 cm (1/2 po). Cette variation se combine à la variation angulaire de la tête des clubs en fonction de la position de la balle sur le terrain. Le pitching wedge est le club le plus droit avec les fers de longue distance et les bois sont les clubs les plus plats. La configuration des clubs doit parfois être modifiée en fonction de la taille des golfeuses.

L'angle d'ouverture (illustration de gauche) augmente avec le numéro du club et influence la longueur du coup. De façon similaire, l'angle de la tête du club (illustration de droite) et la longueur des coups varient de façon graduelle d'un club à un autre.

LES NOMS DES DIFFÉRENTES PARTIES DU CLUB

Embout

Pointe

Tête

Talon

Arrière

Tige

Tête

Embout

Face

Tige

Empreintes

Angle
d'ouverture

Embout

Col

Pointe

Semelle

Tige

Tête décalée

Embout

Col

Talon

Bord
d'attaque

Les illustrations de cette page représentent l'avant et l'arrière d'un fer ordinaire (ci-dessus et en haut à gauche), la tête d'un club compensé (en bas à droite) et d'un bois ordinaire en métal (en haut à droite). Familiarisez-vous avec les noms des différentes parties des têtes de clubs.

IMPORTANT
Les clubs compensés à tête décalée aident à corriger le slice.

Des clubs qui vous conviennent

Le choix des clubs est très important. Ils doivent être adaptés à votre taille, à votre puissance et à votre niveau de jeu. N'hésitez pas à demander l'avis d'une golfeuse professionnelle, qui vous sera fort utile.

En théorie, la plupart des joueurs peuvent utiliser des clubs d'une longueur standard. Bien que la taille des joueurs varie, les mains de la plupart se trouvent à la même distance du sol lorsqu'ils laissent pendre leurs bras sur les côtés. Ainsi, les femmes de 1,50 m à 1,60 m peuvent normalement utiliser des clubs de longueur standard.

N'oubliez pas que si vous allongez le club, la tige deviendra plus souple et la tête du club vous semblera plus lourde. En revanche, si vous raccourcissez un club, il deviendra plus rigide et vous sentirez moins bien la tête. Voilà pourquoi il vaut mieux que les golfeuses de petite taille ne fassent pas raccourcir leur club. Il est plus facile de saisir le club un peu plus bas.

De leur côté, les femmes de grande taille qui utilisent des clubs pour hommes risquent de ne pas avoir la puissance nécessaire pour en tirer profit. Si vous avez envie d'utiliser des clubs pour hommes, choisissez-en qui sont vraiment légers. Veuillez noter qu'en ce domaine, un professionnel de sexe masculin ne vous sera d'aucun secours. Les golfeurs masculins trouvent que les clubs pour femmes semblent très légers et c'est pourquoi ils s'avèrent souvent incapables de faire la différence entre deux ensembles de golf pour femmes.

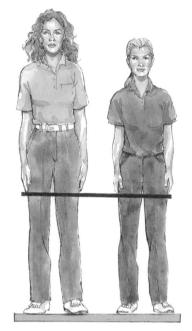

Que les golfeuses soient grandes ou petites, il faut savoir que les pointes des doigts arrivent pratiquement à la même hauteur du sol quand elles laissent pendre leurs bras. Ainsi, des clubs de longueur standard conviennent généralement à la plupart des golfeuses, quelle que soit leur taille.

Conseils d'achat

• Il est essentiel que le lie, soit l'angle formé par la semelle et la tige du club, soit approprié. Lorsque vous frappez la balle, la tige fléchit et les mains se soulèvent légèrement sous l'impact. Un angle de tête convenable devrait permettre de placer une petite pièce de monnaie sous la pointe du club.

• Si une joueuse est petite ou qu'elle place ses mains assez bas en position de départ, la pointe du club aura tendance à heurter le sol et la face du club à se fermer, avec pour résultat un léger hook. Autrement dit, le club est trop vertical. Si vous n'êtes pas très grande et que vos coups se

dirigent constamment vers la gauche, c'est sans doute l'angle de la tête qui est en cause.

• Un lie incorrect est plus problématique pour les personnes de grande taille, car la pointe peut s'enfoncer dans l'herbe au moment de l'impact et résulter en un slice chronique. Regardez la forme du divot et la marque sur la semelle du club pour vérifier si c'est bien le cas. Si vous êtes grande, achetez votre ensemble de clubs chez un professionnel et assurez-vous qu'ils sont adaptés à votre gabarit. Il est préférable de vous procurer des clubs modifiables, mais n'oubliez pas que les bois ne peuvent l'être et que vous devez faire les bons choix du premier coup.

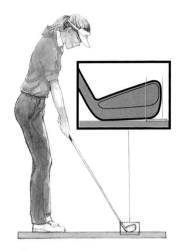

Si vous choisissez des clubs dont le lie est incorrect, vous risquez de rater vos coups. Un lie approprié, quand la tête du club repose au sol, devrait vous permettre, tel qu'illustré ci-dessus, de glisser une petite pièce de monnaie sous la pointe du club.

Les golfeuses de grande taille doivent se tenir plus près de la balle que les joueuses plus petites.

Les grips des clubs ont une grande influence sur les coups. Choisissez des clubs dont les grips vous conviennent et faite-les remplacer lorsqu'ils commenceront à être usés.

Les formes des semelles des clubs varient selon le numéro et la marque du club. Les débutantes trouvent généralement plus facile de jouer avec des clubs aux semelles arrondies (en haut à droite).

• Achetez des clubs dont le grip est de la bonne épaisseur. En théorie, un grip épais favorise un slice vers la droite, tandis qu'un grip trop mince vous obligera à tenir le club trop fermement ou à exécuter des hooks vers la gauche. Lorsque le grip est adéquat, les doigts de la main gauche touchent à peine au coussin de chair situé à la base du pouce gauche sans s'y enfoncer.
• Assurez-vous que le grip est correctement aligné et perpendiculaire à la face du club. Généralement, les grips ne sont pas parfaitement ronds, mais légèrement ovales. En conséquence, si le grip n'est pas fixé

correctement, vous aurez du mal à placer la face du club en position perpendiculaire et à conserver cette position au moment de l'impact.
• Les clubs plus légers sont généralement plus faciles à contrôler. Le poids du club peut sembler approprié lorsque vous êtes dans la boutique du pro, mais n'oubliez pas que pour être confortable, le club doit vous sembler léger même à la fin du parcours.
• Un club à semelle arrondie s'adapte mieux aux différentes pentes et s'avère plus facile à utiliser qu'un club à semelle plate.

IMPORTANT
Les tiges rigides provoquent de mauvais coups.

Il existe une vaste gamme d'articles à l'intention des gens qui pratiquent le golf. Il n'est pas nécessaire de payer cher pour vous procurer un équipement de qualité, mais il convient de le choisir pour qu'il s'adapte le mieux possible à votre style de jeu.

Les gants. La plupart des golfeuses professionnelles portent un gant à la main gauche pour assurer une prise ferme. Ces gants doivent être plus ajustés qu'un gant normal et bien s'adapter à vos doigts et à votre pouce. Lorsque vous faites l'essai d'un gant, veillez à bien l'insérer entre vos doigts et vérifiez que l'attache en Velcro s'ajuste confortablement à l'arrière de votre main.

Un certain nombre de golfeuses aiment également porter un gant à la main droite. Toutefois, il s'agit davantage d'une mesure de protection que d'une façon d'améliorer son grip. Si vous ne portez de gant droit qu'en hiver, n'oubliez pas que porter un gant supplémentaire pourrait modifier votre façon de tenir le club. Le grip du club sera plus épais et il sera plus difficile de joindre vos mains.

Les gants de cuir sont souvent chers et ils s'usent rapidement, surtout lorsqu'il fait chaud et que les mains transpirent. Les gants imperméabilisés synthétiques sont offerts en plusieurs couleurs et sont généralement lavables. Si vous les lavez, n'oubliez pas de fermer d'abord l'attache en Velcro.

Par temps froid, il est préférable d'utiliser des moufles en peau de mouton par-dessus vos gants de golf et de les retirer avant chacun des coups. Jouer avec des mitaines peut également nuire au grip du club.

Les balles de golf. Les balles utilisées par la plupart des pros masculins ne conviennent pas à la majorité des golfeuses. Trouvez un modèle qui vous plaît et restez-lui fidèle.

Il existe plusieurs types de balles. Certaines ont un revêtement souple et d'autres, rigide. Les balles à revêtement souple ont tendance à produire plus de backspin, de sidespin et à perdre de la distance. Optez pour une balle au revêtement rigide, mais avec une compression de 80 ou 90. Les balles trop dures sont souvent difficiles à jouer pour des golfeuses au handicap élevé. Un putt de 9 mètres exécuté avec une balle souple comme en utilisent bon nombre de professionnelles peut parcourir jusqu'à un mètre de moins que le même coup effectué avec une balle conçue pour les amateurs.

Les tees. La plupart des joueurs professionnels utilisent un tee en bois, mais il est préférable, pour la plupart des golfeuses, d'utiliser des tees en plastique, qu'il est possible de fixer au sol à la hauteur désirée. Les tees en plastique présentent l'avantage de permettre de placer la balle à la hauteur qui vous convient. Ils sont également plus faciles à utiliser lorsque le sol est dur en été ou pendant le gel hivernal.

Les tees en plastique sont offerts en différents formats et comportent habituellement des codes de couleur, les blancs étant les plus longs et les oranges les plus courts.

- Le tee blanc convient particulièrement aux drivers à face large.
- Le tee jaune convient particulièrement à un driver à face moins large ou à un bois n° 3 à face large.
- Le tee bleu se prête bien à l'utilisation d'un bois d'allée ou d'un fer long à partir du tertre de départ.
- Les tees rouges ou orange sont conçus pour les pars 3 avec les autres fers.

Les chaussures. Les chaussures de golf les plus confortables sont munies d'empeignes de cuir qui permettent au pied de respirer, mais également de semelles souples en caoutchouc. Que vos chaussures soient munies ou non de crampons métalliques, de crampons souples ou d'une semelle en caoutchouc intégrée, assurez-vous que la semelle est suffisamment souple. Si elle est rigide, ce qui est généralement le cas avec le cuir, la chaussure pourrait ne pas plier et frotter sur vos talons.

La hauteur des talons a une influence sur l'équilibre et le jeu de jambes. Ainsi, une chaussure munie d'un talon peu élevé transférera votre poids légèrement sur la pointe des pieds. Une chaussure sans talon transférera

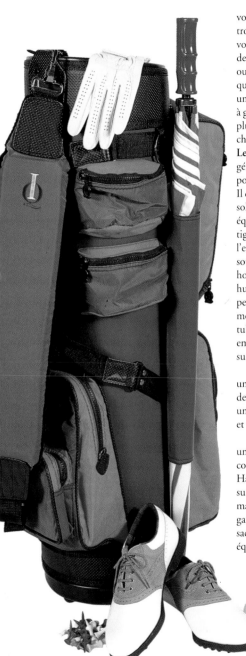

votre poids sur vos talons. Il est important de trouver une chaussure dans laquelle vous vous sentirez à l'aise. Par temps humide, vous devriez utiliser des chaussures synthétiques ou en cuir, imperméabilisées. Étant donné que la pluie peut s'infiltrer à travers les lacets, une chaussure munie d'un rabat vous aidera à garder les pieds au sec. Il est à noter que plusieurs clubs de golf interdisent les chaussures d'entraînement.

Les sacs de golf. Les débutantes ont généralement besoin d'utiliser un sac qu'il est possible de transporter avec ou sans chariot. Il doit aussi être muni d'une bandoulière solide et ajustable, permettant un bon équilibre. Si vous utilisez des clubs dont les tiges sont en graphite, assurez-vous que l'extrémité du sac est munie d'une doublure souple et sans danger pour le graphite. La housse du sac doit convenir aux temps humides pour garder les clubs au sec tout en permettant d'y accéder facilement. Certains modèles sont pourvus de compartiments tubulaires conçus pour séparer les clubs et empêcher les grips de s'user en frottant l'un sur l'autre.

Nous vous recommandons d'opter pour un sac comportant une section permettant de transporter un parapluie, de suspendre une serviette et de conserver vos clés d'auto et vos objets de valeur en sécurité.

Si vous devez transportez le sac, choisissez une bandoulière double, qui sera plus confortable pour votre dos et vos épaules. Habituez-vous à le transporter correctement sur votre épaule gauche, non verticalement mais en travers du dos. Appuyez votre coude gauche sur les têtes des clubs jusqu'à ce que le sac repose sur le creux des reins et soit bien en équilibre.

Il existe une infinité d'accessoires pour le golf. Optez pour un équipement pratique qui convient à votre bourse.

IMPORTANT
Habituez-vous à une marque de balles.

L'ensemble de golf complet

Voici d'autres articles de golf utiles sur le terrain ou lors de la préparation du jeu.

Chariot. Si vous désirez utiliser un chariot, achetez-en un muni d'une poignée ajustable, que vous pourrez fixer à une hauteur confortable. La plupart des chariots sont conçus pour des hommes qui mesurent 2 mètres et non pour des femmes qui font 30 centimètres de moins. Vérifiez l'équilibre du chariot en y mettant un ensemble de clubs.

Housses. Tous les golfeurs professionnels utilisent des housses pour couvrir leurs bois, même si ceux-ci sont maintenant faits de métal. Une longue housse protège également les tiges des bois en graphite et les empêche de se cogner sur les têtes de vos fers. Très peu de professionnels utilisent des housses pour protéger leurs fers, car ces derniers n'ont tout simplement pas besoin de protection ; enlever et remettre les housses briserait le rythme de la partie.

Housse pour putter. Si la tête de putter est en laiton ou recouverte d'une peinture de finition, une housse constituera une protection supplémentaire fort utile.

Chariot électrique. Si vous décidez d'acheter un chariot électrique, optez pour un modèle à trois roues que vous pousserez devant vous plutôt qu'un modèle à tirer. Si vous avez un certain âge, assurez-vous que vous serez capable de manœuvrer le chariot et en mesure de le ranger facilement dans votre voiture, car la batterie peut être lourde et le chariot difficile à démonter.

Sac de voyage. Si vous voyagez à l'étranger, il vous faudra un sac de voyage. Transporter des sacs de golf en avion après avoir attaché les clubs à l'aide d'une corde et en espérant qu'ils ne s'éparpillent pas est une idée plutôt saugrenue. Mettez plutôt votre sac de golf au complet dans un sac de voyage conçu pour l'avion, avec les imperméables, une paire de chaussures et tous les autres accessoires.

Sac d'entraînement. Si vous vous entraînez, simplifiez-vous les choses et procurez-vous un bon sac d'entraînement. Le modèle idéal s'ouvrira dès que vous abaisserez la fermeture à glissière. Si vous êtes un brin adroite, vous apprendrez à soulever les balles avec votre sand wedge et à les faire atterrir dans votre sac ouvert. Un sac d'entraînement pouvant contenir 60 balles est suffisant, car si vous en frappez davantage, la concentration n'y sera plus. Quelques golfeuses préfèrent utiliser un tube d'entraînement comprenant seulement 20 balles. Vous avez également la possibilité d'acheter un sac conçu pour les balles d'entraînement avec tube intégré. Ainsi, vous n'aurez pas à vous pencher et à ramasser les balles, il vous suffira de les empiler dans le tube. Toutefois, évitez de le faire sur le green, car vous risqueriez de l'endommager.

Réparateur de coups d'approche, ventouse en caoutchouc et marqueur de balle. Vous apprendrez à réparer les marques de coups d'approche sur le green. Si vous avez un handicap élevé, votre balle ne causera sans doute pas de dommages, mais vous devrez réparer les marques faites par d'autres joueurs lorsque vous vous présenterez sur le green. Vous avez aussi la possibilité d'employer un tee. La majorité des golfeuses professionnelles marquent leur balle sur le green au moyen d'une pièce de monnaie, mais il est possible d'utiliser une pièce de plastique ou de cuivre, plus visible. La plupart des gants sont accompagnés d'un petit marqueur de balle.

Compteur de pointage. Si vous êtes une débutante, vous pourriez avoir l'impression que cet accessoire, qui permet de calculer le pointage à chacun de vos coups, est indispensable. Sachez qu'il n'en est rien et qu'il est préférable de n'utiliser cet accessoire qu'au début et de compter vous-même vos coups, une fois habituée.

Tees d'hiver. Certaines golfeuses préfèrent utiliser un ensemble de trois tees en caoutchouc reliés par une corde. Elles trouvent que ces tees facilitent la tâche lorsque le sol est rigide, soit parce qu'il est gelé en hiver soit parce qu'il est desséché par le soleil au milieu de l'été.

Il existe toute une panoplie d'autres accessoires susceptibles de vous aider dans votre parcours : serviettes, nettoyeurs de balle, supports à putter à l'extérieur du sac de golf, crayons fixés à des ressorts, broches avec marqueurs de balle, accessoires fixés à l'extrémité du putter pour tenir en place un marqueur de balle et livrets de pointage qui gardent le crayon au sec.

Visitez la boutique du professionnel de votre club de golf local afin de jeter un coup d'œil sur l'éventail d'accessoires de golf offerts sur le marché.

IMPORTANT
Les gadgets de golf sont amusants.

Premières leçons

Personne ne devrait commencer à jouer au golf avant d'avoir suivi un cours. Même si vous êtes douée pour le sport, il est facile de prendre de mauvaises habitudes dont vous aurez de la difficulté à vous défaire. En suivant un cours avec un professionnel, vous apprendrez tout de suite les bonnes façons. Si vous pouvez trouver une femme comme professeur, ce sera encore mieux, car elle vous enseignera les techniques de base de façon systématique et saura instinctivement sur quels points insister.

De façon générale, les femmes préfèrent apprendre en groupe. Les néophytes pourraient trouver intimidant de s'exécuter seules devant un professionnel qui les surveille pendant 30 minutes ou une heure. Il est bon de savoir que toutes les débutantes ratent la balle à répétition pendant les deux ou trois premières leçons. Si vous suivez le cours toute seule, vous pourriez vous imaginer que vous êtes la première à manquer votre coup devant le professionnel et vous sentir vraiment idiote. En groupe, vous trouverez amusant ce qui vous semblerait déconcertant si vous étiez seule avec le professeur, car vous constaterez que toutes les golfeuses en herbe se butent aux mêmes difficultés.

Les professeurs consciencieux accordent la même attention à toutes les participantes et prodiguent régulièrement de nouveaux conseils, dans une ambiance décontractée. Idéalement, vous devriez prendre un cours de groupe complet en 20 leçons, qui couvriront tous les aspects du jeu, du driving au putting, et vous permettront d'obtenir une foule de conseils sur le déroulement d'une partie.

Un stage de golf de trois à cinq jours constitue un bon départ. Apprendre dans le cadre d'un cours intensif avec des gens qui sont sur la même longueur d'onde produit souvent d'excellents résultats. De plus, vous ne prendrez pas de mauvaises habitudes.

Essayez de trouver un professeur de golf qui utilise une caméra vidéo, car il est beaucoup plus facile de corriger ses défauts lorsqu'on se voit.

La Britannique Trish Johnson
évalue un putt dans le cadre du
Weetabix Women's British Open,
à Sunningdale, en Angleterre.

Le grip

La manière de tenir le club joue un rôle très important au golf, car il détermine la hauteur, la longueur et la direction des coups pour tous les clubs, sauf le putter. Les débutantes devraient s'entraîner avec un fer 7.

1 Posez la tête du club sur le sol, le bord d'attaque, c'est-à-dire le devant de la partie inférieure du club, face à votre objectif. Toute marque sur le grip doit pointer directement vers l'avant. Stabilisez l'extrémité du club au moyen de votre pouce et de votre index de la main droite.

2 Laissez pendre la main gauche, décontractée, le long de la tige, les doigts pointés vers le sol.

3 Pliez la main gauche, de sorte que le pouce et les autres doigts tiennent le club. Mettez votre main droite à l'écart. Le club devrait reposer en diagonale sur les doigts de la main gauche, le pouce venant se déposer légèrement du côté droit, sans étirement. Votre main gauche devrait se trouver dans la position représentée dans le médaillon ci-dessus, pendant que vous tenez le club devant vous, le pouce légèrement à droite.

4 Soulevez le club devant vous et conformez-vous aux directives suivantes. La ligne (ou le V) formée par le pouce et l'index devrait pointer vers votre oreille ou votre épaule et non votre menton. Si vous portez un gant, vous devriez voir une partie du logo de ce gant. Si vous ne portez pas de gant, attendez-vous de voir deux ou trois jointures, et non une ou quatre. Si votre main est refermée correctement, les extrémités de vos doigts ne devraient pas être visibles.

5 En gardant le club devant vous, placez votre main droite pour qu'il repose sur les articulations moyennes ou les extrémités de vos doigts. Repliez votre main droite pour compléter le grip.

6 Le pouce gauche doit reposer confortablement dans la paume de la main droite. L'index de la main droite est légèrement écarté du majeur, un peu comme s'il était appuyé sur la détente d'une arme, formant une ouverture entre ces deux doigts. Le pouce droit se place à gauche, jamais sur le devant du club. Le pouce et l'index sont séparés et le V formé par ces deux doigts doit être pointé entre l'oreille et l'épaule droites.

7 Voici la position de détente de l'index de la main droite qui offre un maximum de puissance. L'extrémité du doigt touche à peine au club. Ainsi, la puissance de votre doigt est orientée vers l'objectif plutôt qu'en sens contraire.

LE MAUVAIS GRIP LE PLUS COURANT
Il s'agit probablement du mauvais grip le plus répandu, l'index pointant vers le haut et le pouce vers l'avant. Ce grip donne une impression de fermeté, mais la puissance se dirige de haut en bas plutôt que vers la cible. Cette position limite le followthrough et réduit la puissance.

8 VÉRIFICATION. Tenez le club devant vous. Si vous avez un bon grip, le geste paraîtra élégant. L'index de la main droite se trouve en dessous et de l'autre côté du pouce. Assurez-vous que la face du club est bien alignée. Les grips des clubs de golf ne sont pas parfaitement ronds, mais légèrement ovales. Vous devriez sentir une légère crispation dans vos doigts. Fermez les yeux, tournez le club et ressentez à quel point vous le tenez bien droit sans avoir à regarder sa face.

IMPORTANT
Le grip détermine la direction et la distance.

Quel grip vous convient le mieux ?

Il existe plusieurs façons de tenir un club. Vous devez opter pour le grip qui convient le mieux à la taille et à la puissance de vos mains ainsi qu'à la longueur de vos doigts.

2 Le grip Vardon, généralement considéré comme la méthode idéale et la plus orthodoxe, est utilisé par les joueurs professionnels. Le petit doigt de la main droite doit être placé entre l'index et le majeur de la main gauche, ce qui permet de joindre les mains.

NOTE : Le grip Vardon conventionnel ne vous conviendra pas si votre auriculaire est très petit. Plusieurs hommes ont un petit doigt presque aussi long que l'annulaire, ce qui leur facilite la tâche.

1 Le grip juxtaposé (voir page 25, illustration 5), où les 10 doigts sont posés sur le club, comme au base-ball, constitue la prise de base. Il convient particulièrement aux joueuses dont les mains sont petites et s'apprend facilement en quelques leçons, mais il comporte certains désavantages. Les mains ont tendance à quitter la position et à glisser de chaque côté si les paumes sont humides ou que vous êtes indisciplinée !

3 Voici l'écartement des doigts nécessaire pour obtenir un grip Vardon parfait. L'index est déployé en position de détente et l'auriculaire doit se détacher facilement de l'annulaire. Si vous commencez à jouer dès l'enfance, il s'agit d'une position facile, mais si vous commencez à l'âge adulte, vous pourriez vous trouver dans l'impossibilité d'écarter ainsi vos doigts.

4 Le grip superposé est une variante du grip Vardon, qui peut s'avérer plus facile, mais tout aussi efficace. Le petit doigt de la main droite repose sur l'extrémité de l'index de la main gauche, ce qui n'exige pas un écartement aussi prononcé. N'oubliez pas que l'auriculaire ne joue aucun rôle, détendez-le et posez-le à l'extérieur, à l'endroit le plus confortable. Ne faites pas d'effort particulier pour le placer dans une position précise.

5 Le grip entrecroisé est souvent enseigné aux débutants, ce qui est une erreur. Les extrémités de l'index gauche et de l'auriculaire droit sont jointes, ce qui referme les mains et réduit le mouvement. Il s'agit d'un grip habituellement peu approprié pour les femmes, car l'index gauche se trouve à l'extérieur du club, ce qui réduit considérablement la puissance de la main gauche ; or, les femmes ont besoin de toute la force de leur main gauche. Même une gauchère naturelle qui serait droitière au golf pourrait ne pas apprécier le grip entrecroisé.

MAUVAIS GRIP
Dans le grip entrecroisé, seules les extrémités des doigts doivent être entrelacées. Ici, les mains ont glissé en raison d'un entrecroisement trop prononcé.

IMPORTANT
L'entrecroisement procure un maximum de puissance.

D'autres conseils sur le grip

La façon de tenir le club permet de contrôler la distance, la direction et la hauteur des coups. Voici quelques-unes des erreurs les plus fréquentes et comment les éviter ou les corriger.

Le grip dit « faible » est celui où le V formé par le pouce et l'index de chacune des deux mains est pointé vers le menton plutôt que l'épaule droite. Cette situation se produit lorsque la main gauche ne recouvre pas suffisamment le club, que le pouce gauche est trop droit et que le logo du gant de golf n'est pas visible. Cela peut également se produire si vous adoptez le grip entrecroisé et que vous entremêlez vos doigts au complet au lieu de vous contenter des extrémités. Cette position peut entraîner la main gauche un peu trop vers la gauche.

Si vous utilisez le grip faible, la face du club sera généralement ouverte au moment de l'impact. En d'autres termes, la face du club est orientée vers la droite et le loft est plus prononcé, avec comme résultat que la balle effectuera un important slice vers la droite, surtout si vous employez un bois 3 ou un driver.

Pour éviter cette situation, gardez la main gauche par-dessus la droite et n'entrecroisez pas les mains.

Le grip dit fort est celui où la main gauche est trop avancée sur le dessus du club ou la main droite positionnée trop loin sous le club. Si vous êtes une joueuse de tennis naturelle, votre instinct vous portera souvent à placer la main droite sous le club comme si vous vouliez soulever la balle. Dans cette position, le V formé par le pouce et l'index de la main droite pointe trop à l'extérieur de l'épaule droite.

Pour corriger ce défaut, posez le club sur les doigts de la main droite et n'oubliez pas que celle-ci doit faire face à l'objectif qui se trouve au sol dans l'allée.

L'utilisation du grip fort tend généralement à fermer la face du club au moment de l'impact, alors que celle-ci est orientée vers la gauche avec un loft réduit. Le grip fort produit des coups puissants, comme en fait foi son nom, mais qui

manquent de hauteur, surtout si vous utilisez un driver, un bois 3 ou un fer 3. Il s'agit d'un des grips incorrects les plus difficiles à corriger, car plus vous verrez la balle voler bas, plus vous serez portée à poser la main droite sous le club. Il vous faut donc résister à votre instinct d'adepte des sports de raquette. Soyez particulièrement prudente en utilisant le sand wedge, dont le loft est déjà passablement prononcé, sinon vous courrez au désastre.

Pour obtenir un bon grip de doigts, les pouces doivent être pointés vers le haut et non vers le bas. Les mains doivent être jointes et les doigts pliés. Pour vous assurer que vous avez un bon grip, demandez à quelqu'un de tenir le club devant vous, puis tendez votre main gauche le long du club comme si vous échangiez une poignée de main et repliez-la pour saisir le club. Tendez ensuite votre main droite le long du club, comme si vous échangiez encore une fois une poignée de main, et repliez-la par-dessus la gauche. En procédant ainsi, vous obtiendrez le bon grip de doigts.

Le grip doit demeurer ferme du début à la fin du swing, bien qu'il soit possible de le relâcher légèrement à la toute fin du followthrough. Vous devez tenir le club fermement entre vos doigts, tout en assurant à vos poignets une liberté de mouvement suffisante. La plupart des hommes tiennent leurs clubs trop fermement, alors que les femmes les tiennent trop mollement, surtout de la main gauche.

Pour vous exercer à garder un grip ferme, alignez quatre balles et frappez-les une à la suite de l'autre en prenant votre temps, mais en sentant bien que votre grip est ferme de la première à la dernière balle.

Demandez à quelqu'un de vous tendre le club. Posez vos doigts le long de la poignée comme si vous échangiez une poignée de main avec le club.

Lorsque vous refermez votre main gauche autour de la tige du club, assurez-vous que le pouce est légèrement tourné par-dessus le côté droit du club.

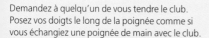

Tendez votre main droite le long du club, comme si vous alliez échanger une poignée de main avec le club, puis repliez-la par-dessus votre main gauche et le club.

VÉRIFIEZ LE GRIP

Voici à quoi devrait ressembler votre grip, de face, s'il est correct. Vérifiez dans un miroir si votre grip est identique à celui qui est représenté ici.

IMPORTANT
Votre main droite doit faire face à l'objectif.

À l'adresse — La posture

Plusieurs éléments importants doivent être pris en compte dans la posture que vous adopterez pour frapper la balle à l'adresse. Il est préférable de prendre de bonnes habitudes dès le départ.

Prenez un fer 7, posez-le fermement au sol, sans balle, et tenez-le légèrement dans la main droite. Écartez vos pieds de façon à vous sentir bien à l'aise, disons de la largeur des hanches, et penchez-vous à partir des hanches et non de la taille. Placez maintenant votre main gauche sur le club et ajustez votre main droite pour avoir une bonne prise. Vos bras doivent pendre verticalement et vos mains doivent être directement alignées sur de votre menton.

Si vous vous penchez correctement à partir des hanches, votre dos devrait être droit, mais non rigide, et vos jambes devraient fléchir naturellement. Gardez la tête haute et le menton rentré, de façon à former une ligne naturelle et confortable courant du sommet de la tête jusqu'au dos.

Lorsque vous aurez trouvé la posture appropriée sans balle, vous devrez ajuster votre distance par rapport à la balle en déplaçant vos pieds vers l'arrière ou vers l'avant. Cette distance dépend de votre taille. Les femmes de petite taille doivent se tenir plus loin de la balle.

Évitez de vous accroupir, car c'est la posture incorrecte la plus courante (voir page suivante). C'est ce qui se passe lorsque vous vous penchez à partir de la taille plutôt que des hanches. Si vous vous penchez de la mauvaise façon, vos jambes auront tendance à se fermer ou à se redresser, à la suite de quoi vous aurez tendance à les plier de façon excessive. Il n'est pas vraiment nécessaire, à moins d'être très grande, de plier les genoux. Vos jambes doivent simplement être décontractées.

Gardez la tête haute et le menton rentré. Tenez-vous de façon que votre cou semble le plus long possible. Vos yeux doivent regarder vers le bas.

La posture change légèrement selon les clubs utilisés. Avec un driver, le bois le plus long, vous devriez avoir l'impression de vous tenir plus droite, votre poids étant transféré légèrement vers l'arrière, sur les talons. Quand vous utilisez un wedge, le bâton le plus court, vous devez vous pencher davantage et transférer plus de poids sur les orteils.

PRISE DE POSTURE
Installez-vous confortablement en tenant délicatement le club dans votre main droite.

POSTURE APPROPRIÉE
Tenez-vous droite et fléchie, mais sans trop de rigidité.

POSTURE POUR LES BOIS

Voici la posture à adopter avec un bois. Remarquez à quel point la golfeuse se tient droite, répartissant légèrement son poids sur ses talons.

POSTURE POUR LES FERS

La posture appropriée lorsqu'on joue avec un fer court, ici un pitching wedge, consiste à se pencher davantage en transférant le poids sur les orteils.

À ÉVITER

Ne tenez pas compte des conseils de votre golfeur de mari qui vous répète de regarder vers le sol ! Il veut probablement vous dire de ne pas quitter la balle des yeux lorsque vous la frapperez. Ne prenez pas la position suggérée, sinon votre liberté de mouvement et votre élan s'en trouveront réduits.

NOTE : Si vous portez des lunettes bifocales, vérifiez avec votre optométriste s'il est possible d'obtenir un autre type de lunettes pour jouer au golf, car les lunettes bifocales et le golf ne font pas bon ménage. Si vous les portez pour jouer, vous serez presque assurée de commettre l'erreur illustrée ci-contre.

POSTURE INCORRECTE

N'arrondissez pas le dos et ne vous accroupissez pas au-dessus de la balle en prenant la posture.

IMPORTANT
Relevez le postérieur et abaissez votre handicap.

À l'adresse — Le stance

Même les professionnels adoptent parfois une mauvaise position. Vous aurez de meilleures chances de prendre la bonne si vous apprenez à bien placer vos pieds dès le début.

Nous vous recommandons une fois de plus d'utiliser le fer 7 pour vous exercer à adopter le stance approprié.

Placez vos pieds de façon que la distance entre leurs côtés extérieurs corresponde environ à la largeur de vos hanches (les hommes ont tendance à se fier à la largeur de leurs épaules, alors que les femmes prennent plutôt leurs hanches comme référence, comme si celles-ci étaient plus larges que leurs épaules!).

Votre pied droit doit demeurer presque parfaitement droit, pointé vers l'avant et à peine ouvert, tandis que votre pied gauche doit être légèrement tourné.

Si vous utilisez un fer 7, la balle doit se trouver juste en avant au centre du stance. Les bras et la tige du club doivent former un Y.

La main droite se trouve sous la main gauche sur le club, ce qui abaisse naturellement l'épaule droite légèrement sous le niveau de l'épaule gauche.

Le côté gauche du corps est légèrement tendu de la hanche à l'épaule et le côté droit du corps devrait être un peu relâché.

Fixez l'arrière de la balle, soit la partie que vous allez frapper, de sorte que votre tête se trouve légèrement inclinée vers la droite, mais sans exagérer le mouvement.

Dans le backswing, le bras gauche doit demeurer droit et le bras droit doit plier. Vos bras devraient être placés ainsi à l'adresse. Assurez-vous que votre bras gauche repose sur votre poitrine et non sur le côté du corps. Cela vous donnera une bonne idée de la distance à laquelle vous devez vous tenir de la balle.

Une largeur de stance appropriée devrait vous permettre de joindre vos genoux à la fin du followthrough. Si vos pieds sont trop écartés ou que vous tournez le mauvais pied vers l'extérieur, vous n'y parviendrez pas. Ajustez la largeur de votre stance jusqu'à ce que vous trouviez une position où vos genoux seront perpendiculaires.

Avec les fers moyens, de 5 à 9, la balle doit se trouver juste en avant du centre du stance.

La phase finale de votre swing devrait s'effectuer naturellement à ce point précis, procurant un bon contact avec la balle.

Si votre balle est posée sur un tee pour le coup de départ ou dans le fairway sur une touffe d'herbe, vous devrez effectuer un contact

STANCE CORRECT
Voici à quoi devrait ressembler la position correcte des pieds, vue de l'avant.

ascendant (vers le haut) pour profiter au maximum de la position surélevée de la balle. Pour que vous y parveniez, la balle devrait se trouver légèrement plus en avant des pieds.

Pour les coups de récupération dans l'herbe haute, les positions de balle descendante ou certains coups nécessitant l'utilisation d'un fer 9 ou d'un pitching wedge, vous devrez veiller à attaquer la balle vers le bas. Vous devrez viser la balle en premier, puis le sol, en prenant un divot. Dans ces situations, la balle doit être jouée plus loin dans le stance, juste derrière le centre, ce qui favorise la frappe descendante que vous recherchez.

À ÉVITER
L'une des erreurs les plus fréquentes consiste à tourner le pied droit vers l'extérieur. Cette position facilite le backswing, mais ne permet pas de positionner correctement les pieds pour effectuer un bon followthrough.

À ÉVITER
N'avancez pas trop vos mains et ne tenez pas compte des conseils recommandant de former une ligne droite avec le bras et la tige du bâton, même si c'est indiqué pour certains coups de récupération. Les golfeuses de haut niveau forment généralement un Y à l'adresse. Les maris golfeurs qui insistent pour que leurs épouses avancent les mains sont loin de les aider !

POSITION CORRECTE : VUE DE CÔTÉ
Demandez à une amie de vérifier si votre stance ressemble à ceci.

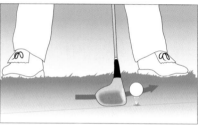

CONTACT ASCENDANT
Lorsque la balle est en position surélevée, sur un tee ou une touffe d'herbe, positionnez-vous de façon qu'elle se trouve vers l'avant pour assurer un contact ascendant.

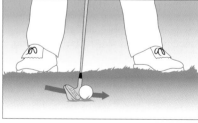

CONTACT VERS LE BAS
Positionnez-vous de façon que la balle se trouve plus loin vers l'arrière dans le stance en vue de la frapper vers le bas lorsque vous êtes dans une position difficile.

IMPORTANT
Le pied gauche doit être à l'extérieur et le pied droit bien droit.

À l'adresse — La visée

L'erreur la plus fréquente des golfeuses consiste à regarder au loin à droite. Entraînez-vous le plus possible à bien viser, ce que vous pouvez faire dans votre cour au besoin, sans nécessairement frapper de balle.

La position des pieds la plus recommandée est appelée stance carré, ce qui veut dire que vous devez être parallèle à la trajectoire du coup. Si la position est correcte, les lignes formées par les orteils, les genoux, les hanches et les épaules sont toutes parallèles à la trajectoire du coup. La main droite doit se trouver sous la gauche sur le club, pouvant ainsi entraîner facilement l'épaule droite en avant. Votre épaule droite doit être basse et dirigée vers l'arrière et non pointer vers le haut et l'avant. La majorité des golfeuses éprouvent un problème de visée, ayant tendance à regarder vers la droite. Si vous visez trop à droite, vous frapperez quelques coups à droite, mais serez plus portée à vous tourner et à frapper la balle à la gauche de l'objectif. Et plus vous frapperez la balle à gauche, plus vous serez portée à regarder à droite.

Pour bien viser, restez derrière la balle et choisissez un repère au sol, à environ 45 cm devant la balle. Frappez un coup d'exercice en plaçant le club comme si vous vouliez frapper au-dessus de ce repère. Rapprochez vos pieds l'un de l'autre pour former un angle droit, puis

STANCE CARRÉ
Il s'agit de la position idéale de départ. Les golfeuses ont trop souvent tendance à viser à droite. C'est le défaut le plus courant chez les femmes qui pratiquent le golf. Pour l'éviter, vous devez placer vos pieds bien en ligne avec l'objectif visé. Vos coups seront plus droits.

ALIGNEMENT CORRECT
Si vous frappez vers la droite, habituez-vous à retenir votre swing final et à replacer votre pied droit en position initiale. Déposez ensuite un club le long de vos orteils et vérifiez si votre alignement est correct. La ligne formée par le club en travers des orteils devrait être parallèle à la ligne de vol et non pointer vers l'objectif.

éloignez-les en vous efforçant d'être bien parallèle à la ligne de direction de la balle au-dessus du repère. Vous aurez beaucoup plus de chances de frapper droit en visant au-dessus d'un endroit précis qu'en regardant une cible se trouvant à une distance de 150 mètres. Dans certaines positions sur le terrain, il vous semblera plus difficile de bien viser. Viser à partir du côté droit du fairway ou d'un tee mal aligné peut occasionner des problèmes.

Il existe deux autres stances pour les coups plus délicats, soit le stance ouvert et le stance fermé (voir ci-dessous). Le stance ouvert est utilisé pour donner à la balle divers effets vers la droite : slicespin, backspin ou cutspin. Si vous prenez cette position par inadvertance, votre balle effectuera un crochet vers la droite. Le stance fermé peut être utilisé pour donner un effet de crochet vers la gauche.

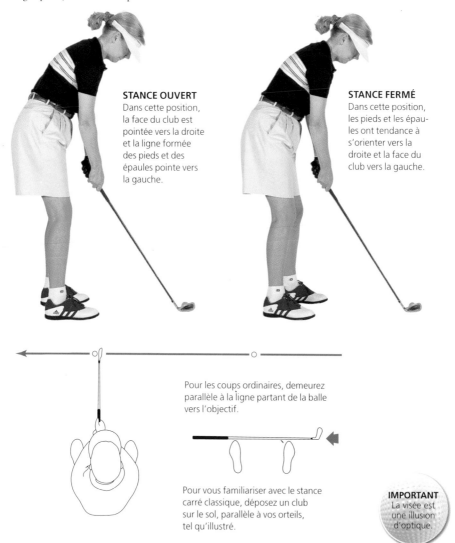

STANCE OUVERT
Dans cette position, la face du club est pointée vers la droite et la ligne formée des pieds et des épaules pointe vers la gauche.

STANCE FERMÉ
Dans cette position, les pieds et les épaules ont tendance à s'orienter vers la droite et la face du club vers la gauche.

Pour les coups ordinaires, demeurez parallèle à la ligne partant de la balle vers l'objectif.

Pour vous familiariser avec le stance carré classique, déposez un club sur le sol, parallèle à vos orteils, tel qu'illustré.

IMPORTANT
La visée est une illusion d'optique.

Autres conseils à propos de l'adresse

Chez les golfeuses de talent, les erreurs les plus fréquentes consistent à se positionner de telle façon que la balle se trouve trop en avant, à gauche, dans le stance, au moment de l'adresse, et à se tenir trop loin de la balle, particulièrement lorsqu'elles débordent de confiance.

La position idéale à adopter en tout temps consiste à se tenir à une distance convenable de la balle, à déposer le bâton au sol avec la main droite, à prendre la posture, puis à placer la main gauche. La prochaine étape consiste à avancer vers la balle ou à vous en éloigner pour trouver la distance appropriée. Commencez par trouver la bonne posture, puis ajustez la distance. Pour vérifier la position de la balle, déposez un club le long des vos pieds, sa tête vis-à-vis de votre pied gauche. Placez un autre club à angle droit à partir de la balle jusqu'à vos pieds. Si vous ne parvenez pas à obtenir une position confortable, placez-vous dans votre position normale. Demandez à quelqu'un de placer une autre balle un peu plus à gauche et une autre un peu plus à droite. Prenez position pour les frapper à tour de rôle et voyez si l'une ou l'autre position vous semble plus confortable. Répétez les mêmes exercices avec des balles à des distances différentes, jusqu'à ce que vous vous sentiez à l'aise de nouveau.

Les golfeuses plus expérimentées qui recherchent une position plus confortable se placeront vis-à-vis de la balle et répéteront leur backswing. Elles prendront position devant la balle, agiteront le club au-dessus de la balle et effectueront un followthrough. L'adresse doit être confortable, tant pour l'exécution du backswing que pour celle du followthrough.

POSTURE ET DISTANCE
Trouvez la posture qui convient avant d'ajuster votre distance par rapport à la balle. Ne vous accroupissez pas au-dessus de la balle. Les joueuses de grande taille doivent se tenir plus près de la balle (illustration de gauche), alors que les golfeuses de plus petite taille doivent adopter une plus grande distance (illustration ci-contre).

1 Les golfeuses doivent ajuster leur distance par rapport à la balle, de façon que le bras gauche repose facilement en travers et non autour du buste. Si vous placez votre bras gauche dans la mauvaise position, vous devrez effectuer un détour au moment du backswing!

2 Si vous êtes de taille moyenne, soit entre 1,50 m et 1,60 m, voici une bonne façon de déterminer la distance idéale à adopter par rapport à la balle.

Pour un driver et la plupart des autres clubs, vous devez aligner vos pieds avec le grip du club et la balle avec le col du club.

Si vous avez de la difficulté à déterminer la bonne distance, calculez-la une fois pour toutes en utilisant votre driver et votre fer 5. Vous n'aurez ensuite qu'à refaire cette opération. Vous pouvez aussi utiliser une règle métrique, laquelle vous servira ultérieurement de référence.

3 Il n'est pas toujours possible de voir la position de la balle par rapport à ses pieds. Cette situation se produit quand la balle se trouve trop vers la gauche dans le stance, surtout avec un driver ou un club plus long. Si vous jouez la balle trop en avant, l'épaule droite aura tendance à s'allonger vers l'avant au lieu de s'abaisser et le swing deviendra plus difficile. Si la balle est trop en avant, vous aurez tendance à frapper la balle vers la gauche ou à frapper le sol derrière la balle.

POSTURE INCORRECTE
Ne plantez pas vos pieds au sol pour vous pencher ensuite au-dessus de la balle, car il en résultera probablement une mauvaise posture.

IMPORTANT
Les fautes de swing commencent dès l'adresse.

Le swing simple

Le swing de base est si simple qu'un enfant de huit ans peut l'exécuter sans difficulté. Malheureusement, la plupart des adultes sont incapables d'en faire autant ! Les jeunes enfants n'ont pas d'inhibitions et apprennent en imitant, comportement dont les golfeuses en herbe devraient s'inspirer.

Prenez une bonne position à l'adresse, tenez-vous droite et décontractée. Tout l'apprentissage de base doit s'effectuer avec un fer 7. Assurez-vous que votre pouce gauche repose légèrement le long du côté droit du grip. Concentrez-vous sur votre pouce gauche. Tournez légèrement le dos vers la cible et soulevez le club avec les bras en le soutenant de votre pouce gauche, tout en continuant de regarder par terre.

Fendez l'air avec le club en effleurant le gazon au point de départ. Sentez le club rebondir sur le sol ou effleurer le gazon et ne craignez pas de l'endommager ou de vous blesser ! Ne répétez pas votre swing avec une balle tant que vous ne vous sentirez pas à l'aise en effleurant le gazon dans une position qui vous semble correcte. Une fois que vous y serez parvenue, placez la balle en position surélevée sur un tee, à environ 1,5 cm du sol, et essayez le même mouvement. Ne vous étonnez pas si vous ratez la balle au premier coup. Habituez-vous à frapper la balle en toute confiance lorsqu'elle est perchée sur un tee et n'essayez pas de la frapper au sol avant d'être capable de le faire avec un tee.

Exercez-vous à frapper sur des tees dans votre cour, le club d'abord soutenu sur votre pouce gauche, puis posé sur votre épaule gauche.

Fendez l'air avec le club et laissez-le reposer en toute sécurité sur votre épaule gauche, quelque part entre l'épaule et le cou. À cette étape, votre genou droit devrait être appuyé contre votre jambe gauche et votre pied droit, pivoter sur les pointes des orteils. Répétez ce mouvement vers l'arrière, puis vers l'avant et ainsi de suite. Habituez-vous à sentir que vous effleurez le gazon à l'endroit précis où vous le désirez. Développez une impression de liberté en effectuant ce mouvement pour arriver à le considérer comme élémentaire.

1   2   3   4

EXERCICES POUR LE SWING SIMPLE
Pour bien sentir le rythme du swing, il faut faire pivoter le corps vers la droite, puis vers la gauche et combiner ce mouvement à un balancement des bras vers le haut, puis vers le bas. Saisissez un club et vous sentirez alors le swing prendre forme.

1 ADRESSE
À l'adresse, vous devez vous tenir droite, mais décontractée, les bras et le bâton dessinant un Y.

2 TAKEAWAY
Assurez-vous que la pointe de votre bâton est orientée vers le haut au moment du takeaway.

3 SOMMET DU BACKSWING
Votre dos doit faire face à l'objectif et le club être soutenu par votre pouce gauche.

4 IMPACT
Un bon impact consiste à effleurer le gazon et la balle à un endroit précis.

5 THROUGHSWING
La pointe du club doit être orientée vers le haut comme dans le takeaway

6 FOLLOWTHROUGH
Votre corps doit faire face à l'objectif, la tige du club confortablement posée sur votre épaule gauche.

5   6

CONSEIL D'EXPERT
Répétez le swing plusieurs fois, le club d'abord soutenu par votre pouce gauche, puis posé sur votre épaule gauche. Faites pivoter graduellement votre corps en tournant d'abord le dos à la cible pendant le backswing, sans toutefois exagérer le mouvement. Poursuivez le mouvement pour faire face à l'objectif dans le followthrough en appuyant le genou droit contre la jambe gauche et en posant le club sur l'épaule.

IMPORTANT
Pouce gauche
épaule gauche

Le finish

Au golf, le swing comporte deux positions stationnaires, soit le départ et le finish, que, dans le jargon du golf, on appelle take-away et followthrough. Un bon finish est très important dans l'exécution du swing.

Vous pouvez comparer le followthrough aux freins de votre voiture. Si vous ne disposez pas d'un bon système de freinage, vous n'obtiendrez pas de vitesse. Lorsque vous serez parvenue à connaître un bon départ et un bon finish, vous pourrez vous concentrer sur le backswing et d'autres phases du swing, avec l'intention de

frapper solidement la balle en direction de l'objectif. Trop d'adeptes du golf consacrent un temps fou au backswing, venant à oublier que l'objectif principal consiste à frapper la balle vers une cible qui se trouve devant eux.
Quel que soit votre talent, vous devez toujours penser à votre équilibre.

CORRIGER LE FINISH
Trop de golfeuses sous-estiment l'importance d'un bon finish dans le swing pour bien réussir leurs coups. Les illustrations de gauche indiquent la position dans laquelle vous devriez vous trouver à la fin du followthrough, vue de l'arrière et de l'avant. Exercez votre finish avant de vous concentrer sur les autres phases du swing. De-mandez à une amie de vous dire si vous effec-tuez correctement la phase finale du swing.

BON ET MAUVAIS FINISH
Ces deux illustrations
montrent, de côté,
comment finir et ne pas finir
le swing. Un bon
followthrough devrait
s'effectuer en douceur
et en tout confort ; à la fin,
le club devrait reposer sur
l'épaule gauche (à gauche).
Si vous vous frappez au
visage ou que vos bras
sont entrecroisés (à droite),
votre finish est incorrect.

Votre followthrough est correct si votre poids se déplace sur le talon gauche et que votre jambe gauche demeure assez droite. Le genou droit doit reposer contre le côté de la jambe gauche et le pied droit sur l'extrémité des orteils. N'oubliez pas que pour y parvenir, le pied droit doit se trouver droit devant à l'adresse. Vos hanches doivent faire face à l'objectif et votre poids doit reposer confortablement sur votre jambe gauche.

Le club devrait reposer sur votre épaule gauche. Si vous regardez en direction de la tige, vous devriez voir une étiquette (sur les clubs en acier) ou une inscription (sur les clubs en graphite) à environ 10 cm sous la partie inférieure du grip. Cette partie du club devrait reposer confortablement sur votre épaule. Faites attention de ne pas vous étrangler. Les coudes doivent être perpendiculaires et en ligne avec les épaules, formant un angle droit naturel. Vos poignets doivent être détendus et la tige du club doit reposer sur votre épaule, les mains derrière votre oreille gauche.

ASSUREZ-VOUS QUE vos coudes sont environ à la même distance qu'au début et bien parallèles. Vous devez avoir l'impression que vos genoux, vos hanches, vos épaules et vos coudes font face à l'objectif. Les épaules seront pointées légèrement à gauche de l'objectif, mais vous devriez avoir l'impression de faire face à l'endroit que vous visez.

Continuez de répéter votre followthrough sans backswing. Commencez par l'adresse et rendez-vous jusqu'au finish, jusqu'à ce que vous puissiez poser le club confortablement sur votre épaule. Souvenez-vous que vous désirez que le club se déplace à une vitesse de 160 km/h au moment de l'impact. Par conséquent, il vous faut apprendre à appliquer les freins.

À la fin du followthrough, vous ne devriez pas avoir l'air de quelqu'un qui va se briser le nez ou s'assommer ! (Voir l'illustration ci-dessus, marquée d'une croix.) Si votre followthrough n'est pas réussi, vous n'obtiendrez pas la vitesse nécessaire. Pour sentir que le finish est correct, placez-vous droit vers l'avant et relevez les bras pour placer le club sur votre épaule gauche. Faites ensuite pivoter vos pieds et vos jambes jusqu'à ce que vous soyez vis-à-vis de votre objectif. À la fin du swing, vous devriez être en équilibre sur votre jambe gauche et capable de remuer les orteils de votre pied gauche.

IMPORTANT
Restez en équilibre et anticipez les étapes du swing.

Le backswing

La majeure partie de vos premières leçons sur le swing portera inévitablement sur le backswing. Assurez-vous toutefois de ne pas accorder trop d'importance au backswing au point d'en oublier qu'il ne s'agit que d'un mouvement destiné à frapper la balle.

SWING APPROPRIÉ
Essayez de reproduire la fluidité et la stabilité du backswing illustré ci-contre. Notez bien la position des bras et des pieds, le pied gauche replié et le dos tourné vers l'objectif.

L'adresse vous prépare au backswing. Le bras gauche est droit mais non rigide et le bras droit est décontracté. L'épaule gauche est légèrement pointée vers le haut et l'épaule droite est abaissée et décontractée. Les genoux sont très légèrement fléchis et ramenés l'un vers l'autre. Les yeux doivent viser l'arrière de la balle.

Au sommet du backswing, votre dos est tourné vers la cible et votre bras gauche se balance vers le haut, le pouce gauche soutenant le club. Les hanches et les jambes doivent bouger juste assez pour permettre cette position. La jambe droite doit demeurer légèrement fléchie, non fermée et droite. La tige du club doit être horizontale ou juste un peu plus haut. Idéalement, le bras gauche doit demeurer droit et se balancer en travers de l'épaule droite. Le bras droit doit former un angle droit.

Le bras gauche est droit et légèrement cambré, alors que le bras droit est décontracté. Dans l'exécution du mouvement, l'épaule gauche se tourne et le bras gauche se balance en

LE PIED GAUCHE

Gardez votre pied gauche « planté » aussi loin que possible durant le backswing. Soulevez-le un peu si vous ne vous sentez pas à l'aise, mais ne levez jamais complètement le pied, comme le montre l'illustration ci-contre.

travers du corps, puis vers le haut, le pouce gauche soutenant le club. En position idéale, l'arrière du poignet gauche devrait être pratiquement plat et le club plus ou moins parallèle à la ligne de votre coup.

Veillez à transférer un peu de poids sur les pointes des pieds. Les professionnels ont souvent tendance à s'élancer sans lever le talon gauche, au sommet du backswing, mais la plupart des golfeuses amateurs constatent qu'elles doivent le faire. Laissez le talon gauche se soulever légèrement tout en gardant la balle et les orteils au sol. Vous devez plier le pied pendant que le talon se soulève.

MOUVEMENT INCORRECT

Ne levez pas le pied au complet sans le plier et laissez votre petit orteil au sol, car vous serez trop loin pour le déposer de nouveau au sol au moment où vous frapperez la balle.

MOUVEMENT INCORRECT

N'essayez pas de garder votre pied gauche à plat sur le sol si cela ne vous semble pas naturel, car vous pourriez sentir votre pied se déplacer vers l'intérieur, ce qui produirait un mouvement incorrect au moment du swing final.

IMPORTANT
Le pouce gauche soutient le club.

Le bras gauche dans le backswing

Bien que le golf soit un jeu qui fasse appel aux deux mains, la gauche et la droite travaillant à l'unisson avec le plus de puissance possible, plus vous utiliserez votre bras gauche dans le backswing, mieux vous le réussirez.

LE TAKEAWAY APPROPRIÉ
Il est essentiel de bien exécuter le takeaway pour perfectionner le backswing.

EXERCICE AVEC UN TE
Placez un tee entre votre main et le club pendant que vous prenez votre élan afin de ressentir le contac de la main gauche avec le club dans l'exécution du backswing.

1 La débutante doit s'habituer à bien exécuter le takeaway afin de réussir un backswing parfait. Balancez le bâton à la hauteur des hanches. L'arrière de la main gauche doit être orienté vers l'avant et la pointe du club vers le haut. Sentez bien votre pouce gauche à l'extrémité supérieure du club. Appuyez le club sur le pouce gauche pour effectuer le backswing.

2 ASSUREZ-VOUS que le club est soutenu par le pouce gauche au sommet du backswing. Le grip doit être stable, avec la main gauche en contrôle, sans l'ouvrir. Comme exercice, vous pouvez placer un tee entre le club et votre main et le garder à cet endroit pendant tout le swing (illustration ci-dessus).

EXERCICE POUR LE BRAS GAUCHE

Balancez le club de l'avant à l'arrière et vice-versa avec votre seul bras gauche, comme dans l'illustration, pour vous habituer à percevoir le travail de votre bras gauche dans le swing.

MOUVEMENT INCORRECT
Les golfeuses en herbe font souvent l'erreur de placer la face du bâton vers le bas, ce qui ferme l'angle d'ouverture dans le takeaway.

MOUVEMENT INCORRECT
Lorsque le takeaway est incorrect, le poignet gauche se retourne au sommet du backswing, alors que c'est le pouce qui devrait soutenir le club.

RÉPÉTEZ CES EXERCICES SIMPLES

Votre pouce gauche doit être légèrement abaissé sur le côté du club. Balancez le club de l'avant à l'arrière sur le pouce gauche.

Balancez-le entre votre index et le coussinet de la main gauche.

Exercez-vous à tenir le club dans votre main gauche seulement et à le balancer en travers de votre corps jusqu'au sommet du backswing (ci-dessus). Ramenez-le ensuite lentement vers le bas, mais pas au-delà de votre position de départ. En répétant votre swing de la main gauche une vingtaine de fois chaque jour, vous ferez des progrès remarquables ! N'oubliez pas de respirer !

Tenez votre bras gauche devant vous, la paume vers le bas, la main droite tenant le coude gauche. Tendez votre bras gauche en travers de votre corps jusqu'à votre épaule droite. Répétez ce mouvement jusqu'à ce que vous sentiez une liberté de mouvement dans l'épaule.

Au sommet du backswing, l'épaule gauche doit pivoter en direction de l'épaule droite. Ce mouvement est très différent de celui qui consiste à ouvrir et à tourner l'épaule droite vers l'extérieur. Cette erreur produit généralement un mouvement involontaire du coude droit. Vous pouvez savoir que vous maîtrisez votre backswing en effectuant une rotation de l'épaule gauche, en balançant le bras gauche et en utilisant le pouce gauche pour soutenir le club.

IMPORTANT
Faites travailler votre bras gauche !

Perfectionnement du backswing

Le backswing consiste à faire pivoter le corps et à lever les bras. Essayez de le faire en un seul mouvement fluide. Plus vous le ferez simplement, plus vous serez en mesure de vous concentrer pour frapper la balle.

LE TAKEAWAY
Lorsque vous pivotez au moment du takeaway, le bâton doit tourner en même temps que vous et la face du club doit toujours être alignée avec votre corps.

MOUVEMENT DES POIGNETS
Les poignets ont tendance à se tourner vers le haut lorsque vous approchez du sommet du backswing. Laissez ce mouvement se produire naturellement.

Pour entreprendre le backswing, tous vos mouvements doivent être synchronisés. Toutefois, chaque golfeur a généralement besoin de bouger un peu pour se mettre en branle. La plupart des professionnels donnent un petit coup vers l'avant avec le genou droit, ce qui est le signal de déclenchement du mouvement synchronisé.

Le geste de déclenchement ne doit pas être une petite pression vers l'avant avec les mains, car cela vous occasionnerait des problèmes. Il arrive fréquemment, ce qui est encore pire, que les doigts de la main droite s'ouvrent et se referment. Le grip s'en trouve modifié, comme pour signaler que vous êtes prête à frapper. Il vaut beaucoup

mieux s'en tenir à un léger mouvement du genou droit et tout déclencher en même temps.

À l'adresse, la tige du club doit pointer vers votre nombril, peut-être un peu plus haut ou plus bas. La face du club doit être orientée vers vous. Lorsque vous commencez à pivoter, le club doit tourner en même temps que vous et sa face doit toujours être alignée par rapport à votre position. Lorsque le club arrive à peu près à la hauteur des hanches, vos poignets devraient se tourner naturellement vers le haut.

Vous ne devriez pas sentir vos poignets se tourner. Si votre pouce gauche soutient le bâton et que votre prise est stable, le mouvement devrait se produire naturellement.

POSITION CORRECTE DE LA TÊTE
Voici la position dans laquelle la tête devrait se trouver au sommet du backswing. Elle doit bouger légèrement pour permettre aux épaules de pivoter.

POSITION INCORRECTE DE LA TÊTE
Dans cette illustration, la tête est mal positionnée et « regarde » trop au-dessus de l'épaule gauche. Dans cette situation, il n'y a pas suffisamment d'espace pour esquisser un mouvement d'épaule aisé.

Vous noterez que les golfeuses chevronnées remuent un peu la tête du club avant d'entamer le backswing. Il s'agit tout simplement d'une façon de relâcher un peu les poignets. Si vous prenez l'habitude d'effectuer des mouvements préliminaires vers l'avant et l'arrière avec le club avant d'effectuer le backswing, vous obtiendrez un backswing parfait, le dos du poignet gauche bien à plat. C'est la position recherchée par les joueuses d'expérience et par les golfeuses qui participent à des tournois de championnat.

Il va sans dire que vous devez veiller à ne pas toucher à la balle accidentellement en esquissant vos mouvements préliminaires.

Lorsque vous pivotez dans le backswing, votre tête doit se déplacer très légèrement vers la droite pour permettre à vos épaules de pivoter.

Si vous gardez la tête trop droite, vous limiterez le backswing. Accordez-vous juste assez de marge de manœuvre, soit un espace d'environ 2,5 cm. Si vous êtes encline à commettre cette faute, pensez à abaisser l'oreille droite pendant le backswing!

Au sommet du backswing, les épaules doivent être plus ou moins parallèles au bras gauche, qui est toujours relevé au-dessus des épaules.

IMPORTANT
Regardez l'arrière de la balle.

Nous voici à la phase cruciale du swing, soit le contact avec la balle. Un bon backswing prépare à développer le potentiel de puissance.

ADRESSE ET IMPACT

Considérez votre adresse et votre position de frappe comme une seule et même chose. Comme vous désirez revenir à votre adresse au moment de l'impact, aspirez à retrouver cette position, même si, inévitablement, elle aura varié légèrement.

1

2

1 L'adresse prépare à la position d'impact. Vos hanches et vos jambes se trouveront dans une position un peu différente, mais si vous considérez l'adresse comme une position d'exercice de frappe, votre cerveau l'enregistrera ainsi.

2 Au sommet du backswing, votre dos est tourné vers la cible, vos bras sont levés et votre pouce gauche soutient le club. Vousdevez faire pivoter suffisamment vos hanches et vos jambes pour obtenir cette position. Vous pouvez, au choix, soulever le talon gauche ou le laisser au sol.

3 Pour commencer le downswing, ramenez votre poids vers l'arrière en direction de votre talon gauche. Si votre talon était levé au sommet du back-swing, reposez-le fermement au sol et gardez-le là.

NOTE : Chez les joueuses dont le handicap est bas,

un bon transfert de poids doit s'effectuer sur le talon gauche et non sur les côtés en direction de l'objectif. Toutefois, les hanches ne doivent pas trop bouger.

Le bras gauche doit trimer dur pour entamer le downswing, s'abaissant et s'éloignant à partir de l'épaule droite. Dans le backswing, le bras gauche se balance vers l'épaule droite et s'en éloigne au moment d'entamer le downswing.

4 Une fois que le bras gauche est bien en contrôle et que l'épaule droite est immobile, le club frappe la balle dans une trajectoire incurvée, ce qui résulte en une position d'impact aussi semblable que possible à l'adresse et amorce le followthrough.

3

4

COMPLÉTER L'ATTAQUE

Quand vous avez atteint le point d'impact, assurez-vous de compléter le swing correctement. Que vous ayez ou non réussi à reproduire votre position initiale, si votre followthrough n'est pas adéquat, votre coup sera raté.

ESSAYEZ CET EXERCICE

L'adresse et la position d'impact doivent être pratiquement identiques. Pour vous exercer, prenez un vieux pneu d'auto et préparez-vous à le frapper. Élancez-vous légèrement de l'avant à l'arrière et vice-versa. Chaque fois que vous frappez le pneu, vous devez avoir l'impression de revenir à l'adresse.

POSITION INCORRECTE
Au sommet du backswing, l'épaule droite se trouve dans une position de contrôle potentiel. Si elle pivote trop rapidement au moment de la frappe, l'attaque s'orientera vers la gauche (de l'extérieur vers l'intérieur) et deviendra trop inclinée.

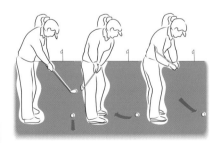

DE L'AVANT À L'ARRIÈRE
Ne bougez pas trop vos hanches pendant que vous vous balancez de l'avant à l'arrière pour attaquer la balle.

IMPORTANT
L'adresse préfigure la position d'impact.

La frappe

Si la plupart des hommes trouvent facile de frapper une balle, il en va autrement de la majorité des femmes. Les débutantes ont peur d'endommager le terrain ou de se faire mal, mais la confiance peut se développer en s'appliquant et en se concentrant bien.

Regardez la balle au moment de l'impact. Ne quittez pas des yeux l'arrière de la balle, soit la partie que vous allez frapper. Surveillez la balle au moment où vous la frappez, puis observez le gazon après l'envol de la balle.

Si vous débutez, vous devrez effectuer plusieurs répétitions d'élan et vous habituer à effleurer le sol à l'endroit précis où vous devez frapper la balle.

Le talon gauche doit se trouver fermement au sol au moment de l'impact, vos yeux doivent être fixés sur l'arrière de la balle et la tête du club effleurer le sol à l'endroit précis où se trouve la balle. Les bras doivent être étirés afin de se déplacer rapidement. Vous devez vous concentrer totalement sur le projet de faire un bon contact.

Frapper une balle est un peu comme utiliser un marteau, car ce dernier bouge de l'avant à l'arrière dans une même trajectoire incurvée. Il devrait en être de même avec un club de golf. Le takeaway et l'attaque devraient suivre la même trajectoire incurvée. Imaginez qu'il y a un clou en arrière de la balle et que vous essayez de le frapper vers l'avant avec un marteau à long manche.

Si votre mouvement est incorrect, la tête du club se déplacera dans une courbe égale et régulière, mais abordera la balle dans un plan trop raide. Pour reprendre l'exemple du marteau et du clou, le marteau frapperait vers le bas et courberait le clou plutôt que de l'enfoncer. Chez les femmes, ce problème est généralement causé par la hanche droite, qui gêne le mouvement incurvé.

Le contact avec la balle est d'une importance capitale. L'élan de base avec le fer 7 doit être adapté au genre de contact avec la balle que vous désirez obtenir.

LE COUP PARFAIT
Observez la balle attentivement, gardez votre pied gauche au sol et concentrez-vous uniquement sur la nécessité de faire un bon contact.

Avec le driver, la balle est frappée à la suite du backswing. Elle se trouve plus en avant dans le stance (voir page 33), alors qu'avec la plupart des fers, elle est frappée quand elle se trouve juste en avant du centre.

Dans le cas des coups en descente et des coups de récupération, le contact doit être ascendant quand vous frappez la balle, ce qui a pour effet de prendre un peu de divot.

TERRAIN D'EXERCICE

Le terrain d'exercice est l'endroit idéal pour apprendre à vous concentrer sur votre frappe. Il vous est loisible de répéter votre swing aussi souvent que vous le voulez et de frapper autant de balles que vous le désirez, et de percevoir le son particulier de ce contact parfait si difficile à obtenir.

FRAPPEZ AU MILIEU DE LA BALLE

Visez l'arrière de la balle et imaginez-vous qu'il y a un clou que vous essayez d'y enfoncer. Frappez la balle en plein milieu, au point d'impact, et expédiez-la d'un coup balayé tout en douceur.

FAIRE CONTACT

Deux éléments sont essentiels pour faire un bon contact avec la balle. Le premier consiste à estimer la hauteur exacte du point d'impact et à frapper la balle en rasant le sol sous celle-ci. Le deuxième consiste à frapper la balle avec le centre de la face du club. Établir un bon contact avec la balle est une technique en elle-même, car même si vous possédez le meilleur swing du monde, il est possible que vous ratiez vos contacts. Pour réussir, il importe d'apprendre à faire atterrir le club juste au bon endroit.

Frappez quelques coups en ne pensant qu'au contact. Accordez-vous une note de cinq sur cinq pour un contact parfait et de zéro pour un mauvais contact. Évaluez le problème : avez-vous bien estimé la hauteur du point d'impact ? Ou frappez-vous incorrecte-ment la balle ?

ESSAYEZ CET EXERCICE

Enduisez l'arrière de la balle de rouge à lèvres ou de craie, frappez-la et notez à quel endroit du club il y a des marques. À moins que vous ne soyez une très bonne golfeuse, il serait étonnant que les marques se trouvent toutes au milieu de la face du club. Continuez de regarder la balle et de vous entraîner, et évaluez chacun de vos contacts. Lorsque vous êtes sur un terrain d'exercice, vous pouvez entendre des bruits de contact parfait avec la balle, prêtez-leur attention et essayez de les reproduire.

IMPORTANT
Gardez l'œil sur la balle.

Le followthrough

Trop de golfeurs sous-estiment l'importance du followthrough. Or, c'est un mouvement qui contrôle la distance et la direction des coups. La régularité dans l'exécution du followthrough constitue vraiment un atout.

Vous entendrez sûrement des golfeuses dire : « Quand je réussis un bon coup, le followthrough s'effectue en douceur. » Elles devraient plutôt penser : « Si j'exécute correctement mon followthrough, j'aurai de bien meilleures chances de réussir mon coup. » Pour bien jouer au golf, il est important d'y aller le plus souvent possible de son meilleur swing. La plupart des golfeuses ordinaires modifient peu leur adresse et

POSITION INCORRECTE Si votre bras gauche demeure trop rigide et ne pivote pas au moment de l'impact, la face du club pointe vers le haut, vous perdez de la distance et vous serez portée à effectuer un crochet vers la droite.

POSITION INCORRECTE Au sommet du backswing, le poids demeure sur la pointe du pied gauche. Si vous exécutez ce mouvement, vous effectuerez un petit pas vers l'avant à la fin du swing.

leur backswing, mais terminent leur swing par des followthroughs souvent fort différents.

Quiconque pratique un sport comme le tennis sait qu'il est possible d'exécuter toujours le même mouvement de raquette, mais de réussir plusieurs coups différents en modifiant la manière de frapper. Au tennis, il faut surprendre l'adversaire, mais au golf, vous ne voulez certainement pas de mauvaises surprises ! C'est à mi-chemin du throughswing que vous pressentirez la direction du coup. Vos mains et vos poignets doivent pivoter complètement, de façon que le club se trouve dans une position à angle droit, la pointe vers le haut (photographies de gauche et de droite). Le takeaway et le throughswing sont des copies inversées. Dans le backswing, c'est le bras droit qui plie, alors que dans le followthrough, c'est le bras gauche.

Chez les golfeuses émérites, c'est le bras gauche qui domine et fait le gros du travail. Chez les golfeuses ordinaires, c'est la situation inverse et le bras gauche doit généralement se détendre et ne pas trop intervenir pour éviter de nuire au mouvement. Vos yeux doivent demeurer fixés sur l'endroit où se trouvait la balle et observer le gazon une fois que la balle a pris son envol.

À cette étape, le poids doit être bien réparti sur le talon gauche, le genou droit doit toucher votre jambe gauche et tout votre corps, y compris la tête, doit commencer à pivoter en direction de l'objectif.

Un followthrough réussi doit donner l'impression de frapper en direction de l'objectif. À la fin du swing, vos genoux, vos hanches, vos épaules et vos coudes doivent tous faire face à l'objectif. Les épaules doivent toujours être légèrement tournées vers la gauche, à environ 10 degrés. La tige du club doit reposer sur votre épaule gauche, vos coudes doivent être séparés d'environ la même largeur qu'au début et être alignés, ainsi qu'avec vos épaules.

Le meilleur moyen d'obtenir la direction voulue consiste à garder les coudes devant soi et le club sur l'épaule. Vous devez être capable de voir par-dessus votre coude droit. Si vous réussissez un trou d'un coup, vous devriez voir la balle entrer !

L'équilibre joue un rôle de premier plan, car il permet de maximiser la vitesse. À la fin de votre swing, votre poids doit se trouver sur le talon gauche et votre pied droit être tourné vers la pointe de votre chaussure. Vous ne devez jamais avoir l'impression que les orteils de votre pied gauche sont immobilisés et devez être capable de les remuer comme si vous étiez debout normalement. Vous devez ressentir le même équilibre à la fin du swing. Souvenez-vous que le followthrough est comparable aux freins de votre auto. Si votre followthrough, qui est le prolongement de l'élan, est faible et mal équilibré, vous n'obtiendrez pas la vitesse requise.

À la fin du swing, votre jambe gauche devrait être en position assez ferme et en équilibre, et votre hanche gauche naturellement tournée vers le côté, afin que votre poids porte sur votre jambe gauche. Ce phénomène se remarque davantage chez la femme que chez l'homme, car notre centre de gravité n'est pas situé au même niveau.

Le club devrait toujours se déplacer dans son angle naturel. Dans le followthrough, le club devrait se trouver dans la même position qu'à l'adresse. Le fer 7 s'élance vers le haut, puis vers le bas et encore vers le haut. Avec un bois, le swing est naturellement plus horizontal.

Dans un swing idéal, l'angle de la tige du club dans le followthrough est le même qu'à l'adresse.

IMPORTANT
Les coudes doivent demeurer rapprochés.

Si vous développez l'habitude de bien terminer votre élan, votre esprit restera concentré sur la nécessité de frapper correctement la balle pour réussir un bon coup. En effectuant correctement le followthrough, il arrive souvent qu'on corrige du même coup ses erreurs de backswing.

Ce mouvement s'apparente au lancer d'une balle. Si vous lancez une balle en direction d'une cible qui se trouve droit devant vous, votre bras réagira en effectuant un mouvement de recul. Si vous tentez de la lancer vers la droite, le mouvement de recul s'effectuera différemment. Votre manière d'entrevoir le lancer détermine la façon dont vous élancez votre bras vers l'arrière. C'est la même chose pour le swing au golf. Si vous exécutez correctement l'attaque et le followthrough, le backswing s'effectuera correctement.

Au golf, il existe deux moyens d'obtenir de la puissance dans le swing. Le premier consiste à obtenir cette puissance au moment de l'impact en utilisant la vitesse maximale et le deuxième, à appliquer doucement les freins à la fin du swing. Frapper puissamment la balle ne veut pas dire que vous devez vous étrangler dans l'exécution du followthrough. Ressentez la puissance et le contrôle au moment du finish.

Vous devez toujours être décontractée au moment de l'impact et libérer la puissance du swing sur la balle. Vous ne devez pas retenir votre souffle à la fin du swing, car il s'agit d'un signe évident de tension excessive qui signifie que vous n'avez pas libéré toute la puissance du swing en frappant la balle.

Pour savoir si vous avez vraiment réussi votre followthrough, frappez la balle, puis retenez votre élan final et comptez à voix haute jusqu'à quatre. Si vous retenez votre souffle, vous serez incapable de compter! Au début, vous trouverez ce compte de quatre ridiculement long. Dans le cas d'une bonne golfeuse, la balle doit se trouver dans les airs pendant environ huit secondes. Retenir le followthrough pendant quatre secondes n'est donc pas long. Cet exercice vous aidera à perfectionner votre followthrough, à vous assurer que votre équilibre est parfait et que vous respirez correctement.

À la fin d'un followthrough parfait, vos jambes et vos épaules devraient demeurer immobiles plusieurs secondes. Ce sont d'abord vos bras qui reprendront leur position naturelle le long du corps, alors que vous avez encore les coudes pliés et que la tige du club est en avant, orientée vers le haut. C'est la position qu'adoptent presque toutes les golfeuses professionnelles lorsqu'elles observent l'envolée de la balle vers le drapeau. Si vous avez réussi votre followthrough, il vous sera facile de prendre cette position, dans laquelle la direction de la balle est aisément visible.

À titre d'exercice, restez en position de finish en comptant un, deux, trois et quatre, puis, après avoir abaissé les bras, tout en gardant les jambes et les épaules immobiles, continuez de compter : cinq, six, sept et huit. Il faut huit secondes pour réussir un trou d'un coup! Si votre swing était correct, le club devrait naturellement revenir en position fermée et non ouverte.

Vous devez chercher à obtenir autant de vitesse que possible au moment de l'impact. Si vous avez l'impression que votre swing est trop rapide, il s'agit habituellement de la conséquence d'un mauvais équilibre. Plus votre équilibre est bon, plus vous obtiendrez de vitesse.

DÉGAGEMENT ET DÉCONTRACTION
Vous devez vous efforcer de mettre toute votre puissance dans le coup puis dans le followthrough. Vous n'y parviendrez qu'en restant détendue et en vous laissant aller.

FINISH PARFAIT (VOIR PAGE SUIVANTE)
La Suédoise Liselotte Neumann exécute un élan final parfait dans le cadre du Trygg Hansa Ladies Open.

IMPORTANT
Équilibre - un,
deux, trois
et quatre!

L'abc des clubs

En théorie, le swing devrait être le même avec tous les clubs. Toutefois, pour la plupart des gens, le swing avec un fer semble différent du swing avec un bois. Les fers sont plus courts et plus lourds, alors que les bois sont plus longs et plus légers. Lorsqu'elles commencent à jouer au golf, beaucoup de femmes craignent d'utiliser un driver ou un bois 3, car elles s'imaginent que ces clubs sont trop longs et lourds, alors qu'au contraire ils sont plus légers.

Tous les clubs devraient avoir le même poids. Rappelez-vous vos cours de mathématiques et vous constaterez qu'une tête lourde sur une tige courte présente le même poids qu'une tête légère sur une tige plus longue.

APPRENEZ À LES DISTINGUER

Chaque club se présente à un angle différent. Le fer 7 se dresse devant vous, ce qui fait en sorte que le swing se fait surtout sur le plan vertical (de haut en bas et vice-versa). Inversement, les bois sont plus plats et ont tendance à s'éloigner de la personne qui frappe, ce qui exige un swing plus ample qu'avec les fers. La débutante commence généralement par utiliser un fer 7, puis lorsqu'elle s'attaque aux bois, elle doit s'efforcer de modifier son swing pour qu'il soit plus horizontal et plus ample.

L'Américaine Emilee Klein avec un driver au Dinah Shore Tournament, disputé au Mission Hills Golf Club, aux États-Unis.

Les fers de courte portée

Les fers 8 et 9, le pitching wedge et le sand wedge sont les clubs les plus efficaces pour se rendre sur le green. Il va sans dire que, répétons-le, un bon contact est essentiel à la réussite.

LES ERREURS AVEC LES FERS DE COURTE PORTÉE

Lorsque vous utilisez des fers de courte portée, gardez le stance carré, c'est-à-dire parallèle à la trajectoire de votre coup. L'erreur la plus fréquente avec les fers de courte portée consiste à frapper la balle vers la gauche de l'objectif. La tête des fers de courte portée est lourde et se déploie rapidement. Les golfeuses effectuent souvent des slices vers la droite quand elles utilisent des bois et des pulls vers la gauche avec les fers de courte portée. Dans les deux cas, il s'agit de la même faute de swing. Pour corriger ce défaut, gardez la face de votre fer de courte portée en position square à l'adresse. Vérifiez la rainure inférieure sur la face du club pour vous assurer que c'est bien le cas. Il est facile de placer la face du club en position fermée à l'adresse, ce qui est une erreur. Surveillez la balle pendant que vous jouez et effectuez un transfert de poids vers la gauche au moment de l'impact.

FRAPPEZ LA BALLE ET PRENEZ UN DIVOT

Frappez la balle en prenant un léger divot, ce qui ne veut pas dire de faire pénétrer votre club dans le sol !

Le schéma de la page suivante indique les distances approximatives qu'une bonne golfeuse de niveau amateur peut atteindre avec des fers de courte portée. Les golfeuses ordinaires doivent se fixer comme objectif d'atteindre ces distances.

Avec les fers de courte portée, le contact est très important. Il vous faut frapper la partie inférieure de la balle afin d'obtenir une bonne hauteur. Un mauvais contact donne généralement des coups peu élevés et trop longs. La balle doit se trouver à peu près au centre du stance, bien qu'une golfeuse de haut calibre puisse se tenir un peu en avant du centre et une personne avec un handicap élevé, juste derrière.

La position de la balle doit être une invitation à la frapper d'aplomb en la soulevant avec un peu de gazon devant.

La photo ci-dessus représente un bon contact avec un fer 9. Pour obtenir un bon impact, il importe d'avoir un contact ascendant avec la balle, c'est-à-dire la frapper tout en prenant un divot. Le divot doit être mince et le club passer au travers pour en ressortir de l'autre côté.

Ne faites pas pénétrer votre club dans le sol. Les golfeurs masculins le font parfois, mais ils ont la force nécessaire pour se le permettre. Toutefois, il en résulte des coups imprécis et ce n'est pas vraiment nécessaire !

Si vous utilisez un grip fort (voir page 28) avec les fers de courte portée, vous pourriez être portée à glisser la main droite sous le club pour soulever la balle. Gardez la main droite sur le dessus du club et pensez à frapper vers le bas et non vers le haut à l'aide de la main droite.

DISTANCES DE FRAPPE AVEC DES FERS DE COURTE PORTÉE

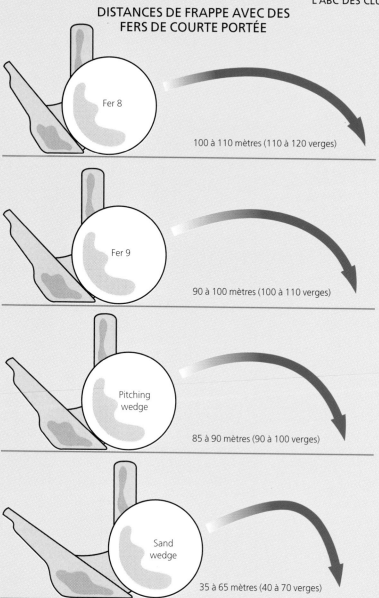

Fer 8

100 à 110 mètres (110 à 120 verges)

Fer 9

90 à 100 mètres (100 à 110 verges)

Pitching wedge

85 à 90 mètres (90 à 100 verges)

Sand wedge

35 à 65 mètres (40 à 70 verges)

Ce sont les fers de courte portée qui présentent les lofts les plus prononcés. Ils permettent de frapper la balle plus haut et à des distances moindres, comme celles qui sont indiquées ci-dessus.

IMPORTANT
Prenez un divot.

Les fers de longue portée

Les fers de longue portée peuvent s'avérer difficiles d'utilisation, et ce même pour les très bonnes golfeuses, car ils exigent des poignets puissants, un contact précis et des nerfs d'acier. Une débutante prend généralement un certain temps avant d'en apprécier les vertus.

Les fers de longue portée sont numérotés de 1 à 5. Les golfeuses, mais également la plupart des hommes qui jouent au golf, estiment que les fers 1 et 2 sont réservés aux joueurs d'élite. Beaucoup de golfeuses professionnelles n'utilisent plus de fer 3 et lui préfèrent un bois 7, plus facile à utiliser et qui couvre la même distance.

Le schéma au bas de la page suivante indique les distances que de bonnes golfeuses, de niveau amateur ou professionnel, sont capables d'atteindre avec les fers 3 à 5. Un écart d'environ 9 mètres sépare chacun des clubs et plus la distance est grande, moins la balle lèvera.

Les fers de longue portée sont plus longs et plus légers que les fers de courte portée. Il s'avère parfois difficile de bien sentir la tête de ces clubs. Le contact idéal pour une golfeuse consiste à claquer la balle sans prendre de divot. Avec la tête lourde du bois 9, rien n'est plus facile que de frapper la balle et de prendre un divot. La plupart des femmes ont de la difficulté à procéder ainsi avec les fers de longue portée, mais ce n'est pas vraiment nécessaire.

Si la balle est dans une position favorable, par exemple sur une petite touffe d'herbe, positionnez-vous de façon qu'elle se trouve juste en avant du centre, surveillez-la bien des yeux et frappez-la en effleurant doucement le gazon à l'endroit où elle est. Si elle se trouve dans une position moins favorable, à un endroit où il y a moins d'herbe, contentez-vous de la balayer.

Les fers de longue portée exigent un mouvement bien rythmé. La balle devrait voyager environ 27 mètres de plus qu'avec votre fidèle ami, le fer 7. Toutefois, la distance n'est pas une question de puissance. Laissez le soin à la longueur supplémentaire de la tige et au loft réduit du club d'influencer la hauteur de votre coup, ce qui devrait permettre d'atteindre la distance visée. Lorsque vous utilisez des fers de longue portée, élancez-vous plus lentement et faites confiance au club en matière de distance.

POSITION POUR FRAPPER AVEC DES FERS DE LONGUE PORTÉE ET POSITION DE LA BALLE
Si votre balle est en bonne position, placez-vous de façon qu'elle se trouve juste en avant du centre de votre stance (ci-dessus). Si la position est plus difficile (ci-dessous), postez-vous de façon que la

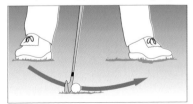

balle soit un peu plus à l'arrière du centre et frappez vers le bas (en exécutant un mouvement descendant).

UTILISATION DES FERS DE LONGUE PORTÉE

Une golfeuse qui utilise un fer de longue portée doit se fixer comme objectif de faire décoller la balle avec un minimum de contact avec le sol.

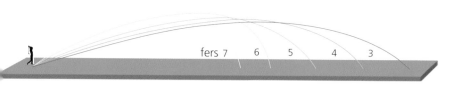

fers 7   6   5   4   3

DISTANCES AVEC LES FERS DE LONGUE PORTÉE

Souvenez-vous : plus le numéro du club est bas, plus la balle ira loin. Le schéma ci-dessus indique les distances qu'une bonne golfeuse devrait normalement atteindre avec différents fers de longue portée. .

Fer 7 110 à 130 mètres (120 à 140 verges)
Fer 6 120 à 140 mètres (130 à 150 verges)
Fer 5 130 à 150 mètres (140 à 160 verges)
Fer 4 140 à 155 mètres (150 à 170 verges)
Fer 3 145 à 160 mètres (155 à 175 verges)
Fer 2 150 à 165 mètres (160 à 180 verges)

IMPORTANT
Élancez-vous lentement, maintenez le rythme.

Corrigez vos erreurs avec les fers de longue portée

Faire contact avec la balle est le principal problème qu'éprouvent les golfeuses avec les fers longs. La légèreté de la tête des fers peut s'avérer impitoyable. Un peu plus loin dans ce chapitre, vous comprendrez pourquoi il est souvent beaucoup plus facile d'utiliser un bois d'allée.

L'aspect le plus important, lorsque vous répétez vos coups de fers de longue portée, consiste à se concentrer sur le contact. Écoutez bien le son que fait la balle lorsque vous la frappez. Ainsi, vous serez en mesure de mieux développer la coordination nécessaire pour bien réussir votre coup. Vous pourrez savoir si le contact est bien net. Accordez-vous cinq points pour un contact parfait et zéro si vous manquez complètement votre coup. Essayez d'obtenir des quatre et des cinq !

Si votre grip de swing est incorrect ou trop lâche, c'est avec les fers de longue portée que le problème sera le plus manifeste. Une des erreurs les plus courantes chez les golfeuses consiste à frapper le sol derrière la balle. Si c'est votre cas, assurez-vous que la balle est positionnée juste en avant du centre dans le stance et maintenez la fermeté de votre grip de la main gauche, de l'adresse jusqu'à l'impact.

Le schéma ci-dessous montre la différence entre le bois 7 (à gauche) et le fer 3 (à droite). Ces deux clubs couvrent environ la même distance. La semelle du fer 3 est étroite et celle du bois 7 est large. Si votre contact avec le fer 3 est médiocre, le club aura tendance à s'enfoncer dans le sol. La plupart des femmes n'ont pas la force physique nécessaire pour prendre un divot. Inversement, le bois 7 est muni d'une semelle large et propice aux rebondissements. Si vous frappez en vous tenant à une distance d'environ 2,5 cm derrière la balle, la semelle du bois 7 rebondira sur le sol et vous obtiendrez un bon contact. Cette manière de procéder convient beaucoup mieux à une golfeuse ordinaire qu'à une professionnelle.

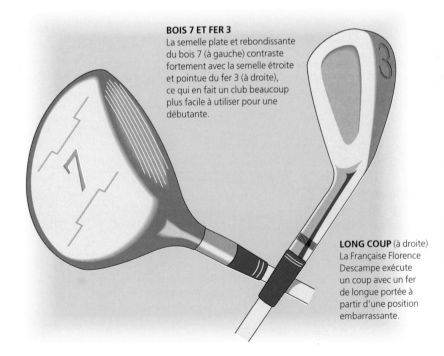

BOIS 7 ET FER 3
La semelle plate et rebondissante du bois 7 (à gauche) contraste fortement avec la semelle étroite et pointue du 3 (à droite), ce qui en fait un club beaucoup plus facile à utiliser pour une débutante.

LONG COUP (à droite)
La Française Florence Descampe exécute un coup avec un fer de longue portée à partir d'une position embarrassante.

IMPORTANT
Le bois 7 est plus facile à utiliser qu'un fer 3.

Le driver

Le driver est le plus long, mais également le plus léger des clubs. Il est conçu pour atteindre de longues distances lors des coups de départ des trous les plus longs. De plus, sa tête large permet de bien faire lever la balle pour la propulser dans les airs.

Le loft des drivers varie de 7 à 13 degrés. Les hommes ont tendance à frapper la balle plus haut que la majorité des femmes et leurs poignets plus puissants produisent un backspin plus important dans les coups de départ. Idéalement, le loft d'un driver est de 12 degrés, ce qui aide les débutantes à déployer une face de club très ouverte et, par le fait même, à atteindre des distances importantes.

Un driver dont le loft est de 12 degrés permet de frapper des coups droits, contrairement à un club dont le loft est plus petit. Il est préférable que le contact soit légèrement ascendant lorsque vous utilisez un driver. Positionnez-vous de façon que la balle se trouve en avant du centre du stance. Posez la balle sur son tee aussi haut que la hauteur de la tête du club vous le permet (photo de droite).

À l'adresse, vos bras et la tige du club devraient former un Y. Vous devez sentir un léger étirement dans le côté gauche de votre corps et votre côté droit doit être décontracté, ce qui vous fera anticiper un contact ascendant (illustration de droite).

Recherchez un endroit plat pour frapper la balle sur le tertre de départ. N'oubliez pas que vous pouvez reculer d'une distance correspondant à deux longueurs de bâton derrière le tertre de départ. Il s'agit d'ailleurs du seul endroit sur le parcours où il est possible d'aplatir le sol derrière la balle et vous devriez vous habituer à le faire.

Les débutantes devraient bien noter la façon dont la balle doit être placée sur le tee. Tenez la balle dans la paume de votre main droite et saisissez le tee entre l'index et le majeur (voir dessin à la page suivante). Enfoncez le tee dans le sol avec la balle. Ainsi, il se maintiendra facilement en équilibre et vous vous habituerez à placer votre tee à la même hauteur.

Veillez à placer la face du club en ligne avec le dos du club sur le sol, l'angle de la face du club s'ouvrant au maximum. Ne tombez surtout pas dans ce piège fréquent qui consiste à avancer les mains et à fermer la face du club vers le bas.

Le swing doit être complet et horizontal et non s'articuler de haut en bas. Exécutez un coup balayé en prenant soin de reproduire le même mouvement pour le backswing et le through-swing. Efforcez-vous d'arracher le tee pour obtenir une bonne hauteur.

ADRESSE AVEC UN DRIVER
À l'adresse, la balle doit se trouver en avant dans le stance et surélevée sur le tee pour favoriser un contact ascendant.

LA TÊTE DU DRIVER
Procurez-vous un driver
muni d'une tête large et
d'un loft de 11 ou 12
degrés afin d'obtenir le
maximum de distance et
de précision.

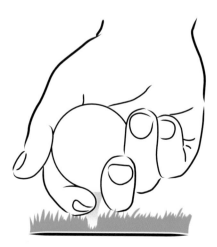

**POSER LA BALLE SUR
LE TEE**
Enfoncez le tee dans
le sol avec la balle, tel
qu'indiqué dans le dessin
ci-contre. Il est préférable
d'utiliser un tee en plastique à hauteur préréglée
jusqu'à ce que vous ayez
assez confiance en vos
moyens pour placer des
tees ordinaires à la
hauteur qui vous
convient.

IMPORTANT
Projetez le tee
en même temps
que la balle.

Frapper pour la distance et la direction

Il importe de bien viser pour réussir un bon coup de
départ. Dès que vous déposez votre tee au sol, vous devez
envisager la meilleure façon d'atteindre votre objectif.

1 Avec le driver, le swing est ample et se
concrétise par une attaque puissante à
l'horizontale à l'arrière de la balle.
N'oubliez pas que l'allure du swing doit
être conforme à l'angle de la tige du club à
l'adresse.

2 N'ayez pas peur de tourner le dos
à la balle au moment du backswing.
Assurez-vous que vous tournez réellement
le dos à l'objectif plutôt que de simplement
lever les bras et le club. Vous devez attaquer
la balle sur le plan horizontal.

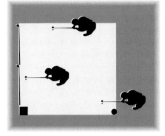

POSITION SUR LE TERTRE DE DÉPART
Choisissez avec soin votre position sur le tertre de départ (voir dessin à gauche). Il arrive qu'un côté du tertre de départ permette de voir l'objectif plus facilement que l'autre.

3 Imaginez le contact à l'aide du driver comme s'il s'agissait d'enfoncer un clou à l'arrière de la balle. La tête du club, comme celle du marteau, devra bouger de l'avant à l'arrière dans un angle légèrement incurvé. Ne tenez pas le club de manière à courber votre clou.

Pour ressentir une impression de légèreté dans l'exécution du backswing et de l'attaque, tenez votre club légèrement au-dessus du sol à l'adresse. Plusieurs joueuses professionnelles le font pendant les tournois, ce qui leur permet d'effectuer un takeaway bas. Toutefois, si vous posez votre bâton directement au sol, votre premier geste pourrait bien être de le soulever.

4 Complétez bien le swing pour obtenir de la puissance. Si vous vous entraînez sur un terrain d'exercice, placez un tee à l'envers sur un tapis à une distance d'environ 45 cm derrière la balle et à environ 10 cm de vos pieds. Vous devez avoir l'impression que le takeaway se fait en douceur et que vous cueillez facilement le tee. La golfeuse ordinaire lève habituellement les bras, ce qui résulte en un takeaway et une attaque trop rapides.

Gardez l'épaule droite à une hauteur basse et confortable à l'adresse. La balle doit se trouver à environ 5 à 7,5 cm en avant du centre dans le stance. Habituez-vous à la sensation d'un takeaway et d'une attaque peu élevés.

IMPORTANT
Un takeaway exécuté avec légèreté produit une attaque légère.

Les bois d'allée

Cet ensemble de bois est conçu pour effectuer de longs coups à des hauteurs et des distances différentes. Les bois d'allée comprennent les numéros 3, 4, 5, 7 et 9 et comportent des lofts de divers degrés.

Le bois 3 produit les coups les plus longs et constitue une solution de rechange relativement difficile au driver pour la golfeuse ordinaire. Pour les coups sur les allées, le bois 4, dont l'usage est peu répandu, est plus facile à utiliser que le bois 3. Le bois 5 est celui qui est le plus couramment utilisé par les golfeuses de niveau moyen dans les allées. Ce club devrait permettre de frapper la balle à une bonne hauteur et assurer une distance de frappe maximale. Le bois 7 constitue un substitut aux fers 3 ou 4, avec lesquels il est plus difficile de frapper. En matière de distance, le bois 9 se compare à un fer 5. Les tiges de tous les bois sont plus longues que celles des fers, ce qui veut dire que votre posture doit être plus droite et votre plan de swing légèrement plus plat.

La semelle des bois est très différente de celle des fers. Le bord d'attaque d'un bois rebondit sur le sol alors que celui d'un fer est conçu pour mordre dans le sol et prendre un divot.

Pour les coups d'allée, il est important de positionner le club suffisamment à plat sur le sol afin de profiter de sa semelle rebondissante. Si vous faites l'erreur d'avancer les mains, le côté arrière du club se soulèvera et vous perdrez l'effet favorable procuré par le bois.

1 À l'adresse, la face du club doit être en position parallèle, et vos bras et la tige du club doivent former un Y naturel. Si votre balle se trouve dans un endroit où l'herbe est très longue et dans une position favorable, jouez-la à plusieurs centimètres en avant du centre. Si la position est plus difficile et qu'il y a moins de gazon derrière la balle, positionnez-vous de façon qu'elle soit placée juste en avant du centre.

2 Le contact est le secret d'un coup réussi avec un bois d'allée. La tête du club doit rebondir sur le sol exactement au bon endroit. Avant d'effectuer vos coups avec les bois d'allée, vous devez toujours y aller de quelques swings d'exercice et vous assurer que l'extrémité frontale du club ne s'enfonce pas dans le sol. Normalement, vous ne devriez pas faire de marques sur l'allée, car le contact devrait être semblable au frottement d'une allumette.

Ne tentez jamais d'utiliser un bois d'allée sans avoir effectué au préalable un swing d'exercice. Le contact est d'une importance capitale et vous devrez vous y exercer aussi souvent que nécessaire. La balle est frappée tout juste au moment où le swing atteint son point le plus bas.

3 Le swing ressemble beaucoup à celui qui s'effectue avec le driver, lequel met l'accent sur un backswing ample et complet, avec la différence qu'il faut brosser le sol plutôt que de simplement cueillir la balle sur le tee.

La plupart des golfeuses possédant un handicap relativement élevé y gagneront à utiliser un bois 3 plutôt qu'un driver pour effectuer le coup de départ. Le tee doit être enfoncé un peu plus pour vous assurer que la tête du club ne passera pas en dessous de la balle. La technique est identique à celle du driver : vous devez projeter au loin et le tee et la balle. Le loft plus prononcé du bois 3 en fait un club plus sûr.

IMPORTANT
Répétez vos swings avec les bois d'allée.

Les bois d'allée peuvent également être utilisés dans l'herbe longue ou dans certaines positions délicates. Toutefois, ne soyez pas trop exigeante et rappelez-vous que la tête plus lourde des fers se prête généralement mieux à une sortie de l'herbe longue. Toutefois, si la balle est dans une position favorable, le bois 7 s'avère un excellent choix.

Concentrez-vous toujours sur votre coup. Souvenez-vous de ce proverbe qui dit « qu'un bois dans l'herbe haute signifie un bois dans votre tête ! » Si vous êtes en mauvaise position sur l'allée et que la balle se trouve dans un trou laissé par un divot de dimension modeste, avancez légèrement vos mains à l'adresse. Cette position soulèvera le dos de la tête du club, lui donnant le tranchant d'un fer. Dans une telle situation, la face du club apparaît comme légèrement « fermée ». En d'autres termes, vous avez perdu le loft du bois et vous vous retrouvez avec un club qui présente les caractéristiques d'un fer.

Lorsque vous utilisez un bois dans une position difficile, vous devez vous attendre à ce que le followthrough soit légèrement retenu. Frappez la balle comme si vous aviez un fer.

Si vous utilisez un bois 3 assez loin de l'allée, il vous arrivera, à l'occasion, de connaître un excellent coup en raison de la distance plus grande que permet d'atteindre ce club. En certaines occasions, un driver peut s'avérer très utile sur l'allée, mais vous devrez acquérir passablement d'expérience avant de songer à cette option. Si vous êtes chanceuse et que votre balle se trouve sur une touffe d'herbe (ce qui arrive à l'occasion), vous pourrez faire comme s'il s'agissait d'un coup de départ et utiliser votre driver. Toutefois, pour réussir ce coup, le contact doit être absolument parfait. Effectuez deux ou trois swings d'exercice et assurez-vous que l'extrémité du club rebondit bien sur le sol au point d'impact. Continuez de suivre la balle des yeux après l'impact, faites confiance à votre driver et frappez la balle avec détermination.

Un tel choix peut s'avérer utile, surtout s'il y a du vent. Vous devez essayer de frapper un coup à basse altitude qui roulera sur une longue distance.

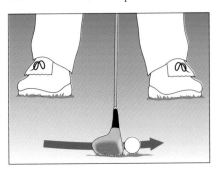

À PARTIR D'UNE POSITION DIFFICILE OU D'UN ENDROIT DÉPOURVU D'HERBE
Si votre balle est dans une position difficile ou dans un endroit où il y a peu ou pas d'herbe du tout, vous devez faire rebondir le club à l'endroit précis où se trouve la balle, de façon à la cueillir et à la propulser. Faites rebondir la semelle du club de haut en bas et de l'intérieur vers l'extérieur comme si vous frottiez une allumette.

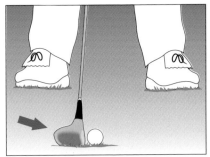

À PARTIR D'UNE MAUVAISE POSITION
Si votre balle est dans une mauvaise position, utilisez un bois 5 ou un bois 7. Inclinez légèrement la face du club en soulevant le dos de la semelle pour le dégager du sol si la balle se trouve dans une dépression légère. Tenez la tige et les mains légèrement à l'avant, vers la gauche, afin d'attaquer la balle vers le bas.

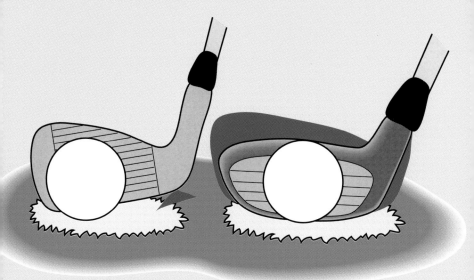

CONSEILS D'EXPERT

• Si vous êtes dans une mauvaise position, n'essayez jamais de soulever la balle, peu importe le club que vous utilisez. Laissez le loft de la face du club faire le travail pour vous. Si vous attaquez la balle dans un angle ascendant, déplacez-vous sur le pied gauche et efforcez-vous de la coincer pour la projeter au loin.

• Si vous utilisez un bois d'allée lorsque vous êtes dans une position difficile, le principal facteur de réussite est une bonne évaluation de la hauteur du point d'impact. Plus la position de la balle est difficile, plus vous devez faire preuve de jugement pour estimer la hauteur du point d'impact.

• Effectuez toujours deux ou trois swings d'exercice avant d'effectuer votre coup pour vous assurer que vous avez estimé correctement la hauteur du point d'impact. Assurez-vous que la semelle du club rebondit bien sur le sol. Prêtez l'oreille et écoutez le son que fait la face du club en rebondissant au sol.

• Plus la position de la balle est défavorable, plus vous devez vous placer loin dans le stance pour la jouer.

• Pour sortir la balle d'une position délicate avec un bois d'allée, vous devez prendre un divot.

UN BON CONTACT POUR SORTIR DES TROUS DE DIVOT

Pour faire un bon contact avec la balle et sortir d'un trou causé par un divot, veillez à aligner la tête du club avec sa pointe (en haut à gauche). Cela vous aidera à viser la partie inférieure de la balle. Un bois d'allée muni d'une petite tête (en haut à droite) s'avère parfois plus facile à utiliser qu'un fer de longue portée dans cette situation.

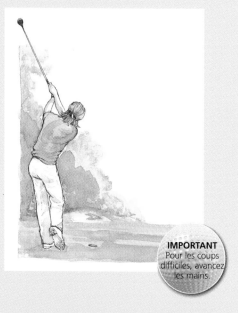

IMPORTANT
Pour les coups difficiles, avancez les mains.

Les erreurs les plus courantes
– Problèmes de contact

Faire un bon contact avec la balle est un art en soi. Les débutantes développent souvent assez rapidement un swing parfait sur le plan esthétique, mais elles doivent apprendre à faire un contact parfait. La première étape consiste à apprendre à estimer la hauteur exacte du point d'impact et à raser le sol à un endroit précis.

Les tops

Les tops sont généralement les coups manqués les plus fréquents chez les golfeuses débutantes. Ils consistent à frapper la balle sur sa partie supérieure ; celle-ci roule au sol au lieu de prendre la voie des airs.

Lorsque vous exécutez un top, le club frappe la balle dans sa partie supérieure ou au milieu plutôt que de raser le sol en dessous.

L'une des causes les plus fréquentes du top réside dans le fait que vous ne regardez pas la balle au bon endroit. Si vous fixez la partie supérieure de la balle, vous frapperez le sommet de la balle. Vous ne devez pas penser à la balle comme s'il s'agissait d'un objet entier, mais plutôt fixer le dos de la balle. Cela ne veut pas dire que vous devez placer votre tête dans une position bizarre, mais simplement fixer le dos de la balle et rien d'autre.

Les golfeuses ont souvent peur de raser le sol, car elles croient qu'il n'est pas convenable de prendre un divot ou craignent de se faire mal. Habituez-vous à raser le sol, car il est présent à chacun de vos coups. Apprenez à vous défaire de vos inhibitions à ce sujet. Effectuez de nombreux swings d'exercice dans votre cour ou sur le terrain d'exercice et habituez-vous à raser le sol à l'endroit précis où vous le désirez. Le top est causé principalement par la tension. Si vous êtes tendue ou que vous retenez votre respiration au moment de frapper la balle, votre poitrine entière se soulèvera et la tête du club ne pourra plus atteindre le sol.

Pour corriger les tops, vous devez améliorer votre contact. Accordez-vous cinq points pour un contact parfait et zéro pour une tentative complètement ratée. Détendez vos bras et allongez-les, regardez le dos de la balle et concentrez-vous en vue de raser le sol

au bon endroit. N'essayez pas de soulever la balle dans les airs et faites plutôt confiance au loft de la face du club.

Les coups gras

L'autre problème de hauteur du point de contact est occasionné par les coups gras. Ces coups se produisent lorsque vous pénétrez dans le sol ou plus communément lorsque vous heurtez le sol derrière la balle. Ils sont souvent le résultat d'un relâchement du grip, généralement au sommet du backswing. Lorsque vous replacez le club entre vos doigts, sa tête frappe derrière la balle.

Surveillez la position de votre balle. Le bas de votre swing doit être opposé à votre nez, autrement dit au centre de votre stance. Assurez-vous que la balle est positionnée au centre.

Si vous frappez le sol derrière la balle, c'est que vous avez probablement tenté de la faire lever, un peu comme on procède avec une raquette. Il est alors possible que vous ayez transféré votre poids sur le pied droit comme si vous aviez essayé de soulever la balle dans les airs. Assurez-vous plutôt que votre poids a été transféré sur votre pied gauche avant la fin du swing. Vous devez envisager un contact vers le bas plutôt qu'un contact ascendant.

CONTACT APPROPRIÉ (À DROITE)
Si vous tentez de soulever la balle, la tête du club pointera vers le haut et frappera le sommet (voir page suivante, en haut à droite). Pour éviter cette situation, transférez votre poids sur le pied gauche au moment de l'impact. Frappez la balle en plein milieu et si vous le pouvez, prenez un divot pour forcer la balle à s'élever, ce qui est tout le contraire d'un top.

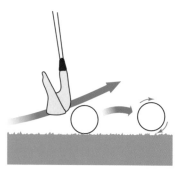

TOPS – POINT D'IMPACT

Ce schéma indique ce qui arrive lorsque vous regardez le sommet de la balle et que vous la frappez à cet endroit plutôt qu'à l'arrière. Le club effleure la balle et la pousse faiblement vers l'avant, ce qui résulte en une balle qui lève peu et parcourt une faible distance.

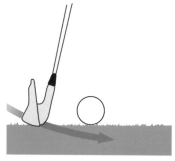

COUPS GRAS

Les coups gras surviennent lorsque le club frappe le sol derrière la balle. Pour éviter cette situation, veillez à ce que la balle reste au centre du stance, visez bien la balle et prenez un divot en transférant votre poids sur la semelle gauche au moment de l'impact.

IMPORTANT
Faire un bon contact avec la balle est un art en soi.

Autres conseils sur les problèmes de contact – Frapper la balle au milieu!

Les débutantes ont tendance à mal frapper la balle et à ne pas comprendre ce qui se produit. Si votre contact est mauvais, vous devez essayer d'en découvrir les raisons avant de chercher à y remédier.

Il y a deux éléments indispensables pour réussir un bon contact. D'une part, il faut tenir compte de la hauteur du point d'impact (lorsqu'elle n'est pas adéquate, il en résulte des tops et des coups gras (voir pages 72 et 73). D'autre part, il est important de frapper la balle avec le milieu de la face du club. Si vous ne le faites pas correctement, votre balle sera trop basse ou se dirigera vers la gauche ou la droite, particulièrement si vous utilisez un fer. Pour vérifier si vous faites ou non cette erreur, appliquez du rouge à lèvres ou une trace de craie sur le dos de la balle et regardez à quel endroit du club celle-ci laisse une marque au moment de l'impact. Le shank est assurément le coup le plus désastreux. La balle est frappée avec le col du club et s'envole à une faible distance du sol ou bifurque vers la droite.

Frappez la balle avec le milieu de la face du club. La position de la balle peut être une illusion d'optique. À l'adresse, la balle peut sembler au centre de la face du club, mais si vous la regardez par en arrière, vous constaterez qu'elle est trop proche du col. Il y a énormément de puissance vers la pointe du club. Attaquez la balle avec le centre de la face du club ou même vers la pointe.

Un shank est habituellement le résultat d'un mauvais équilibre. Au moment de l'impact, vous devriez être solidement appuyée sur votre talon gauche. Si vous transférez votre poids en direction des orteils, ce qui est une erreur, la tête du club descendra au mauvais endroit et vous devrez faire un pas en avant à la fin du follow-through. Assurez-vous que votre poids est transféré correctement sur le talon gauche et que les orteils de votre pied gauche peuvent remuer librement afin de conserver votre équilibre.

Si vous êtes postée trop loin de la balle, vous risquez davantage de commettre un shank, d'être attirée vers l'avant et de perdre l'équilibre qu'en restant trop près de la balle. Si vous changez de souliers et que vous en chaussez d'autres dont les talons sont légèrement plus hauts, il pourrait en résulter un shank, susceptible de nuire à l'équilibre dans le stance.

Les coups provenant de la pointe du club ont tendance à bifurquer vers la droite, mais le contact est plus doux que dans un shank. Si vous n'êtes pas certaine de l'erreur que vous commettez, effectuez l'exercice avec deux balles ou la tache de rouge à lèvres pour en avoir le cœur net. Les coups provenant de la pointe ressemblent à des tops et sont habituellement occasionnés par la tension et la retenue au moment de l'impact. La peur est généralement au cœur du problème. Essayez de vous détendre.

Pour corriger les coups provenant de la pointe, exercez-vous en plaçant un tee juste à côté de la balle (voir page suivante).

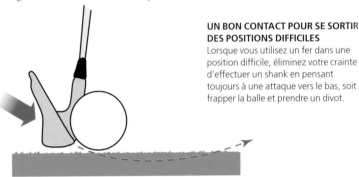

UN BON CONTACT POUR SE SORTIR DES POSITIONS DIFFICILES
Lorsque vous utilisez un fer dans une position difficile, éliminez votre crainte d'effectuer un shank en pensant toujours à une attaque vers le bas, soit frapper la balle et prendre un divot.

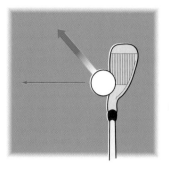

SHANK

Une balle frappée avec le col du club bifurquera brusquement vers la droite, ce qui est souvent occasionné par une mauvaise évaluation de la partie du club devant faire contact ou un déséquilibre au moment de l'impact.

POUR CORRIGER LE SHANK

Exercez-vous à éliminer les shanks en plaçant deux balles au sol à environ 2,5 cm de distance et en essayant de frapper la balle la plus proche à chaque fois. Si vous frappez les deux balles, c'est que vous continuez de faire contact avec le col du club.

POUR CORRIGER LES COUPS PROVENANT DE LA POINTE

Exercez-vous en plaçant un tee à côté de votre balle et en le projetant avec la balle. Vérifiez votre swing d'exercice : vous devez raser le sol à l'endroit précis où vous devez frapper.

IMPORTANT
L'équilibre avant tout!

Garder l'œil sur la balle – Position de la tête

Les deux conseils qu'on adresse le plus souvent aux golfeuses sont « gardez la tête basse » et « surveillez la balle ». Vous devez bien comprendre le sens de ces directives lorsque vous êtes dans le feu de l'action.

Vous devez regarder le dos de la balle, soit la partie que vous tentez de frapper. Au sommet du backswing, votre tête doit pivoter très légèrement et votre œil gauche doit apercevoir la balle. Pour ce qui est de l'œil droit, il est probablement caché par le nez. Surveillez la balle, mais accordez à votre tête un peu de liberté de mouvement.

Si vous êtes dans la position appropriée (voir page suivante), votre épaule gauche couvre votre menton, votre tête est légèrement tournée au moment du backswing et vous ne devriez voir que la balle et le premier tee représenté au bas de la page. Vous ne devriez pas voir vos pieds. Au moment de l'impact, vous devriez certainement surveiller la balle pendant que vous la frappez et votre tête devrait demeurer immobile pendant un bon moment après que vous avez frappé la balle.

La photographie de l'excellente golfeuse américaine Emilee Klein en page 57 illustre bien la position idéale.

POSITION INCORRECTE
Si vous fixez la balle avec trop d'intensité, votre tête s'inclinera sur votre épaule gauche, tel qu'illustré dans la photo ci-contre. Ce problème peut également survenir si vous êtes une débutante et que vous jouez la balle trop à gauche dans le stance.

POSITION INCORRECTE
Si vous fixez la balle et que vous gardez la tête immobile, voici la position dans laquelle vous vous trouverez (photo ci-contre). Vous pou-rez voir la balle et probablement vos pieds.

Si vous avez tendance à vous redresser au moment de l'impact, il est possible que la position de votre épaule droite par rapport à votre menton soit incorrecte. Il s'agit d'une erreur fréquente chez les femmes qui pratiquent le golf. Dans cette position, l'épaule droite se trouve sous le menton au moment de l'impact et force littéralement la tête à se relever. Cela se produit souvent chez les femmes dont le cou est long et les épaules étroites.

EFFECTUEZ CET EXERCICE
Entraînez-vous à obtenir une bonne position des épaules en fonction du menton. Votre épaule gauche devrait couvrir le menton dans le backswing, puis c'est l'épaule droite qui devrait couvrir le menton au moment du throughswing. Exercez-vous à vous élancer de l'avant à l'arrière pour bien percevoir la position des épaules en fonction du menton. Faites-le la bouche ouverte. Ainsi, vous sentirez mieux votre menton et vos épaules. N'oubliez pas qu'il s'agit d'un problème exclusif aux femmes. Les hommes ne commettent pas cette faute.

IMPORTANT
Gardez le menton rentré.

L'anatomie de la femme est évidemment très différente de celle de l'homme. Les femmes ont des articulations plus souples, des épaules plus petites et des hanches plus larges, ce qui peut occasionner certains problèmes de swing que les hommes éprouvent rarement. Le cas décrit ci-dessous illustre bien ce problème.

POSITION INCORRECTE
Le sway est une faute de swing fréquente chez les golfeuses. Si on vous dit que vous devez vous balancer, ce n'est pas votre tête qui doit se balancer d'un côté sur l'autre, mais bien vos hanches. Alors, votre instinct vous portera à garder la tête fixe, mais vous devez lui accorder une certaine liberté de mouvement.

POSITION INCORRECTE
Ce genre de posture cause souvent un sway. Si vous gardez le postérieur à l'intérieur à l'adresse, les hanches ont naturellement tendance à bouger d'un côté à l'autre. La première chose à faire pour corriger un sway consiste à adopter une posture appropriée à l'adresse. Gardez le postérieur sorti et relevé et conservez cette position pendant votre backswing.

Pour corriger le sway, ne craignez pas d'exagérer le mouvement. Vous y parviendrez en vous penchant à partir des hanches, en relevant le postérieur et en tournant la partie supérieure du corps à l'adresse. Vous devez avoir l'impression que votre tête bouge de quelques centimètres derrière la balle. Gardez la balle au centre du stance et faites pivoter la partie supérieure de votre corps en surveillant la balle de votre œil gauche. Imaginez que votre oreille droite est penchée pour accorder à votre tête la liberté de mouvement nécessaire.

Pour vous habituer à ressentir cette impression, penchez-vous sans club et tournez-vous. Tenez-vous le plus droit possible jusqu'à ce que vous ayez trouvé la posture qui convient. Vous devez faire preuve de constance et toujours conserver la même posture dans le backswing, restant dos à l'objectif, tournant les épaules et laissant votre tête bouger juste assez.

AUTRE EXERCICE
Coincez une balle de tennis dans votre aine droite et reproduisez le backswing. S'il est exécuté correctement, la balle de tennis restera en place, alors que s'il est incorrect, le mouvement de la hanche fera tomber la balle.

IMPORTANT
Gardez le postérieur sorti!

En quête de distance

Tous les adeptes du golf désirent frapper la balle plus loin et même les golfeuses qui frappent le plus loin, comme Laura Davies, aimeraient faire encore mieux ! Si la force physique joue un rôle indéniable en matière de distance, une bonne coordination est aussi importante.

Pour obtenir une bonne distance, il faut d'abord être suffisamment décontractée et exécuter un followthrough parfait. Si vous ne savez pas à quel endroit le club va se déposer à la fin du swing, votre corps résistera naturellement à produire une vitesse maximale au niveau de la tête du club.

Au moment de l'impact, votre poignet doit bouger comme s'il lançait une balle. Lorsqu'on les presse d'atteindre une plus grande distance, la majorité des golfeuses affirment qu'elles ont l'impression de perdre le contrôle. Vous devez vous sentir suffisamment hors contrôle pour obtenir de la vitesse. Si vous n'êtes pas très habile pour lancer une balle, pensez au geste qui permet d'agiter le mercure dans un thermomètre médical. Vous devez tenir le thermomètre avec vos doigts assez fermement pour ne pas l'échapper. Le poignet doit être suffisamment détendu pour exécuter un petit mouvement et produire de la vitesse. C'est exactement ce genre de mouvement brusque qui produit la vitesse dans le swing au golf.

Une coordination parfaite est l'élément clé pour atteindre une bonne distance. Ne précipitez pas votre swing en essayant de frapper le plus fort possible. Vous devez faire preuve de coordination. La phase la plus rapide du swing doit se produire précisément au moment de l'impact, ni avant, ni après. Tenez-vous sur le terrain d'exercice et essayez d'obtenir le son le plus fort possible en frappant le dos de la balle. Plus le son est fort, plus la balle voyagera loin.

Si vous désirez vraiment effectuer un long coup de départ, ne mettez pas trop de pression sur vous en termes de distance. Concentrez-vous sur l'arrière de la balle et essayez d'obtenir le son le plus fort possible au moment du contact. Ainsi, vous sauvegarderez votre rythme.

LE FOLLOWTHROUGH PARFAIT
Essayez de vous détendre suffisamment pour réussir un followthrough parfait. Il s'agit du facteur essentiel pour atteindre de plus grandes distances.

IMPORTANT : Faites le contact le plus sonore que vous pouvez.

Conseils

Alison Nicholas, qui mesure à peine 1,52 m, frappe des coups exceptionnellement longs grâce à sa technique et à sa synchronisation.

Chez les golfeuses, l'obtention d'une distance maximale dépend principalement des mouvements de la main et du poignet au moment de l'impact. Les mains et les doigts doivent tenir fermement le club, mais les poignets doivent être suffisamment décontractés pour produire de la vitesse. À titre d'exercice, élancez-vous de l'avant à l'arrière de façon répétitive avec les fers 5, 6 ou 7. Les avant-bras doivent pivoter afin de permettre aux poignets de se croiser et de produire de la vitesse.

Décontraction est synonyme de longue distance. Plus vous serez détendue, plus vous obtiendrez de la vitesse et plus la balle ira loin. Si vous êtes tendue, vos coups seront courts. Le mouvement du poignet exige du bras gauche qu'il se plie correctement au moment du throughswing. À l'adresse, le coude gauche doit pointer légèrement vers le bas et se repliera pendant le swing. Évitez de raidir votre bras raide afin qu'il ne soit pas trop rigide à la suite de l'impact.

Pour renforcer vos poignets, répétez vos swings avec un club lesté. Il existe des poids conçus spécialement pour le golf qui peuvent être intégrés au col du club.

Vous pouvez également vous exercer à frapper la balle dans l'herbe épaisse afin de renforcer vos mains et d'améliorer votre contrôle.

ALISON NICHOLAS
Bien qu'elle ne soit pas très grande, la Britannique Alison Nicholas est l'une des golfeuses professionnelles qui frappe le plus loin.

IMPORTANT
Décontraction=
longue distance

Dans la bonne direction

Les golfeuses ont beaucoup moins de problèmes avec la direction de leurs coups que la plupart des hommes. Évidemment, plus vous frappez la balle loin, plus la direction devient importante.

Si vous avez des problèmes de direction, il est important que vous compreniez bien la mécanique du club et de la balle, sinon votre apprentissage serait incomplet. Vous devez savoir qu'une balle de golf est conçue pour tourner. Les alvéoles qui recouvrent sa surface favorisent cette rotation, laquelle lui permet de prendre son envol. La balle réagit tout aussi bien au sidespin qu'au backspin. Dans la plupart des sports qui nécessitent une balle, celle-ci voyage en ligne droite et vous devez apprendre à lui imprimer différents effets pour la faire tourner. Au golf, vous devez d'abord apprendre à retirer à la balle tout effet pour qu'elle voyage en ligne droite. Les bonnes golfeuses apprennent à imprimer à leur balle un backspin pour qu'elle prenne la direction voulue. Cela peut servir à faire dévier la balle pour contourner des obstacles ou lui permettre de conserver sa trajectoire dans le vent.

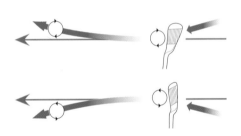

RÈGLES À RETENIR

1 Plus la face du club a un loft prononcé, moins il y aura d'effet latéral. Ainsi, il est difficile de faire dévier une balle avec un fer 9, alors que le driver produit très peu de backspin mais favorise le sidespin, ce qui fait en sorte que tout hook ou slice se trouve amplifié. Il est beaucoup plus facile de frapper droit avec un bois 5 qu'avec un driver.

2 Si la balle est frappée au milieu ou près du milieu de la face du club, elle prendra la direction du swing.

3 Une balle frappée correctement qui part vers la gauche est le résultat d'un swing orienté vers la gauche, suivant une trajectoire extérieure-intérieure. Elle peut ensuite bifurquer vers la gauche ou la droite, selon l'angle de la face du club.

4 Analysez chacun de vos coups en vous posant ces questions : « Quelle direction le coup a-t-il pris au départ ? Quelle courbe a-t-il effectué ? » Vous commencerez ainsi à obtenir des réponses à vos problèmes de swing.

PROBLÈMES DE DIRECTION

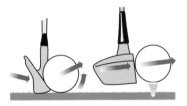

Le loft d'un fer fait en sorte que la face du club se retrouve naturellement sous le dos de la balle (ci-dessus à gauche) et produit un backspin. Le loft d'un driver (ci-dessus à droite) produit beaucoup moins de backspin et résulte en un coup plus bas et plus long.

Les clubs dont le loft est prononcé frappent la partie inférieure de la balle, produisant un backspin, mais très peu de sidespin (ci-dessous à gauche). Le driver frappe la balle près de son cercle central, produisant beaucoup de sidespin si la face du club est ouverte ou fermée (ci-dessous à droite).

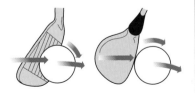

LE FADE
La balle part en direction de l'objectif, puis bifurque légèrement en s'incurvant vers la droite. C'est le genre de coup que les professionnelles aiment frapper avec leurs fers, car la balle se pose sans rouler trop longtemps.

LE PUSH FADE
Une frappe de l'intérieur vers l'extérieur fait partir la balle à la droite de l'objectif. Une face de club ouverte fait en sorte que la balle bifurque davantage vers la droite. Si le grip n'est pas suffisamment ferme ou que les poignets sont trop tendus, le followthrough sera probablement incomplet.

LE SLICE
Un swing de l'extérieur vers l'intérieur fait partir la balle à la gauche de l'objectif et imprime un effet coupé au coup. Vous pouvez comparer ce coup à une balle coupée au tennis, résultant de poignets tendus et d'un mouvement vertical.

LE PUSH
Il s'agit d'une frappe de l'intérieur vers l'extérieur, la face du club alignée avec la trajectoire du swing. La balle part directement vers la droite. C'est un coup qu'exécutent immanquablement toutes les femmes qui pratiquent le golf et qui ont tendance à viser vers la droite.

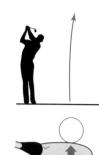

LE DRAW
La face du club est partiellement fermée par rapport à la trajectoire du swing. La balle dévie légèrement de la droite vers la gauche, puis continue de rouler une fois au sol. Bon nombre de golfeurs et de golfeuses sont d'avis qu'il s'agit du coup parfait.

LE PULL-HOOK
La balle part vers la gauche sur un swing de l'extérieur vers l'intérieur et la face fermée du club fait en sorte qu'elle dévie davantage. Il est généralement le résultat d'un mauvais grip, avec la main droite en dessous. Cela fait penser à un topspin (effet brossé) exagéré avec une raquette de tennis.

LE HOOK
Le coup part vers la droite du stance et la face du club est fermée pendant l'impact. Il est généralement causé par le fait que la balle est trop loin à l'arrière dans le stance et que la main droite est placée sous le club à la façon des joueurs de tennis.

LE PULL
Une frappe de l'extérieur vers l'intérieur fait partir la balle vers la gauche, la face du club alignée avec la trajectoire du swing. Ce coup est généralement causé par le fait que la golfeuse vise à droite et se déplace vers la gauche.

IMPORTANT
Surveillez votre visée.

Corriger le push et le pull

Le push est un coup qui file directement à la droite de l'objectif et le pull est un coup qui file directement à la gauche de l'objectif. Si vous visez correctement, il est relativement difficile d'envoyer une balle vers la droite, alors qu'il est extrêmement facile de pivoter et d'envoyer la balle vers la gauche.

POUR BIEN RÉUSSIR SON COUP

Le point d'impact est la partie la plus importante de chaque swing, car c'est lui qui influence le plus la trajectoire de la balle. Si vous effectuez un push, la balle partira à droite. Si vous effectuez un pull, la balle s'envolera vers la gauche. La golfeuse suédoise Liselotte Neumann donne ici l'exemple d'un swing réussi.

Si vous frappez la balle directement vers la droite ou vers la gauche, surveillez votre visée. Bon nombre de golfeuses ont tendance à viser vers la droite au lieu de viser droit, ce qui constitue probablement la faute la plus courante au golf chez les femmes. Si vous visez à droite, il est possible que votre balle bifurque de façon bizarre vers la droite. Il est également possible que, en pivotant, vous ayez tendance à envoyer la balle vers la gauche.

Pour corriger ce problème, vous devez vous exercer en visant un point précis. Si vous effectuez un pull ou un push, retenez votre followthrough, puis ramenez votre pied droit à sa position de départ. Placez votre club au sol, face à vos chaussures. Promenez-vous derrière la balle et vérifiez votre visée. La ligne qui passe

devant vos orteils devrait être parallèle à la trajectoire de votre coup.

Si vous effectuez un push, vérifiez la position de votre balle. Si celle-ci se trouve derrière le centre dans le stance, la tête du club la frappe alors que le swing continue de se déplacer vers la droite. Le même phénomène peut se produire si vous vous balancez vers la gauche au moment de l'impact.

Si vous effectuez un push, peut-être avec une légère déviation vers la fin de vol, vos hanches seront probablement tournées vers la droite à la fin de votre swing. Vous pouvez corriger ce défaut en vous assurant que votre jambe gauche se déplace vers l'extérieur et que vos hanches sont réellement vis-à-vis de l'objectif lorsque vous exécutez votre followthrough.

LE PUSH
Si la balle est trop loin en arrière dans le stance ou que vous ne vous alignez pas correctement et que vous visez à droite, vous effectuerez un push et votre balle se retrouvera immanquablement à droite.

LE PULL
En essayant de compenser une visée trop à droite, vous risquez de déplacer vos épaules pendant le swing et d'effectuer un pull.

Si vous effectuez un pull, vous serez portée à viser à droite. Plus vous viserez à droite, plus vous serez portée à modifier l'angle de frappe la balle en tournant les épaules et à exécuter un crochet de gauche. Assurez-vous que vous finissez avec un followthrough élevé et que la tige du club se pose directement sur vos épaules. Si vous effectuez un pull, vos épaules seront orientées vers la gauche à la fin du followthrough. Vous devez sentir que le followthrough est aligné avec votre objectif.

Il est facile de frapper vers la gauche, soit d'effectuer une frappe de l'extérieur vers l'intérieur, mais il est beaucoup plus difficile de frapper de l'intérieur avec la trajectoire incurvée appropriée. Pour frapper correctement de l'in-térieur, la tête du club doit vous donner l'impression de provenir de l'arrière, un peu comme lorsqu'on ramène une raquette de tennis vers l'avant en lui imprimant un mouvement incurvé.

Exercez-vous à frapper la balle comme si vous aviez en main un marteau et qu'il y avait un clou à planter dans la balle (voir pages 50 et 51). Essayez de ressentir une impression de légèreté derrière vos jambes en attaquant la balle. Si vous effectuez un pull, il est fort possible que votre position de stance soit trop avancée. Ramenez la balle vers le milieu du stance et essayez une attaque peu profonde de l'intérieur.

IMPORTANT
Travaillez votre visée.

Corriger un hook

Le hook part comme le push, mais dévie brusquement vers la gauche. Il est principalement causé par la fermeture de la face du club au moment de l'impact.

1 Pour vérifier que votre grip est correct, assurez-vous que votre main droite fait face à l'objectif et ne pointe pas vers votre visage. Déplacez votre main gauche au besoin. Ne tenez pas votre club comme une raquette de tennis, comme si vous vouliez projeter la balle dans les airs. Laissez votre main pointer vers l'avant.

Vérifiez la position de votre pouce et de votre index de la main droite. Si votre pouce droit est trop relâché le long du côté du club, il est possible que vos poignets bougent trop. Placez votre pouce droit un peu plus près du devant du club afin que vos poignets soient plus fermes.

QUEL EST LE PROBLÈME ?

Si votre main droite est trop en dessous à l'adresse, elle aura tendance à faire tourner le club au moment de l'impact, ce qui fermera la face et occasionnera un crochet intérieur.

Si vous tenez votre club la face fermée quand vous exécutez le takeaway au lieu d'orienter la pointe vers le haut, vous vous apprêtez à effectuer un hook.

Si vous tenez votre club la face vers le bas, la face du club sera fermée au sommet du backswing et elle demeurera fermée pendant le followthrough.

Si votre grip est parfait, vous aurez peut-être des réflexes de joueuse de tennis qui vous pousseront à exécuter un mouvement comme un coup droit brossé en retournant la face du club.

2 Le talon de la face du club doit pointer vers le haut à partir du backswing jusqu'au through-swing et la face ne doit pas être tournée vers le sol. Il est possible que vous ayez besoin de sentir que vous tenez la face du club légèrement vers le haut après l'impact.

3 Plutôt que de laisser la face du club se fermer au point d'impact, adoptez votre grip juste avant de jouer votre coup et ne laissez pas votre main droite et votre épaule droite prendre le contrôle au moment de la frappe. Le hook est le résultat d'un club fermé au moment de l'impact. N'oubliez pas d'attaquer la balle en alignant bien la face de votre club .

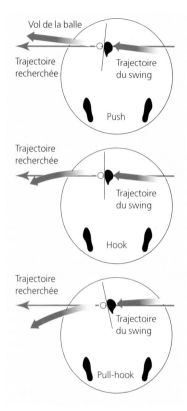

Vol de la balle

Trajectoire recherchée

Trajectoire du swing

Push

Trajectoire recherchée

Trajectoire du swing

Hook

Trajectoire recherchée

Trajectoire du swing

Pull-hook

4 Efforcez-vous d'effectuer un finish élevé en ramenant le club vers l'arrière tout de suite après l'impact. Il est pratiquement impossible d'effectuer un hook si votre grip est correct et que votre finish est élevé. N'oubliez pas qu'il faut garder la pointe du club vers le haut.

QU'EST-CE QUI PRODUIT LES PUSHES, LES PULLS ET LES HOOKS ?

Le push (dessin du haut) est causé par un swing de l'intérieur vers l'extérieur, alors que la face du club est parallèle à la trajectoire du swing. Le hook (dessin du centre) est causé par un swing de l'intérieur vers l'extérieur à partir d'un stance carré, avec la face du club plus ou moins alignée avec l'objectif. Ne confondez pas le hook avec le pull-hook. Lorsqu'elles effectuent un pull-hook (ci-dessus), les joueuses exécutent souvent un swing de l'extérieur vers l'intérieur et leur grip est médiocre, ce qui ferme la face du club. Pour compenser, elles ont tendance à viser vers la droite.

IMPORTANT
Ne laissez pas votre main droite en dessous.

Corriger un slice

Le slice est un coup faible et très fréquent qui fait dévier la balle vers la droite et la fait pivoter encore plus vers la droite lorsqu'elle se pose au sol. La balle a tendance à se rendre moins loin que prévu, ce qui s'apparente à une balle coupée au tennis.

Le slice est généralement causé par la rigidité au niveau des poignets. Souvenez-vous que des poignets rigides sont synonymes de coups courts et de slices. Décontraction = longue distance = gauche. La première chose à faire pour vous corriger, c'est de vous détendre.

Le slice est souvent le résultat d'un grip faible et d'une main gauche trop tournée vers la droite. Il est également possible que vous placiez votre pouce de la main droite tout droit sur le devant du club, ce qui est une position incorrecte. Assurez-vous que vous voyez bien la majeure partie du logo qui se trouve au dos de votre gant et gardez votre pouce droit vers la gauche sur la poignée du club. Ainsi, votre prise semblera plus relâchée et vous aurez peut-être l'impression de perdre le contrôle, mais cela permettra à la face du club de faire son travail avec efficacité.

Vous devez sentir que la face du club se dirige vers le bas après l'impact. Visualisez-la face au sol et non vers le ciel lorsque vous entamez votre swing. Vous y parviendrez plus facilement en modifiant votre grip. Essayez de placer votre main gauche plus loin sur le dessus du club et votre main droite plus loin en dessous, jusqu'à ce que vous puissiez faire dévier la balle vers la gauche. Toutefois, vous devez vous concentrer sur la face du club.

N'oubliez pas que le bras gauche doit demeurer droit durant le backswing, sans toutefois être rigide. Après l'impact, le bras doit être replié pour permettre aux poignets et au club de pivoter. Exercez-vous à tenir le club dans votre main gauche et à placer votre main droite juste au-dessus du coude gauche. Élancez-vous de l'avant à l'arrière et laissez le bras gauche se plier.

Si vous excellez dans les sports de raquette, vous devrez corriger une tendance à frapper des slices en essayant de penser en termes de coup brossé plutôt que de coup coupé.

POSITION D'IMPACT CORRECTE
Une fois que le problème de slice est résolu, les mains de la golfeuse se trouvent au-dessus de la balle au point d'impact, la face du bâton est alignée devant la balle et les pieds sont parallèles à la trajectoire de la balle.

Si vous effectuez des slices, particulièrement avec un driver, vous devez sentir vos bras à proximité l'un de l'autre au moment du throughswing. Laissez votre bras droit chevaucher le gauche et la face du bâton se retourner.

INCORRECT
Si vous effectuez un slice vers la droite, la face de votre club pointe vers le haut. Votre bras gauche est peut-être trop rigide ou vous ne connaissez pas vraiment le rôle de la face du club.

L'IMPACT DU SLICE

Dans le cas d'un slice, les mains de la golfeuse, au moment de l'impact, sont trop loin en avant de la balle et la face du club est grande ouverte, forçant la balle à se diriger vers la droite.

L'IMPACT DU SLICE (2)

Voici, vu de côté, à quoi ressemble le mouvement d'une golfeuse qui exécute un slice. Les golfeuses qui effectuent des slices ont tendance à pointer leur pied vers la gauche pour corriger leur problème, mais elles empirent les choses en effectuant un swing qui croise la trajectoire correcte de la balle en la coupant vers la gauche.

Trajectoire du swing de l'extérieur vers l'intérieur

Face du club ouverte

Trajectoire du swing de l'intérieur vers l'extérieur

...toire vers l'objectif

DIRECTION DU SLICE

Lorsque ses mains sont placées trop en avant de la balle au moment de l'impact et que la face du club est complètement ouverte, la golfeuse qui effectue un slice frappe la balle de l'extérieur vers l'intérieur ou de l'intérieur vers l'extérieur plutôt qu'en ligne droite vers l'objectif, ce qui produit le slice.

ALIGNEMENT DES PIEDS

Plutôt que d'aligner correctement les pieds parallèlement à la trajectoire du coup (les lignes noires dans le schéma), les golfeuses qui effectuent des slices ont tendance à aligner leurs pieds vers la gauche (lignes bleues) pour corriger le problème, mais elles l'aggravent en coupant vers la gauche et en accentuant le sidespin.

IMPORTANT
Détendez-vous.

Le slice et le swing extérieur-intérieur

La plupart des golfeuses qui effectuent des slices vers la droite avec un club dont la face est ouverte commencent par s'élancer à la verticale et de l'extérieur vers l'intérieur. L'instinct dicte de garder la balle vers la gauche. Le swing croise alors la trajectoire correcte de la balle et amplifie généralement le slice, ce qui aggrave le problème.

Vous devez d'abord veiller à refermer la face de votre club. Desserrez votre grip et laissez la face du club se retourner. Une fois le grip corrigé, les slices se transforment généralement en coups décochés directement vers la gauche et il devient plus facile de corriger le swing.

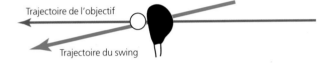

Trajectoire de l'objectif

Trajectoire du swing

FERMEZ LA FACE DU CLUB
Une face de club ouverte est la cause la plus fréquente du slice. Vérifiez votre grip et refermez la face de votre club sans toutefois exagérer !

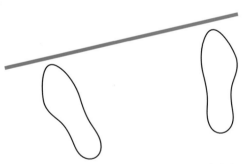

SWING EXTÉRIEUR - INTÉRIEUR
En s'alignant vers la gauche pour tenter de contrer le slice, les golfeuses aggravent le problème. Elles effectuent un swing de l'extérieur vers l'intérieur, qui croise la trajectoire de la balle et accentue le sidespin.

1 Les golfeuses qui effectuent des slices tentent habituellement de garder la balle vers la gauche en déplaçant leur corps et leurs épaules, ce qui résulte en un swing de l'extérieur vers l'intérieur, qui produit une frappe raide avec plus de puissance vers le bas et moins vers l'avant.

2 Une fois que vous aurez éloigné la face du club, apprenez à frapper la balle de l'intérieur. Veillez à effectuer un backswing plus ample de sorte que la balle adopte une trajectoire incurvée à l'impact. Pensez au maniement d'une raquette de tennis qu'on ramène de l'arrière plutôt que de l'agiter dans un mouvement vertical. Vous devez avoir l'impression d'attaquer la balle par derrière.

3 Le côté droit de votre corps, surtout la hanche ou l'épaule droite, peut facilement prendre le contrôle. Lorsque vous serez au sommet de votre backswing, pensez à frapper la balle le long de la ligne formée par vos hanches.

4 Entraînez-vous sur un terrain d'exercice en plaçant des canettes ou des capuchons de tête de club à environ 37,5 cm directement derrière la balle. Demeurez parallèle à la ligne de jeu et ratez volontairement l'obstacle en exécutant le backswing, puis la balle.

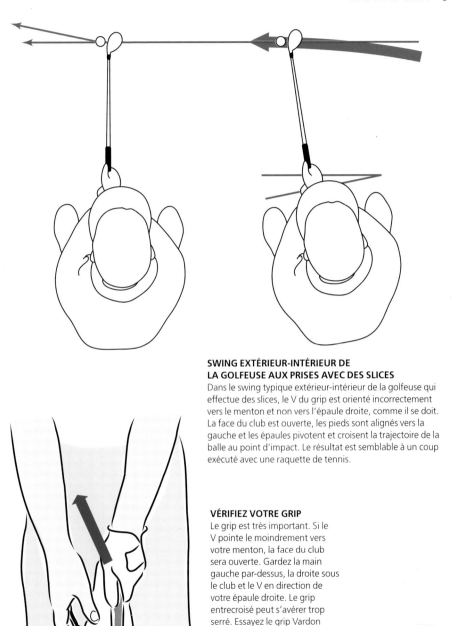

SWING EXTÉRIEUR-INTÉRIEUR DE LA GOLFEUSE AUX PRISES AVEC DES SLICES

Dans le swing typique extérieur-intérieur de la golfeuse qui effectue des slices, le V du grip est orienté incorrectement vers le menton et non vers l'épaule droite, comme il se doit. La face du club est ouverte, les pieds sont alignés vers la gauche et les épaules pivotent et croisent la trajectoire de la balle au point d'impact. Le résultat est semblable à un coup exécuté avec une raquette de tennis.

VÉRIFIEZ VOTRE GRIP

Le grip est très important. Si le V pointe le moindrement vers votre menton, la face du club sera ouverte. Gardez la main gauche par-dessus, la droite sous le club et le V en direction de votre épaule droite. Le grip entrecroisé peut s'avérer trop serré. Essayez le grip Vardon ou le grip du base-ball et portez une attention particulière au relâchement de vos mains et de vos poignets.

IMPORTANT
Pensez à l'effet brossé d'une raquette.

Effectuer un meilleur swing plus souvent

**Si vous exécutez votre meilleur swing 95 pour cent
du temps plutôt que 50 pour cent, vous jouerez mieux.
La clé du succès réside dans l'amélioration de votre
followthrough et de votre équilibre.**

Pour améliorer votre jeu, la première étape
ne consiste pas nécessairement à modifier
votre swing, mais à apprendre à effectuer
votre meilleur swing plus souvent. La

majorité des golfeuses effectuent divers types
de swing, mais c'est surtout dans le
followthrough qu'il y a trop de différences.
Voici quatre suggestions.

ADRESSE

ÉQUILIBRE

**VOTRE
MEILLEUR SWING**
Souvenez-vous que
pour connaître du
succès au golf, vous
devez effectuer votre
meilleur swing le plus
souvent possible. Les
golfeuses de talent
savent souvent tirer
profit de leurs mauvais
coups pour s'améliorer.

L'adresse est une position qui annonce celle qui devrait prévaloir au moment de l'impact. Faites-en sorte qu'elle soit confortable, puis exercez votre swing jusqu'au sommet du backswing. Il est également important d'exercer le swing jusqu'au followthrough. Ainsi, vous adopterez une bonne posture, vous tenant bien droite, et apprendrez à exercer votre position de contact.

L'équilibre et la respiration sont importants. Habituez-vous à retenir votre followthrough en comptant jusqu'à quatre. Effectuez toujours votre followthrough de la même façon.

Le contact. Concentrez-vous sur le son résultant du contact avec la balle et regardez le gazon après que la balle s'est envolée! Si votre contact n'est pas bon, c'est peut-être que la balle est trop à gauche dans votre stance. Positionnez-vous de façon qu'elle se trouve juste en avant du centre. Souvenez-vous que plus le coup est sonore, meilleur il est et plus la balle ira loin. Entraînez-vous sur un terrain d'exercice à améliorer votre contact avec la balle en vous concentrant sur le son au moment du contact.

De la discipline. Imposez-vous une routine d'exercice pour répéter votre attaque. Souvenez-vous que les golfeuses ont plus tendance que les hommes à viser à droite plutôt que de viser droit.

CONTACT

DISCIPLINE

IMPORTANT
Tirez profit de vos mauvais coups!

L'importance du putting

Une golfeuse sans handicap ou une professionnelle joue environ 50 pour cent de ses coups avec un putter, comparativement à 40 pour cent pour les golfeuses au handicap élevé. Toutefois, peu importe le niveau de jeu, le putter s'avère probablement le club le plus important pour toutes les adeptes du golf. Dans ce chapitre, nous aborderons le choix d'un putter et son utilisation dans diverses situations.

Il existe une large gamme de putters. Vous devez prendre le temps de bien le choisir, car vous en aurez besoin souvent. Si vous mesurez moins de 1,72 mètre, il vous faut un putter pour dames, d'une longueur de 82,5 cm (33 po). Chez les hommes, la longueur standard est de 87,5 cm (35 po). Ces putters sont conçus pour des joueurs mesurant 1,83 mètre et plus.

COMMENT CHOISIR VOTRE PUTTER

Il existe plusieurs types de putters : à lame, à tête large ou maillet, à tige centrée et à répartition de poids périphérique ou modèle Ping, renforcé au talon et à la pointe. Vous devriez opter pour le modèle renforcé au talon et à la pointe, qui présente une large zone de frappe permettant des coups précis. Pour reconnaître la zone de frappe idéale, laissez le putter pendre entre votre pouce et votre index. Frappez légèrement sur le putter de la pointe vers le talon avec une pièce de monnaie ou un de vos ongles. La zone de frappe idéale est celle où vous ne sentirez aucune torsion. Plus cette zone est large, plus le putter est facile à utiliser.

Le putter devrait comporter une ligne au milieu de l'extrémité de la tête, qui peut vous aider à viser le trou. Il est plus facile d'aligner cette marque avec le trou que d'aligner la face du club.

Vérifiez l'équilibre du putter. Choisissez de préférence un modèle avec une face équilibrée plutôt qu'un autre à pointe lourde. S'il est parfaitement équilibré, sa face devrait être bien horizontale quand vous le tenez par la tige.

La poignée de la tige doit être plate et incurvée à l'avant pour faciliter le grip et la position des poignets. Un putter doit toujours être incliné d'un angle d'au moins 10 degrés par rapport à la verticale. Plus votre putter est vertical, plus vous le trouverez facile à manier.

Le putter possède toujours un petit loft de trois à cinq degrés. Si vous jouez sur un parcours où les greens sont très lents, vous apprécierez un putter dont l'angle est plus ouvert.

La golfeuse suédoise Catrin Nilsmark évalue un putt à l'Evian Masters, en France.

Le grip du putting

Vous devez tenir votre putter différemment des autres clubs. Pour les longs coups, vos poignets doivent être détendus et disposer d'une certaine liberté de mouvement en vue d'envoyer la balle plus loin, alors que les putts exigent des poignets fermes. Ce type de grip est également utilisé pour d'autres coups de courte distance.

Le grip nécessaire pour les coups de longue distance (ci-dessous à gauche) doit permettre à la tête du club de pivoter à la suite de l'impact. Lorsque le grip de putting est approprié, la face du club est pointée vers le haut après l'impact. Presque toutes les golfeuses professionnelles adoptent le grip Vardon inversé pour effectuer le putting (ci-dessous à droite). Ce grip permet de garder les poignets fermes et à la face du club de jouer son rôle correctement.

1 La main gauche est placée à gauche sur le dessus du club. Vous ne devriez voir ni vos jointures ni le logo sur votre gant. Le pouce est droit et pointe vers le bas du devant du grip. La tige du club doit reposer dans le creux de votre main, ce qui est fort différent du grip à adopter pour les coups de longue distance.

2 Pour placer la main droite, laissez dépasser l'index de la main gauche. Placez le talon de la main droite contre les autres doigts de la main gauche et complétez le grip en déposant le coussinet de votre pouce sur le devant du grip. L'index gauche doit se trouver à l'extérieur. Généralement, il est déposé sur l'annulaire de la main droite.

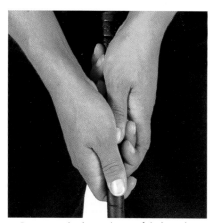

3 Dans un grip de putting parfait, la main droite se trouve par-dessus la gauche, de sorte que le majeur et l'annulaire de la main gauche soient déposés à l'intérieur de la paume de la main droite. Ainsi, les mains demeurent jointes, ce qui est mieux que de laisser la main droite complètement sous la gauche.

4 Les deux pouces doivent être visibles. La main gauche doit être complètement tournée vers la gauche et le pouce gauche visible et non dissimulé, comme c'est le cas dans le grip destiné à exécuter de longs coups. Le grip du putting est beaucoup plus ouvert.

Pour obtenir la position appropriée, tenez le club devant vous et fléchissez les poignets. Si vous n'y parvenez pas, c'est probablement parce que vos mains sont trop hautes sur le club. Laissez-les se retourner légèrement en dessous du club. Vous devriez voir vos deux pouces, mais non vos jointures.

5 Pour le putting court, vous aimerez peut-être placer l'index de votre main droite le long du dos du grip. Ce grip est traditionnellement connu sous le nom de grip pour les plus de 40 ans. Celui-ci se veut stabilisant pour les joueuses plus âgées dont les mains sont présumément moins stables que chez leurs cadettes.

CONSEIL D'EXPERT
Si vous placez votre index droit le long de l'arrière du grip pour stabiliser le putter, assurez-vous de ne pas l'avancer trop loin sous la tige, de façon à éviter que le doigt ne désaligne le putter au moment de la frappe.

IMPORTANT
L'index de la main gauche doit dépasser.

Le stance du putting

La plupart des golfeuses ordinaires font l'erreur de ne pas prendre de leçons de putting. Elles supposent que réussir un putting se fait tout naturellement ou qu'on ne l'a pas. Toutefois, il y a beaucoup à apprendre sur le putting.

1 Posez le putter à plat sur le sol sans déplacer vos mains vers l'avant. La balle doit se trouver légèrement en avant du centre de votre stance et directement sous vos yeux. Optez pour un stance d'une largeur confortable en distançant vos pieds approximativement selon la largeur de vos hanches. Les coudes doivent être légèrement repliés vers l'arrière et rentrés, et l'intérieur de vos bras pointer vers l'avant.

2 Pour obtenir une bonne position à l'adresse, il est essentiel d'avoir un putter de la longueur appropriée (voir page 94). Vos pieds doivent être parallèles à la trajectoire de votre putt, le club doit reposer à plat sur son extrémité inférieure et vos poignets doivent être légèrement fléchis. Vos yeux doivent se trouver

directement au-dessus de la balle, vous devez vous tenir droite, mais votre tête doit se trouver en position horizontale. Si votre putter est trop long, il vous sera difficile de garder les yeux sur la balle dans la position appropriée.

3 La tête du putter doit reposer à plat sur son extrémité inférieure. Cette position facilite le déplacement avant-arrière du club pour les coups droits (ci-dessus). Veillez à ce que la balle se trouve au milieu de la face du club à l'adresse. Plus loin dans ce chapitre (pages 104 et 105), vous apprendrez comment adapter votre position pour effectuer des putts dans une pente. Toutefois, s'il s'agit d'un putt droit, positionnez-vous de façon que la balle se trouve au milieu de la face du club et frappez-la avec le milieu de la face du club.

4 Lorsque vous vous préparez à frapper, il devrait toujours y avoir un espace d'environ 1 cm entre la tête du putter et la balle, de sorte qu'il n'y ait pas de risque de la balayer. Tenez le club très légèrement au-dessus du sol. Vous devez avoir l'impression que le club pend à partir de vos bras et de vos épaules, de sorte que vous supportiez son poids avant d'exécuter votre swing. Un putter devrait toujours être balancé juste au-dessus du sol et ne jamais effleurer le gazon (schéma de droite).

Vous ne devez pas tenir le club trop mollement. Assurez-vous que votre grip est toujours suffisamment ferme pour rester en contrôle du putter à l'adresse. Ne vous appuyez jamais sur votre putter.

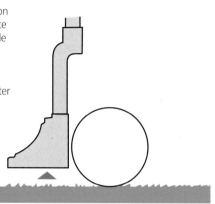

5 Utilisez un putter muni d'une ligne et assurez-vous que celle-ci correspond à la zone de frappe idéale du putter. La balle doit se trouver directement à l'opposé.

POSITION INCORRECTE
Si votre putter est trop long ou que vos poignets sont placés trop bas, la pointe du club ne touchera pas au sol. Cette position produit un coup incurvé incorrect.

IMPORTANT
Laissez pendre le putter.

Viser comme il faut

Beaucoup de golfeuses trouvent difficile de viser correctement avec un putter. Même les golfeuses professionnelles éprouvent des difficultés à le faire et demandent continuellement à leur caddie de vérifier si leur adresse est correcte avant de jouer leur coup.

VISER CORRECTEMENT AVEC UN PUTTER
Il est généralement plus facile de viser avec un putter muni d'une ligne. Vous devez viser la ligne plutôt que la face du club. À l'adresse, tenez-vous au-dessus de la balle en gardant la tête en position horizontale et en alignant le putter sur le centre du dos de la balle.

Bon nombre de golfeuses trouvent difficile de viser droit, et ce même pour des putts d'un mètre. L'erreur la plus fréquente consiste à viser à droite. Si vous ratez des petits putts vers la droite, vérifiez votre visée. Certaines golfeuses professionnelles alignent soigneusement l'écriture sur la balle avec le trou, mais la manœuvre peut prendre du temps !

Essayez l'exercice suivant : sur un tapis ou un green plat, établissez trois points de repère en ligne droite. Regardez derrière votre balle, placez une petite pièce de monnaie à 45 cm devant la balle et un tee à 1,83 mètre de distance, que vous devez viser. Maintenant, visez votre balle. Si vous visez correctement à l'adresse, la pièce de monnaie devrait être alignée avec le tee. Si la

pièce de monnaie semble se déplacer vers la gauche, c'est que vous êtes portée à viser à droite, soit la faute la plus fréquente. Si la pièce de monnaie semble se déplacer vers la droite, c'est que vous avez tendance à viser à gauche. Essayez d'ajuster la position de votre tête pour vérifier si la pièce de monnaie, le tee et la balle sont bien alignés.

Si vous avez tendance à viser vers la droite, ne vous alignez pas sur un point de repère qui se trouve devant vous. Essayez plutôt de choisir un endroit qui se trouve un peu à droite de la trajectoire de votre putt et faites comme si vous étiez alignée pour viser juste un peu à gauche de ce point de repère.

La position de votre tête est importante pour

VÉRIFIEZ VOTRE VISÉE
Une fois que vous avez aligné votre putt, relâchez la main droite, tenez le club de la main gauche et accroupissez-vous derrière pour vous assurer que la trajectoire du putter est droite.

EXERCEZ VOS PETITS PUTTS
Disposez des balles à une distance de 45 cm à 2,4 m du trou. Commencez par frapper la balle la plus proche, puis toutes les autres en suivant la ligne. Si vous en manquez une, recommencez.

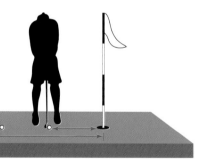

votre alignement. En théorie, si vos yeux sont trop éloignés de la balle, il y a de fortes chances que vous visiez à gauche. Toutefois, si vos yeux aperçoivent nettement la balle, vous viserez probablement à droite. Vous devez placer votre tête dans différentes positions jusqu'à ce que vous aperceviez une ligne droite.

Vérifiez votre visée. Prenez votre position d'adresse et relâchez votre main droite en maintenant le club de votre main gauche, puis retournez-vous pour vérifier si l'alignement du putter est droit. Certaines golfeuses professionnelles alignent leur putter derrière la balle, puis se déplacent jusqu'à ce qu'elles trouvent leur position d'adresse. Toutefois, si vous désirez adopter cette technique, vous devrez apprendre à l'exécuter rapidement !

À l'adresse, votre tête doit être en position horizontale et non verticale comme pour le long jeu. Lorsque vous vous alignez pour exécuter votre putt, votre tête doit pivoter pour voir la ligne plutôt que de se soulever et pivoter.

Les aptitudes d'alignement peuvent varier selon la longueur des putts. Lorsqu'il s'agit d'un petit putt, les deux yeux doivent voir et la balle et le trou. S'il s'agit d'un putt un peu plus long, votre œil gauche verra la balle et le trou, mais la vision de votre œil droit sera obstruée par le nez. Dans le cas d'un putt plus long, vous ne pourrez voir la balle et le trou en même temps. Prenez le temps de bien ajuster votre visée pour chacune des distances.

IMPORTANT
Utilisez un putter muni d'une ligne.

Le petit putt

Le putt court ou petit putt exige une visée précise et une bonne frappe. Répétez votre putt sur un green d'exercice parfaitement plat correspondant à la longueur de votre putter.

Un bon coup de putting doit toujours se faire de l'arrière à l'avant, puis s'arrêter. N'oubliez pas de laisser le putter pendre légèrement au-dessus du sol afin d'être en contrôle au moment de l'adresse. Cela vous permettra d'exécuter un coup lent et non saccadé. Ramenez le putter quelques centimètres vers l'arrière, allez-y approximativement quant à la longueur, puis terminez par un finish stationnaire. Le coup doit provenir des bras et des épaules, et le poignet gauche doit demeurer ferme. À la fin d'un bon putt, les yeux et la tête doivent demeurer immobiles, le poignet gauche ferme et la face du putter pointer vers le haut.

L'erreur la plus fréquente consiste à faire pivoter la face du club vers la gauche à l'impact.

À la fin du swing, votre tête doit être orientée vers le sol et vos yeux doivent fixer l'herbe à l'endroit où se trouvait la balle. N'oubliez pas qu'il est impossible de perdre une balle en exécutant un petit putt ! En fait, il arrive très rarement qu'on perde une balle, peu importe la longueur du putt !

Vous devriez apercevoir la balle du coin de l'œil gauche ou simplement l'entendre tomber dans le trou. À titre d'exercice, placez une pièce de monnaie derrière la balle, tenez le club légèrement au-dessus du sol, regardez la pièce de

monnaie et continuez de la fixer pendant que la balle pénètre dans le trou. Cela vous habituera à garder la tête droite et à vous faire constater que vous apercevez la balle du coin de votre œil gauche. Il s'agit simplement d'un exercice et vous ne devez pas laisser la pièce de monnaie ou le marqueur de balle sur le green après coup.

Un putt réussi est le résultat d'une habile coordination des bras et des épaules, sans intervention des poignets. La tête doit rester immobile, mais les épaules doivent bouger. À titre d'exercice, déposez un autre club au sol et placez votre balle à l'opposé du bout du club, ce qui vous permettra de balancer légèrement la tête du club vers l'intérieur au cours du backswing. Que la tête du club soit orientée vers l'intérieur ou en ligne droite vers l'arrière importe peu, pourvu qu'elle ne pointe jamais vers l'extérieur. Il faut que la tête de votre club se déplace dans la trajectoire de l'autre club, sans jamais la croiser. Pour réussir un bon coup, vous devez penser : « L'épaule gauche vers le haut, la balle dans la coupe ! » et non : « L'épaule droite pivote et la balle passe tout droit ! »

Pour réussir un putt parfait, gardez la tête et les yeux immobiles tout au long du swing et terminez votre mouvement avec la face du club vers le haut.

POSITION
Voici à quoi devrait ressembler, vue de côté, votre position pour effectuer le putt.

SENTIR LA TRAJECTOIRE
Pour les petits putts, vous devez éprouver la sensation que le putter se déplace dans une trajectoire droite.

TÊTE IMMOBILE
Gardez la tête immobile et regardez l'endroit où la balle se trouvait avant de se mettre en mouvement.

LE PETIT PUTT PARFAIT
Gardez la tête parfaitement droite et sentez le putter pendre depuis vos bras et vos épaules avant de frapper la balle. Balancez toujours le putter au-dessus du sol (voir page précédente).

IMPORTANT
Ne bougez ni la tête ni les yeux.

Réaliser de bons putts en pente

Il est dommage que tous les putts ne s'effectuent pas en ligne droite. Le secret pour réussir un putt en pente consiste à se souvenir que chaque putt doit être traité comme un coup droit.

Pour améliorer vos petits putts, exercez-vous régulièrement à une distance d'un mètre. En observant cette distance, vous devriez être en mesure de réussir tous vos coups et vous en apprendrez davantage sur la qualité de votre propre putting. Pratiquer des putts droits permet de développer une bonne frappe. Cependant, il est moins facile de reproduire ses meilleurs coups sur le parcours lorsque la balle se retrouve dans une position en pente.

Lorsque la balle est dans une pente et légèrement au-dessus du niveau des pieds, les golfeuses ont tendance à cesser de frapper droit et à laisser le putt se transformer en courbe. Choisissez un endroit à la droite du trou comme repère. N'oubliez pas que vos pieds sont légèrement sous la balle et que vous devez donc vous tenir le plus droit possible pour composer avec cette situation. Une fois que vous aurez choisi votre point de repère, frappez un coup parfaitement droit en direction de cet endroit et essayez de ne pas penser au trou.

IMPORTANT Ne laissez pas votre coup se transformer en courbe comme si vous vouliez que votre balle suive la pente. Essayez plutôt de diriger la balle le long de la courbe.

Lorsque vous effectuez un putt de la droite vers la gauche, visez la balle plus près de la pointe du club. Ainsi, la balle se déplacera lentement et continuera de tourner légèrement vers la droite. Tant que la balle se trouve au-dessus du trou, il existe toujours une possibilité qu'elle y tombe.

La vitesse d'un putt en pente est beaucoup plus importante que dans le cas d'un putt droit. Tout est question d'alignement et de longueur. Si vous frappez la balle trop fort, celle-ci ralentira trop tard. Si vous la frappez trop faiblement, elle tournera trop rapidement. La vitesse du putt doit toujours être évaluée minutieusement.

Lorsqu'elles doivent putter en pente, certaines golfeuses professionnelles aiment frapper la balle très durement, en ligne droite, en visant l'arrière du trou. Ce mouvement compense l'inclinaison, mais si vous ratez votre coup, la balle se retrouvera beaucoup trop loin. Si vous préférez y aller plus en douceur, vous devrez viser plus à droite. Toutefois, n'oubliez pas de répéter vos coups à la même vitesse sur le terrain d'exercice que sur le véritable terrain. Bon nombre de golfeuses frappent la balle fermement et en ligne droite sur le green d'exercice, mais n'ont pas le courage de le faire une fois sur le terrain !

Pour un putt de gauche à droite, tentez l'approche décrite ci-dessous. Choisissez un endroit à la gauche du trou. Pliez très légèrement les genoux pour compenser la dénivellation, posez le club légèrement sur son talon, très légèrement au-dessus du sol, et visez la balle avec le col du club. Le fait de viser la balle avec le talon fait en sorte de la garder légèrement vers la gauche et de l'empêcher de glisser vers la droite. Cela veut dire que la balle se déplacera un peu plus rapidement et que vous devrez donc être prudente !

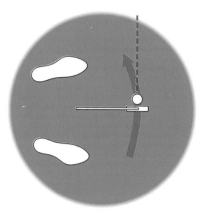

N'IMPRIMEZ PAS UNE TRAJECTOIRE COURBE À VOTRE PUTT

Ne vous laissez pas tenter par l'idée d'effectuer un putt de droite à gauche, par exemple en donnant à votre putter une trajectoire courbe (ci-dessus). Jouez toujours en ligne droite.

EXÉCUTEZ VOTRE PUTT EN LIGNE DROITE

Peu importe votre point de repère, vous devez toujours jouer votre putt en ligne droite (ci-dessus).

VISEZ UN POINT SPÉCIFIQUE

Que vous choisissiez d'effectuer un putt droit, ferme ou doux qui tient compte de la pente, alignez-vous toujours sur un point particulier.

IMPORTANT
Frappez droit.

Répéter ses petits putts

L'entraînement est essentiel pour réussir dans tous les aspects du golf et le putting ne doit surtout pas être négligé. N'oubliez pas qu'il peut représenter jusqu'à 40 pour cent de votre partie si vous avez un handicap élevé, et même davantage si vous améliorez votre handicap.

Pour devenir habile dans les petits putts, exercez-vous régulièrement à une distance d'un mètre. En observant cette distance, vous devriez être en mesure de réussir tous vos coups. D'une part, vous gagnerez en confiance. D'autre part, si vous ratez votre coup, vous aurez une réaction. Vous apprendrez à mieux connaître vos coups. Dites-vous que même les machines à putter sont incapables d'empocher la balle à tout coup à une distance de 1,50 mètre ou 1,83 mètre et que putter à ces distances vous ferait perdre confiance en vos moyens tout en ne vous permettant pas d'apprendre autant. Si vous apprenez à bien putter à une distance d'un mètre, vous serez plus confiante pour les longs putts ainsi que pour le chipping autour du green. Répétez vos putts droits à 1 mètre de distance et voyez combien vous pouvez en réussir. Fixez-vous un objectif et qu'il s'agisse de 20, de 50 ou de 100 réussites, continuez à vous entraîner jusqu'à ce que vous ayez atteint votre but!

Formez une rangée de six balles à une distance allant de 0,6 mètre à 2,4 mètres. Essayez de ne bouger ni la tête ni les yeux et de conserver la qualité de votre petit putt au fur et à mesure que vous avancez et que la distance devient plus grande. Si vous en manquez une, reprenez les balles et recommencez tout l'exercice. Quand vous en serez au dernier putt, votre tête et vos yeux devraient demeurer immobiles et vous devriez entendre la balle tomber dans le trou!

POSITION INCORRECTE
Ne vous entraînez pas en passant d'une balle à une autre (image de gauche), car vous risquez de viser la première balle correctement, puis de viser à droite pour la deuxième et la troisième balle.

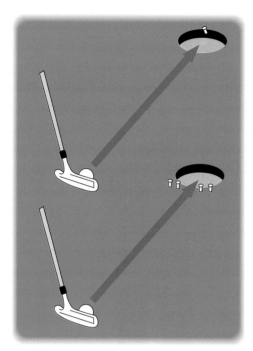

Pour développer un bon follow-through, exercez-vous à une distance de 35 à 45 cm avec un coup poussé. N'effectuez pas de backswing. Contentez-vous de faire rouler la balle et de sentir la tête de votre club s'orienter vers la cible en gardant la face du club vers le haut. Comme il s'agit d'un coup illégal, ne le faites qu'à titre d'exercice, à une distance maximale de 45 cm, et jamais avant de disputer une partie.

Rétrécissez le trou en plaçant deux tees de chaque côté. En vous exerçant ainsi, une fois sur le terrain le trou vous semblera de la dimension d'un seau !

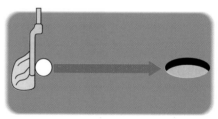

Exercez-vous en plaçant une pièce de monnaie derrière la balle. Cela vous encouragera à laisser pendre le putter depuis vos bras et vos épaules. Continuez de regarder le marqueur pour garder la tête et les yeux immobiles.

Placez un tee en arrière du trou et habituez-vous à ce que la balle frappe le tee lorsqu'elle tombe dans le trou. Cet exercice vous apprendra à être d'attaque plutôt que d'exécuter des putts trop faibles. Un putt qui se déplace trop lentement peut bouger et se désaligner avant d'atteindre le trou, alors qu'un coup frappé avec fermeté restera droit.

Certaines joueuses travaillent bien sur le terrain d'exercice mais pas sur le parcours. Exercez-vous régulièrement à effectuer le même putt droit. Toutefois, pour vous habituer à composer avec la pression en cours de jeu, disposez quatre balles en cercle autour du trou. Envisagez chacun de ces putts comme s'il s'agissait d'un coup susceptible de vous faire remporter un tournoi. Inscrivez quelque chose sur chacune des balles au moyen d'un marqueur et placez-les pour que l'écriture soit perpendiculaire au trou. À vous de choisir si vous désirez ou non exécuter un swing d'exercice.

Employez la même technique que vous avez l'intention utiliser sur le parcours. Faites en sorte que chacun des putts soit important. Prenez le même temps et appliquez-vous autant que vous le feriez dans le cadre d'un véritable parcours. Marquer une balle fait partie de la routine du golf.

Comme exercice pendant la saison hivernale, essayez de putter avec une bobine de coton lestée sur une surface rapide. Si vous ne frappez pas la bobine à angle droit, elle ne roulera pas correctement !

IMPORTANT
Exercez-vous à une distance d'un mètre.

Le long putt

Réussir un long putt dépend davantage de la capacité d'évaluer la distance que de celle d'évaluer la direction. Souvenez-vous que s'il vous faut trois coups pour réussir vos putts, c'est presque toujours parce que vous frappez la balle à la mauvaise distance et non parce que vous la frappez incorrectement.

Avant d'exécuter un long putt, vous devez toujours effectuer un ou deux swings d'exercice afin de bien évaluer la distance. La longueur de votre swing d'exercice devrait refléter votre objectif de frappe. Plus le putt est long, plus le swing devrait l'être. Le swing doit être exécuté principalement avec les bras et les épaules et non uniquement avec les épaules.

De plus, les poignets doivent être suffisamment fermes. L'une des pires choses que vous puissiez faire, c'est de raser le sol, car la balle ne roulera pas assez. Assurez-vous que votre swing d'exercice soit aussi près du sol que possible, sans y toucher. La majorité des joueuses ont tendance à ne pas s'élancer suffisamment lorsqu'il s'agit d'un long putt. Vous devriez avoir l'impression qu'il ne

s'agit que d'un long coup fluide, sans frappe à la fin du swing. Pensez à la synchronisation d'un long coup brossé.

Il est important de donner un bon coup sur le dos de la balle. N'oubliez pas qu'il est très peu probable de perdre une balle en exécutant un putt. Il arrive à l'occasion qu'une golfeuse professionnelle expédie la balle hors du green dans un obstacle d'eau, mais c'est très rare. Vous devez vous habituer à regarder la balle lorsque vous la frappez, et vous exercer à retenir le mouvement final du swing et à compter jusqu'à trois avant de relever la tête. Vous prendrez bientôt conscience du fait que vous apercevez la balle du coin de l'œil gauche. Continuer de regarder le sol après avoir frappé la balle favorise une bonne frappe. Il est souvent possible de

COUPS D'EXERCICE
Lorsque vous effectuez un long putt, vous devez pressentir la distance. Effectuez quelques légers swings d'exercice avant d'exécuter votre putt (voir page précédente).

RÉPÉTER LES LONGS PUTTS
Pour vous habituer à vous concentrer sur la longueur plutôt que sur la précision, puttez la balle jusqu'au bout du green une fois que vous aurez complété chacun des trous (ci-dessus). Veuillez noter qu'il est préférable de le faire lorsque le terrain est inoccupé ! Prenez garde de ne pas retarder d'autres joueurs.

CHOISISSEZ VOTRE TRAJECTOIRE
Choisissez un objectif précis, mais n'oubliez pas que dans le putting, c'est l'aptitude à évaluer les distances qui est la clé du succès.

ressentir la qualité d'un putt simplement par le contact. Des balles de golf différentes réagissent différemment. Si vous exécutez un putt de 10 mètres sur un green parfaitement plat, ni trop rapide ni trop lent, une balle à revêtement souple voyagera un mètre de moins qu'une balle plus dure. Habituez-vous à une marque de balle, car chacune réagit différemment.

N'essayez pas d'empocher un long putt, tentez plutôt de frapper la balle le plus près possible du trou. Ainsi, vous serez plus portée à penser à la distance qu'à la trajectoire. En vous concentrant trop sur la trajectoire, vous serez portée à négliger la distance. Malheureusement, la plupart des hommes évaluent mieux les distances que les femmes ; c'est pourquoi ils deviennent de meilleurs pilotes de course, surtout sur le terrain de stationnement du club de golf !

Pour exécuter un putt en pente, vous devez évaluer s'il faut frapper la balle légèrement à droite ou légèrement à gauche. Si quelqu'un s'occupe du drapeau, vous pouvez toujours demander à cette personne de se placer du côté que vous préférez. Il est parfois plus facile d'aligner son coup en visant les pieds de la personne qui tient le drapeau plutôt que le trou lui-même. Toutefois, lorsque vous aurez déterminé le côté, occupez-vous davantage de la distance que de la trajectoire. Concentrez-vous simplement sur l'exécution d'un putt droit à l'endroit que vous avez choisi, en portant une attention particulière à la longueur de ce putt et en vous assurant que la balle roulera à la bonne vitesse.

IMPORTANT
La distance est plus difficile à obtenir que la direction.

Évaluer la distance sur les greens

Comme les greens ne sont pas toujours plats, vous devez évaluer la pente. Non seulement vous devez déterminer s'il faut dévier à gauche ou à droite, mais également si votre putt doit être exécuté dans un plan ascendant (en montée) ou descendant (en descente).

Pour évaluer la distance sur le green, vous devez observer sa pente globale. Si vous avez marché en descendant vers le green, sa pente est probablement descendante. Si tout le fairway est en pente ascendante ou montante, le green présente probablement la même inclinaison. Lorsque vous jouez sur un terrain que vous ne connaissez pas, essayez de vous rendre sur le green un peu avant vos partenaires de jeu pour avoir le temps de marcher rapidement à l'arrière du green et vous faire une idée de la pente globale. Votre coup suivra probablement la pente globale.

EXAMINEZ LE GREEN
Observez le trou pour déterminer le sens du grain du gazon et détecter toute imperfection se trouvant à proximité du trou.

La Terre a beau être ronde, mais si nous nous limitons à notre propre vision, elle semble plutôt plate. Il en va de même des greens. Si vous vous penchez et commencez à examiner une petite section du green, vous risquez de vous fourvoyer. La majorité des golfeuses évaluent mieux un green en l'inspectant au complet plutôt qu'en partie. La zone qui se trouve à proximité du trou est évidemment la plus importante, car la balle a tendance à ralentir et à s'arrêter. Vous devez toutefois tenir compte en tout temps de l'inclinaison générale du green.

Il est habituellement facile de reconnaître une pente ascendante, mais c'est moins évident dans le cas contraire. Beaucoup de golfeuses frappent la balle trop fort, puis concluent : « Je ne m'étais pas rendue compte que je me trouvais dans une pente descendante. » Si vous marchez sur un green qui semble complètement plat, soyez aux aguets, car il pourrait s'agir d'une pente descendante, surtout si le fairway avoisinant comporte une pente descendante.

Les terrains modernes sont généralement aménagés de sorte que l'arrière du green est plus élevé que le devant. Sur ce green « normal », tous les putts effectués à partir du devant du green

sont ascendants et ceux qui le sont de l'arrière sont descendants. Les putts exécutés depuis le côté droit du green suivent toujours une trajectoire de droite à gauche et les putts exécutés depuis le côté gauche du green suivent une trajectoire de gauche à droite. Une fois que vous savez cela, il devient relativement facile d'évaluer un putt en pente. Les putts exécutés au-dessus du trou sont assurément les plus difficiles ; vous vous demandez si vous êtes du côté gauche ou droit et si vous avez dépassé ou non la ligne. Les coups frappés presque directement au-dessus du trou sont les plus ardus, car la balle se déplace rapidement et il devient alors facile de la frapper du mauvais côté. Si vous avez des doutes, frappez toujours la balle en ligne droite.

Les pentes des greens aménagés avant 1940 sont souvent plus élevées sur le devant et plus basses à l'arrière. Si le green semble complètement plat, méfiez-vous, car il pourrait s'agir d'une pente descendante.

BIEN ÉVALUER LA TRAJECTOIRE

Lorsque les greens sont en pente ou ondulés, il
est important de bien évaluer la trajectoire d'un
coup, tel que le démontre ici Liselotte Neumann.

IMPORTANT
Les pentes
descendantes
sont plus difficiles
à discerner.

Évaluer la distance sur les greens (2)

Avec l'expérience, vous finirez par tenir compte de plusieurs autres facteurs en plus des pentes. Le gazon lui-même a un effet important sur la balle. Lorsqu'il est épais et humide, la balle voyage plus lentement. Toutefois, lorsque les greens sont tondus très ras, qu'ils sont drus et très secs, la balle se déplace plus rapidement.

ÉVALUER LA VITESSE DES PUTTS

Entraînez-vous sur le green d'exercice avant la partie, mais n'oubliez pas que la vitesse des greens pourrait s'avérer différente sur le parcours.

Sur un green entouré d'arbres, le gazon peut se trouver à l'ombre toute la journée. Ce sont les greens les plus lents du parcours. Les arbres situés au sud d'un green lui procurent de l'ombre.

Un green aménagé dans un bassin recueille l'humidité environnante. Ainsi, une balle qui atterrit sur le green s'arrête souvent comme si elle l'avait décidé. Le green peut également s'avérer assez lent.

Un green aménagé en hauteur sur un plateau est susceptible de mieux se drainer que d'autres greens et aussi de s'assécher lorsqu'il est exposé au vent. Ainsi, une balle qui tombe sur le green peut rebondir facilement et les putts s'avérer rapides.

S'il y a un arbre de taille imposante à proximité d'un green, ses racines peuvent absorber l'humidité et le green deviendra sec et rapide.

Les bandes de gazon semblent plus foncées lorsque le gazon a été tondu dans votre direction, alors que, si c'est le contraire, elles semblent plus pâles et brillantes. Ainsi, vous pourriez vous retrouver à putter à des endroits où le gazon est plus sombre et à d'autres où il est plus pâle. Toutefois, dans certaines régions au climat chaud, vous devez toujours tenir compte du sens de la croissance du gazon. Le grain du gazon peut avoir la même orientation que la pente. Si le gazon semble sombre et épais, c'est que le grain du gazon s'incline de votre côté et s'il semble pâle et brillant, c'est qu'il s'incline dans le sens contraire. Le grain du gazon peut être très facilement visible aux abords du trou, avec d'un côté des brins d'herbe qui le recou-

LE FIL À PLOMB
L'Anglaise Alison Nicholas mesure l'angle de son putt en utilisant son putter comme un fil à plomb pour évaluer la pente du green.

vrent presque entièrement et de l'autre côté une surface presque rase. C'est une bonne indication du sens de la croissance du gazon sur l'ensemble du green.

C'est aux abords du green qu'il est le plus facile d'observer le grain, car l'herbe y est plus longue et pousse probablement dans la même direction. Un chip ou un putt exécuté contre le grain résulte en un coup lent, alors que frapper dans le sens du grain donne un putt rapide.

Le grain du gazon s'oriente souvent en direction de la mer, d'un autre plan d'eau ou du soleil, et en sens contraire d'une montagne. Soyez attentif au sens du grain comme à la pente et suivez attentivement les conseils d'un caddie ou d'un professionnel de la région.

IMPORTANT
Méfiez-vous des greens bordés d'arbres.

La plupart des golfeuses ne consacrent pas suffisamment de temps à répéter leurs putts. Pour réussir ses putts moyens et longs, il est essentiel d'apprendre à bien évaluer la distance.

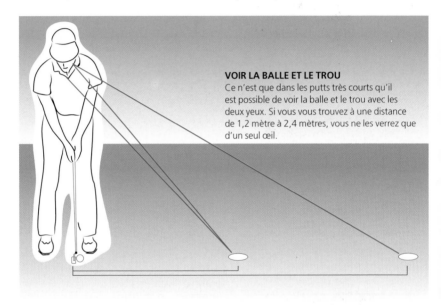

VOIR LA BALLE ET LE TROU
Ce n'est que dans les putts très courts qu'il est possible de voir la balle et le trou avec les deux yeux. Si vous vous trouvez à une distance de 1,2 mètre à 2,4 mètres, vous ne les verrez que d'un seul œil.

Exercez-vous à frapper avec six balles à six vitesses différentes. Disposez au sol une boîte de quatre tees en commençant juste derrière le trou et en plaçant les autres en ligne droite à une longueur de club les uns des autres. Les golfeuses ordinaires ont toujours tendance à ne pas frapper assez loin. Souvenez-vous qu'il est plus facile d'expédier la balle vers le trou que d'attendre que le trou vienne vers vous! Accordez-vous deux points pour chacune des balles empochées et un point pour chacune qui se retrouve dans le quadrilatère formé par les tees. Si vous frappez six coups à six vitesses différentes à partir de la bonne distance, la loi de la moyenne fera en sorte qu'une ou deux balles finiront dans le trou. Cet exercice est beaucoup plus difficile à exécuter en descente qu'en montée. Si vous êtes une championne en herbe, prolongez les exercices à huit et à dix vitesses différentes.

Fixez un morceau de corde d'un mètre derrière le trou. Tentez d'envoyer chacun des putts au-delà du trou sans toucher à la corde.

Vous pouvez aussi disposer au sol deux clubs à environ 1,50 mètre de distance et vous exercer à frapper quatre balles dans l'espace compris entre ces deux clubs. Il s'agit d'un exercice encourageant qui vous permettra d'observer vos progrès.

Ne vous contentez pas de répéter de longs putts en direction du trou sans repère précis, car la plupart d'entre eux manqueront inévitablement la cible. Si vous visez le trou, vous n'obtiendrez que des échecs, ce qui ne vous aidera en rien à vous améliorer.

Placez de six à dix balles sur un green à des distances et à des angles variés. Essayez d'empocher chacune de ces balles et voyez combien vous pouvez en réussir à l'intérieur de la longueur de votre putter. Il s'agit là d'une façon de mieux connaître vos qualités de putting et d'évaluer votre niveau de réussite. Pour varier un peu, changez d'objectif, disposez un tee sur le green et poursuivez le même exercice. Essayez de garder chacune des balles à l'intérieur de la longueur d'un putter et vous deviendrez bientôt

ESSAYEZ CET EXERCICE
Disposez quatre tees autour du trou, chacun placé à une longueur de bâton du trou et essayez d'envoyer le plus de balles possible dans le quadrilatère formé par ces tees. Déterminez un nombre de balles et continuez jusqu'à ce que votre objectif soit atteint.

très habile pour exécuter de longs putts.

Disposez au sol trois balles de même marque, mais avec des numéros différents. Frappez la première balle, la deuxième, puis la troisième sans regarder. Cet exercice vous fera prendre conscience du contact. Si votre coup de putting est bon et votre contact solide, les trois balles devraient se trouver environ à la même distance. Cet exercice vous permettra de reconnaître un bon contact.

Déplacements du putter. Pour vraiment vous mettre à l'épreuve, tant pour les petits que pour les longs putts, essayez cet exercice sur le green d'un neuvième ou d'un dix-huitième trou. Essayez d'empocher la balle. Si vous ratez votre coup, déplacez la balle d'une autre longueur de putter. Si vous manquez votre coup une autre fois, déplacez la balle d'une autre longueur de putter. Ainsi, vous ne vous contenterez pas d'une série de petits putts, mais vous devrez vous concentrer sur chacun des longs putts et aurez suffisamment d'entraînement pour les petits.

IMPORTANT
Pensez en termes de vitesse et de distance.

Le yip est l'un des pires ennemis du putting. Le putter semble alors posséder une volonté indépendante de la joueuse, particulièrement dans les petits putts. Ce phénomène se produit généralement chez les golfeuses plus âgées et peut s'avérer problématique dans le cas des plus petits putts. Les poignets doivent demeurer fermes dans l'exécution des petits putts. Si vous exécutez des yips ou que vos petits putts perdent de leur efficacité, un changement de grip pourrait s'avérer efficace.

POSITION DE LA TÊTE
Bien que vous deviez vous tenir droite et ne pas vous accroupir, votre tête doit se trouver en position horizontale (dessin de gauche). Elle pourra alors pivoter et voir la trajectoire du putt. Si votre tête est trop haute, elle aura tendance à pivoter et à se soulever, ce qui se traduit souvent par des problèmes de direction.

Putter avec les mains croisées
Lorsque vous puttez avec les mains croisées, le bras gauche est allongé le long du putter et idéalement, l'index de la main gauche doit pointer vers le bas de la tige. La main droite est placée à l'extrémité supérieure et la gauche en dessous. En adoptant ce grip, l'arrière du poignet gauche devient immédiatement plus droit et plus ferme à l'adresse.

Les épaules jouent un rôle moins prédominant, et la main droite et l'épaule droite sont moins portées à prendre le contrôle du mouvement. Si vos petits putts sont médiocres, surtout si la face du club dévie à l'impact, essayez ce grip. La plupart des golfeuses qui l'utilisent adoptent plutôt un grip conventionnel lorsqu'elles se trouvent à une distance de six à huit pas du trou.

Si votre petit putting n'est pas très bon, assurez-vous que vous tenez le putter avec suffisamment de fermeté et faites en sorte qu'il pende légèrement au-dessus du sol à l'adresse. Si vous le tenez trop mollement, votre premier réflexe pourrait être de mettre trop de poids sur votre club, ce qui se traduirait par un coup saccadé. Suspendre le putter favorise un putt lent et ferme.

Si vous n'êtes pas très douée pour les petits putts, c'est peut-être qu'une partie du problème réside dans votre embarras à l'idée de rater votre coup. Vous ne devez jamais vous sentir idiote d'avoir manqué un petit putt, car même les professionnelles en ratent souvent. Si vous jouez avec des étrangers, dites-leur de ne pas s'étonner si vous ratez un putt très facile !

Faut-il ou non effectuer des swings d'exercice ?
Effectuer un swing d'exercice pour un petit putt risque de créer une confusion en matière de visée. N'effectuez jamais de swing d'exercice depuis le côté de votre balle en direction du trou. En faisant un pas vers l'avant pour frapper

SURMONTER LE YIP
Tenez le club fermement et gardez-le suspendu juste au-dessus du sol.

LE STANCE IDÉAL
Commencez en répartissant votre poids également sur les pieds et en vous positionnant de sorte que la balle soit un peu en avant du centre dans le stance.

la balle, il y a de fortes chances que vous visiez à droite. Tout swing d'exercice doit être parallèle à votre putt. Si toutefois vous désirez effectuer un swing d'exercice pour calmer vos nerfs, faites-le dans une autre direction. Si le swing d'exercice a pour objet de vous familiariser avec la trajectoire — souvenez-vous qu'il s'agit de la phase la plus importante du putting court —, effectuez-le derrière ou devant la balle.

Si vous l'effectuez entre la balle et le trou, évitez de toucher au sol. Assurez-vous que votre swing d'exercice ne nuit pas à votre visée. Si vous ne visez pas correctement, essayez d'exécuter vos petits putts sans swing d'exercice, car c'est probablement ce qui occasionne les problèmes de visée.

Routine
Il y a trois façons d'aborder un petit putt.

Premièrement, en exécutant un ou deux swings d'exercice (n'en faites pas plus si ça vous rend nerveux), puis en relâchant le putter avec une main et en le plaçant derrière la balle. Reprenez votre grip et jouez votre coup.

La seconde option consiste à exécuter un ou deux swings d'exercice, à saisir le putter et à jouer votre coup. (Certaines golfeuses constatent qu'elles en sont incapables lorsqu'elles sont nerveuses.)

Finalement, il y a la possibilité de n'exécuter aucun swing d'exercice. La première option est probablement la plus fréquente chez la plupart des golfeuses professionnelles. Si vous décidez d'y aller d'un swing d'exercice, il est très important de vous assurer qu'il est parallèle à votre objectif.

IMPORTANT
Le poignet gauche doit être bien fermé.

Coups difficiles

Lorsque le golf a vu le jour, en Écosse, au cours des 18ᵉ et 19ᵉ siècles, les parcours avaient peu à voir avec ceux d'aujourd'hui. La partie se disputait sur des terrains publics, à des endroits où on retrouve aujourd'hui des terrains de golf avec des obstacles naturels. Non seulement les murs et les fossés faisaient-ils partie du jeu, mais les joueurs devaient également composer avec la présence d'autres personnes se livrant à diverses activités récréatives.

Ces nombreuses entraves sont à l'origine des obstacles qu'on retrouve dans le jeu actuel, soit les bunkers d'herbe ou de sable et les obstacles d'eau, présents sur les terrains de golf du monde entier.

Étant donné que ces obstacles sont nombreux et conçus délibérément par les gens qui dessinent les parcours de golf pour mettre les golfeurs au défi, il est important de savoir comment les surmonter. Peu importe le niveau de jeu que vous atteindrez, vous devrez composer avec de nombreuses situations difficiles. Votre balle se retrouvera dans des positions apparemment injouables, par exemple dans un bunker ou simplement dans un rough, sur une pente, aux abords du green. Les conseils prodigués dans ce chapitre vous aideront à jouer ces coups difficiles auxquels tous les adeptes du golf sont inévitablement confrontés.

L'Anglaise Johanna Head est l'une des deux sœurs jumelles jouant sur le circuit européen.

Autour du green – chipping et putting

Lorsque votre devez jouer une balle autour du green, il est toujours plus facile d'utiliser votre putter. Ne croyez pas que putter plutôt que d'opter pour un chip est un signe d'amateurisme. Vous devez simplement choisir le club qui vous convient le mieux.

La plupart des golfeuses s'imaginent que le putter n'est plus utile lorsque l'herbe devient un peu plus épaisse et humide, mais souvenez-vous que lorsque vous frappez une balle, celle-ci commence par glisser, puis roule et sautille. Si vous exécutez un coup très court aux abords du green, la balle risque davantage de rester coincée dans l'herbe que si vous jouez un coup plus long. Lorsque vous êtes en mesure de putter, il vaut donc mieux le faire. Si vous avez l'impression que l'herbe est un peu trop épaisse, chippez la balle avec un fer 7. Si vous ne disposez pas

1 Appuyez le fer 7 sur sa pointe pour qu'il se tienne à la verticale devant vous, comme un putter. Adoptez le grip du putter en demeurant près de la balle et en la regardant directement, comme vous le feriez pour un putt. La pointe du club repose légèrement dans l'herbe et le talon se trouve au-dessus du sol. Une fois que vous aurez frappé ce coup dans l'herbe légère, il ne vous semblera plus aussi incommodant.

2 En posant légèrement le club sur sa pointe, placez-vous pour que la balle se trouve alignée avec la pointe, car c'est la partie du club qui rasera le gazon. Employez le grip habituel du putting en faisant pivoter la main gauche vers la gauche et en gardant les deux pouces à l'extérieur, bien en évidence. Vous ne devriez pas voir le logo qui se trouve à l'arrière de votre gant. Si vous adoptez le mauvais grip, vous verrez trop l'arrière de votre main gauche et il vous manquera la fermeté nécessaire pour contrôler la distance.

d'un fer 7, utilisez un fer 6 plutôt qu'un fer 8. Le truc consiste à effectuer un putt de base avec un club comportant un loft léger pour que le coup devienne un putt qui sautille, et à utiliser le fer 7 pour qu'il procure la sensation d'un putter. Il existe trois différences entre ces clubs. Pour commencer, le fer 7 est plus long, sa poignée est ronde au lieu d'être plate et son toucher est donc différent. De plus, il présente un angle différent. En d'autres termes, l'angle du putter est vertical et celui du fer 7 est plus plat. Pour que le club chippe correctement, redressez-le sur sa pointe de façon que sa tige pointe devant vous à la verticale, exactement comme un putter. Utilisez le grip de putting orthodoxe en tenant vos mains à la même hauteur que vous le feriez avec un putter ainsi que le club légèrement au-dessus du sol. Ainsi vos mains doivent se trouver plus basses que dans le grip habituel du fer 7 ; votre pouce et votre index de la main droite doivent être positionnés à l'extérieur du grip, sur la tige elle-même.

3 Penchez-vous légèrement vers la gauche pour que le bout de la tige du club soit toujours plus près de l'intérieur de votre poignet gauche que de votre poignet droit. Le poids doit être légèrement réparti sur le pied gauche et les épaules doivent être au même niveau. Contrairement au putting, le club doit se contenter de raser le gazon et d'expédier la balle au loin en sautillant. Ici, la clé de la réussite consiste à ne pas soulever la balle avec le club.

4 Le bout du club doit demeurer près du poignet gauche jusqu'à la fin du swing pendant que vous maintenez le poignet gauche ferme. Si vous faites l'erreur de tenter de soulever la balle, votre poignet gauche fléchira. Pensez à frapper légèrement vers le bas et à garder la trajectoire de la balle plus basse que celle que le club serait porté à lui imprimer. Résistez à la tentation de soulever la balle dans les airs.

IMPORTANT
Un chip est un putt qui sautille !

Le petit chip

Ce petit chip s'effectue sur une distance très courte, soit l'équivalent de 10 à 15 pas. Plus votre chip ressemblera à un putt, plus votre coup sera réussi et meilleur sera votre contrôle. Un fer 7 utilisé à son plein potentiel peut frapper à une distance de 80 à 140 mètres, selon votre désir. Vous devez tenir le club fermement pour le contrôler sur un coup de courte distance.

LE CHIP
D'abord et avant tout, efforcez-vous de garder la tige du club et le poignet gauche alignés alors que vous ramenez la tête du club sur la balle.

Apprenez à utiliser votre fer 7 et à vous en servir comme s'il s'agissait d'un putter. Disposez une rangée de balles sur un green pour exécuter un coup en descente. Placez la première à 45 cm du trou, puis gardez une distance de 30 cm entre les autres balles. Préparez-vous à frapper la première balle en appuyant votre fer 7 sur sa pointe ; contentez-vous d'exécuter un petit putt et de frapper la balle en direction de la pointe. Vous sentirez la balle tourner légèrement ainsi qu'un tout petit sautillement. Vous n'avez pas besoin de raser le green et vous ne l'endommagerez

certainement pas. Ainsi, vous vous habituerez à contrôler la balle et à sentir la balle quitter le sol. La balle ne fait que se soulever, n'essayez pas d'en faire plus. Pour bien ressentir un contact léger depuis le talon du club, placez plusieurs balles en ligne, frappez-les à tour de rôle en suivant la ligne formée par les balles, contentez-vous de raser le gazon et de sentir le mouvement de sautillement de la balle consécutif à la frappe. N'oubliez pas de déplacer vos pieds entre chacun des coups !

Il s'agit d'un exercice idéal pour faire le lien entre le chip et le putt. Déposez votre putter au sol à environ huit pas de l'endroit où vous vous trouvez, la tête du putter dirigée vers vous. Vous obtiendrez ainsi le trou imaginaire que vous devez viser. Frappez quelques balles en direction de votre putter en vous plaçant aux abords du green. Déposez ensuite votre fer 7 aux abords du green et frappez quelques autres putts. Ressentez la proximité de la balle avec le putter et vous constaterez que vos yeux se trouvent directement au-dessus de la balle. Essayez de reproduire la même sensation avec votre fer 7. Selon toute évidence, vous vous tiendrez un peu plus loin de la balle, mais les deux clubs devraient procurer à peu près la même sensation.

Si vous désirez exécuter un chip un peu plus long, penchez-vous légèrement vers la gauche. Ce mouvement réduit un peu le loft du club, et vous enverrez la balle un peu plus bas et à une plus grande distance. Toutefois, la distance maximale

CONSEIL D'EXPERT

Le bout du club doit demeurer près du poignet gauche jusqu'à la fin du swing pendant que vous maintenez le poignet gauche ferme. Si vous faites l'erreur de tenter de soulever la balle, votre poignet gauche fléchira. Pensez à frapper légèrement vers le bas et à garder la trajectoire de la balle plus basse que celle que le club serait porté à lui imprimer.

pour ce coup est d'environ 15 mètres, ce qui représente un chip vraiment court. Vous devez donc agrandir le stance en écartant votre pied gauche, vous pencher légèrement vers la gauche, vous concentrer à frapper la balle à une faible hauteur et vers l'avant et ne pas essayer de soulever la balle avec le club.

IMPORTANT
Frappez avec la pointe du club pour avoir un meilleur contrôle.

Le chip long

Pour réussir un chip légèrement plus long, de 15 à 30 mètres, vous devez modifier votre technique. Le club doit reposer plus à plat au sol, mais sans trop être appuyé sur sa pointe. L'idée consiste à se pencher légèrement au-dessus de la balle et à la frapper tout droit, à basse altitude, en direction du trou.

Il faut faire en sorte que la balle retombe au sol le plus rapidement possible. Ne vous inquiétez pas de l'endroit où elle se pose et contentez-vous d'évaluer la distance globale. Si la surface gazonnée entourant le green est bien taillée et sèche, vous pourrez facilement y effectuer un chip.

Prenez le fer 7 dans votre main droite et inclinez-le légèrement vers l'avant pour qu'il présente le loft d'un fer 6. Le haut du club doit pointer vers votre nombril ou très légèrement à gauche. Vous devez placer vos pieds un peu plus en avant de la balle et vous poster de façon que la balle se trouve derrière le centre.

Complétez l'adresse en vous penchant légèrement vers la gauche, en adoptant votre grip de putting et en rentrant légèrement votre coude gauche sur le côté. Le club repose désormais à plat sur sa semelle et non plus sur sa pointe. Vérifiez votre grip. Vous ne devriez pas voir le logo apparaissant sur le gant de la main gauche.

Conservez votre poids sur votre pied gauche et efforcez-vous de frapper la balle vers le bas et l'avant. Rasez le sol, mais n'y faites pas pénétrer votre club. Le poignet gauche doit demeurer ferme, du moins aussi longtemps que vous visez vers le bas plutôt que vers le haut.

Il est très difficile de lancer une balle ou de la faire rouler vers une cible avec les pieds de côté. Il en va de même pour ce coup. Pour vous faciliter la tâche, commencez avec les pieds parallèles à la trajectoire de votre coup, mais

faites pivoter légèrement votre pied gauche vers l'extérieur pour avoir l'impression que vos genoux tournent vers l'objectif. Cela ne veut pas dire que vous devez viser la ligne qui croise les pieds vers la gauche. Contentez-vous de tourner les pieds et les genoux pour faciliter le mouvement. En adoptant cette position, vos jambes seront bien alignées vers l'objectif et vous pourrez exécuter votre swing en tout confort.

Si vous exécutez un chip très court (voir pages 120 et 121), vous devriez garder les pieds parfaitement perpendiculaires pour réduire la distance. Pour ce coup, vous devez viser une distance légèrement supérieure et en plaçant vos pieds ainsi, vous y parviendrez.

Pour tous les coups de courte distance, il faut privilégier un mouvement vertical léger. Placez vos mains vers l'avant et penchez-vous vers la gauche pour faciliter un swing qui peut être légèrement élevé ou bas et vous assurer un bon contact avec la balle. Utilisez un fer 7 et

penchez-le vers l'avant pour obtenir le loft d'un fer 6, ce qui facilitera le contact avec la balle et le gazon. Si vous vous contentez d'utiliser un fer 6 sans placer vos mains vers l'avant, vous risquez de frapper le gazon avant la balle. Pour vous simplifier la tâche, assurez-vous que vos épaules sont positionnées convenablement à l'adresse. La règle d'or en ce qui a trait à presque tous les coups de courte distance consiste à garder l'épaule droite élevée. Ne laissez pas votre épaule s'affaisser, sinon vous vous retrouverez à racler le sol derrière la balle. Vous aurez plus de facilité à garder votre épaule droite élevée si vous placez d'abord le club dans votre main droite à l'adresse, puis que vous le pointez vers l'avant. Intégrez ensuite votre main gauche au grip afin de garder le coude gauche et l'épaule gauche abaissés.

Je tiens à rappeler aux golfeuses plus aguerries que si vous mettez vos mains sur le club trop rapidement avant de les diriger vers l'avant, votre épaule droite pourrait s'abaisser.

LE CHIP LONG
Tournez votre pied gauche légèrement vers l'extérieur et votre pied droit légèrement vers l'intérieur pour permettre d'atteindre plus facilement la distance supplémentaire visée.

CONSEIL D'EXPERT
Pour effectuer un long chip depuis le devant jusqu'au fond du green, utilisez un fer 6 et inclinez-le comme s'il s'agissait d'un fer 5 ou même un fer 5 incliné vers l'avant comme un fer 4. Essayez de faire retomber la balle au sol le plus rapidement possible pour qu'elle roule en douceur vers votre objectif.

POINT DE CONTACT
Pour effectuer ce coup, n'arrachez pas le gazon qui se trouve devant la balle, mais recherchez une frappe nette avec peu de loft, de façon à faire retomber la balle le plus rapidement possible.

IMPORTANT
Gardez votre épaule droite haute.

Choisir un sand wedge

Comme le fer droit et le bois n° 1, le sand wedge est un club qui n'a rien à voir avec le reste de votre ensemble. L'utilisation d'un sand wedge ne se limite pas aux bunkers de sable. Il s'avère également le club le plus utile lorsque vous désirez de la hauteur et un angle d'ouverture important autour du green. Procurez-vous-en un qui offre un angle d'ouverture prononcé. L'angle d'ouverture d'un sand wedge varie entre 55 et 64 degrés, ce qui représente approximativement la différence entre un fer 3 et un fer 7. Si vous le pouvez, choisissez un sand wedge dont la face comporte une ouverture de 62 degrés. Ainsi, vous pourrez réussir des coups nécessitant un angle d'ouverture important sans avoir à recourir à une technique complexe.

Vous devez rechercher un sand wedge dont la face comporte un loft de 60 à 64 degrés et dont le bord d'attaque est situé vers l'avant plutôt que vers l'arrière. Un club comme celui qui est représenté au centre (voir page suivante) se manie confortablement et sa face se positionne sous la balle. Celui qui est représenté à l'extrême droite est tordu et ne favorise pas un bon contact.

Tout comme le bois d'allée, le sand wedge a été conçu pour rebondir sur le sol, alors que le bord d'attaque du pitching wedge l'a été pour prendre un divot. Envisagez l'emploi du pitching wedge pour les coups demandant une plus grande ouverture lorsque vous n'avez pas atteint le green. Le sand wedge est le club approprié pour les bunkers et les coups dont l'angle est plus important aux abords du green. La semelle arrondie du sand wedge fait rebondir la balle sur le sol.

Avec le sand wedge, il est essentiel d'utiliser le lie approprié. Le lie constitue l'angle entre la tige du club et sa tête. Si vous observez bien votre ensemble de clubs, le pitching wedge est vertical et le sand wedge légèrement plus plat. Si le lie est trop vertical, certains coups dans les bunkers ainsi que des pitches seront difficiles à exécuter. Recherchez un sand wedge comportant un lie semblable à celui de votre fer 7. Vous découvrirez un peu plus loin que plusieurs coups frappés avec un sand wedge font plier les genoux, ce que le lie approprié vous permet de faire. Il permet aussi aux golfeuses aguerries

d'ouvrir la face du club de façon adéquate et confortable.

Pour certains coups avancés ou exécutés dans des bunkers, il faut ouvrir la face du club, ce qui signifie la faire pivoter à l'extérieur vers la droite. Vous trouverez plus d'information à ce sujet aux pages 146 et 154. Les grips de caoutchouc (ou de cuir) des clubs sont généralement de forme ovale et la partie pointue se trouve à l'arrière du grip. Cela vous aidera à tenir le club square, c'est-à-dire perpendiculaire à la balle. Avec un sand wedge, il peut s'avérer plus facile d'utiliser un grip parfaitement rond au moment des coups spéciaux, particulièrement lorsqu'il est préférable de ne pas tenir la face du club perpendiculaire à la balle, mais ouverte.

POSITION INCORRECTE
Si le club est trop à la verticale, la pointe se soulève et le talon risque de glisser dans le sable ou sur le sol quand vous essayez d'ouvrir la face du club.

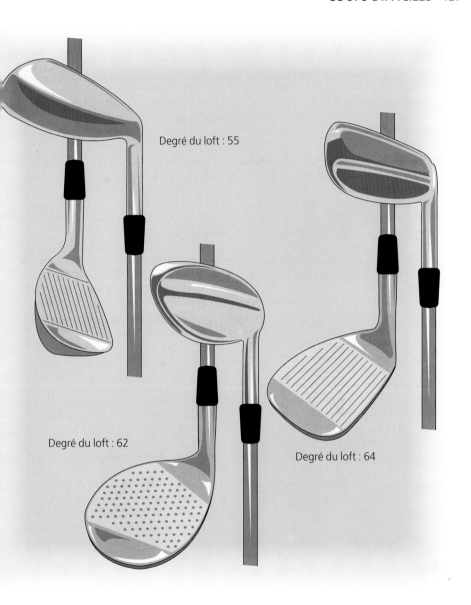

Degré du loft : 55

Degré du loft : 62

Degré du loft : 64

LES SAND WEDGES

L'illustration ci-dessus montre trois types de sand wedge, chacun représenté sous deux angles. Celui du centre a un bord d'attaque arrondi et la forme la plus appropriée pour se placer sous la balle ou ouvrir la face.

IMPORTANT
Utilisez un loft
de 60° À 64°.

Comment apprivoiser votre sand wedge

Il est essentiel d'utiliser un sand wedge à proximité du green. Le coup le plus difficile pour la majorité des golfeuses ordinaires consiste à jouer un petit coup au-dessus d'un bunker. Le sand wedge est le bâton le plus lourd de l'ensemble. Si vous ne frappez pas correctement la balle, elle volera trop bas et ira trop loin. Il est important de vous familiariser avec votre sand wedge et d'être en mesure d'effectuer des coups loftés en toute confiance.

Pour développer votre confiance avec votre sand wedge, exercez-vous à environ 45 cm de l'extrémité du green. Déposez un putter sur le green, à quatre pas tout au plus du green. Habituez-vous à frapper des petits coups qui ne dépasseront pas le putter allongé sur le sol. Il s'agit de coups beaucoup plus courts que ceux que vous devrez effectuer sur un véritable parcours de golf, mais vous y gagnerez de bonnes habitudes.

Utilisez le grip de putting Vardon inversé, dans lequel l'index de la main gauche est pointé vers l'extérieur (voir page 96). Si vous portez un gant, vous ne devriez pas être capable de voir le logo à l'arrière du gant et si vous n'en portez pas, vous ne devriez voir aucune de vos jointures de la main gauche. Le grip du putting raffermit le poignet gauche. Ce club comporte 5 cm de moins que le fer 7. Vous devez le tenir près du bout du club et l'asseoir sur son extrémité inférieure. Souvenez-vous que le grip de putting permet d'orienter la face du club vers le haut, ce qui ralentit le mouvement du poignet.

Pour faire lever la balle, le club doit rebondir sur le sol dès qu'il la frappe. Exécutez un ou deux swings d'exercice avant chacun de ces petits coups et sentez le club rebondir. Ainsi, vous atteindrez la partie supérieure de la balle et éviterez de la frapper au milieu. Pour bien sentir le rebond, posez une pièce de monnaie relativement grosse sous la balle et efforcez-vous de frapper la pièce de monnaie. Si celle-ci est projetée au loin, la balle lèvera.

Il serait incorrect de laisser votre poignet gauche s'affaisser pour aider la balle à lever. Vous devez plutôt conserver votre poignet gauche ferme et en contrôle. Il ne doit pas s'immobiliser à l'impact. Si votre poignet gauche s'affaisse,

placez vos mains plus bas sur le club. Ainsi, vous pourrez sentir le bout de la tige du club contre votre poignet gauche. Laissez-le dans cette position pendant l'impact et un peu après pour favoriser un rebond ainsi que la fermeté du poignet gauche.

La plupart des golfeuses ratent leurs coups en relevant trop rapidement la tête. Il est important de répéter un coup aussi court que celui-là, car la balle se trouve toujours à l'intérieur de votre champ de vision et vous êtes en mesure de la voir du coin de l'œil gauche. Habituez-vous à effectuer ces coups très courts en continuant de regarder par terre, sans bouger la tête ni les yeux.

Apprenez à frapper la balle en hauteur avec votre putter et habituez-vous à garder les yeux au sol. Ainsi, vous serez en mesure de déterminer si vous avez ou non frappé la balle correctement sans lever les yeux. Accordez-vous cinq points pour un contact parfait et zéro pour un contact raté. Vous développerez alors la capacité de reconnaître la qualité d'un coup sans bouger la tête ni les yeux. Pour obtenir un coup plus long, gardez vos épaules au même niveau, votre épaule droite un peu plus haute, et efforcez-vous de faire rebondir le club au sol et d'exécuter un finish ferme.

MAÎTRISE DU SAND WEDGE
Les golfeuses professionnelles (comme Liselotte Neumann, photographiée ici en France) répètent leurs coups de sand wedge à l'intérieur et à l'extérieur des bunkers pendant des heures afin de perfectionner leur technique pour maîtriser cet aspect fondamental du jeu.

IMPORTANT
Faites rebondir
le club au sol.

Le pitch court – 20 mètres et moins

Maintenant que votre sand wedge vous est familier, il est temps de passer à la mise en pratique. **Pour les coups d'une distance maximum de 20 mètres, utilisez le grip du putting.** Cela vous permettra de garder le poignet ferme et la face du club pointée vers le haut pour obtenir une hauteur maximum.

Ce club est court. Tenez-le fermement et près du bout avec le grip du putting. À l'adresse, la balle devrait se trouver juste en avant du centre de votre stance. Plus la position est favorable, plus vous pourrez jouer votre balle vers l'avant. La tige du club pointe en direction de votre nombril et vos épaules doivent être aussi égales que possible. Gardez le pied droit bien droit ou légèrement tourné vers l'intérieur. Pour réussir ce coup, il faut utiliser les bras, les jambes et les épaules, sans bouger les poignets. Gardez vos poignets inactifs dans le backswing, faites rebondir le club sur le sol à l'impact, puis passez à l'étape du followthrough en dirigeant la face du club vers le haut et en gardant l'arrière du poignet ferme, la tête et les yeux immobiles et fixés sur l'endroit où se trouvait la balle.

Le grip du putting devrait vous aider à balancer la face du club vers le bas dans le backswing et vers le haut dans le throughswing. Le backswing devrait se faire naturellement. Pour ce qui est du throughswing, vous devez maintenir l'arrière du poignet gauche vers le haut, et le bout du club doit être en contact avec l'intérieur du poignet gauche et permettre à votre coude gauche de demeurer collé au corps.

Pour bien apprivoiser ce coup, exercez-vous sur une pente ascendante douce. S'entraîner sur une pente ascendante aide à obtenir la hauteur nécessaire pour exécuter ce coup et accroît la confiance. Gardez vos pieds un peu plus rapprochés que si vous étiez sur un sol plat et ressentez le travail exécuté vers le haut par la face du club à l'impact. Si possible, optez pour un endroit où il y a du gazon duveteux plutôt qu'un sol dénudé.

Pour ce coup, vous devez utiliser les jambes, les bras et les épaules. À l'adresse, la tige du club pointe vers votre nombril. Et elle doit rester ainsi orientée du début à la fin du swing. Le grip

LE PITCH COURT
Le pitch court doit s'effectuer en gardant les poignets et les coudes fermes, bien que collés contre le corps. Déplacez-vous de l'avant à l'arrière à l'aide de vos épaules et de vos jambes, et assurez-vous que votre backswing et votre followthrough sont de la même longueur.

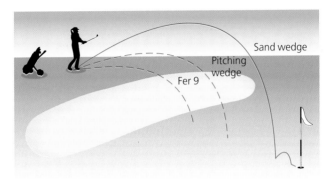

LE CHOIX DU CLUB APPROPRIÉ

Évitez d'utiliser un fer 9 ou un pitching wedge pour un pitch court. Optez plutôt pour un sand wedge, qui vous permettra d'envoyer la balle au-delà de l'obstacle et plus près du drapeau.

SAND WEDGE ET PITCHING WEDGE

Le loft du sand wedge (ci-dessous à droite) est plus prononcé que celui du pitching wedge (ci-dessous à gauche) et conçu pour rebondir sur le sol plutôt que s'y enfoncer.

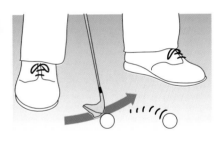

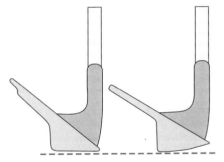

NE SOULEVEZ PAS LA BALLE

N'essayez jamais de soulever la balle lorsque vous exécutez un petit pitch. Le club frapperait la balle sur sa partie supérieure et il en résulterait un top (ci-dessus). Allez-y d'un swing en forme de U en rasant le sol sous la balle. Vous devez frapper vers le bas pour que la balle soit propulsée vers le haut.

ne doit être dirigé vers le sol ni dans le backswing ni dans le throughswing. Effectuez quelques swings d'exercice en regardant le bout du grip. Gardez-le pointé vers vous et à l'intérieur de votre champ de vision.

À titre d'exercice, tenez le club dans votre nombril, étendez les mains le long de la tige en gardant les bras droits, mais sans permettre à la tête du club d'atteindre le sol. Exercez-vous à swinguer de l'avant à l'arrière avec le bout du club à l'intérieur de votre nombril. Vous éprouverez la sensation de faire travailler vos jambes et vos épaules, alors que vos poignets demeurent inactifs.

N'essayez pas d'aider la balle à lever à l'aide de vos poignets, sinon la tête du club se soulèvera et frappera la partie supérieure de la balle. Gardez les poignets fermes, celui de gauche prenant contrôle du mouvement. Pour des coups aussi courts que celui-là, vous devez envisager de tenir le club encore plus fermement. Celui-ci est lourd et vous devez le tenir fermement pour qu'il ne bouge pas trop rapidement. Ne le tenez pas trop mollement en voulant être délicate, sinon sa tête se déplacera trop vite.

IMPORTANT
Pour les jeux court il faut un grip fermé.

Choisir son club

Une fois que vous avez appris à exécuter un putt, un chip et un petit pitch, il vous reste à déterminer quel coup jouer selon la situation. Le putt est généralement le plus facile, le chip l'est un peu moins et le pitch avec un wedge est de loin le plus ardu. Un putt complètement raté aux abords du green est généralement préférable à un pitch qui n'est pas parfait. Il est donc très important que les golfeuses utilisent leur putter le plus souvent possible.

Il est tout à fait possible de putter dans l'herbe humide et touffue. La balle commence par glisser, puis roule et sautille en ralentissant sa course. Il est plus facile de putter dans l'herbe touffue sur une longue distance. Un coup plus long déplace la balle à une vitesse lui permettant de glisser à travers ou par-dessus l'herbe sans rester coincée, alors qu'à la suite d'un putt plus court, la balle risque davantage de rester emprisonnée dans l'herbe.

Un petit chip frappé avec la pointe d'un fer 7 comporte toujours un léger effet de backspin. Si vous jouez un coup vers le bas dans une pente, le petit chip sera préférable au putt puisque la balle s'arrêtera plus facilement. L'effet accéléré ou brossé d'un putt fait en sorte que la balle continue de rouler et de se rendre trop loin. Le backspin d'un petit chip permet de mieux évaluer la distance. Inversement, s'il s'agit d'une pente ascendante, un putt continuera de rouler,

CHOISISSEZ VOTRE CLUB AVEC SOIN
Même des golfeuses professionnelles (comme McCurdy et Steinhauer, qu'on aperçoit ici à Woburn) ont de la difficulté à choisir le club approprié pour un coup particulier ou même un coup ordinaire. En cas de doute, les golfeuses ordinaires ne devraient pas être gênées de demander l'avis d'une personne plus expérimentée.

alors qu'un chip peut s'arrêter. Bref, si votre balle se trouve aux abords du green et que votre putting et votre chipping sont au point, il est préférable de putter lorsque la pente est ascendante et d'exécuter un chip lorsque vous devez frapper vers le bas.

Le fer 7 n'est pas toujours le meilleur choix pour effectuer un chip. Vous devez évaluer le rapport rebond/roulement. Dans l'exécution d'un chip ordinaire, la balle peut rebondir sur un sixième de la distance et rouler sur le reste. Tout dépend de la vitesse du green. Si vous devez composer avec de l'herbe plus touffue, le rapport peut être d'un tiers pour le rebond et de deux tiers pour le roulement. Dans ce cas, vous aurez peut-être besoin d'un fer 8 ou 9 ou même d'un pitching wedge pour obtenir le rapport approprié. Jouez ce coup comme s'il s'agissait d'un chip avec un fer 7, soit légèrement sur la pointe s'il s'agit d'un coup très court, et le club posé plus à plat et les mains placées à l'avant pour un coup plus long.

En théorie, la meilleure façon d'exécuter un pitch court consiste à déterminer l'endroit où la balle doit se poser. Toutefois, cette méthode comporte deux risques. Premièrement, la plupart des gens optent pour un endroit trop rapproché. Deuxièmement, ils ne frappent pas suffisamment fort pour atteindre le point déterminé. Si vous utilisez un fer 8, un fer 9 ou un wedge pour jouer dans l'herbe, choisissez le club le plus approprié pour que votre balle se rende sur le green, mais pensez d'abord à la distance totale du coup plutôt qu'à l'endroit où la balle se posera. Si vous pensez en fonction de la distance, vous garderez la tête vers le bas suffisamment longtemps.

Pour un chip ou un pitch de courte distance, visez à empocher la balle et concentrez-vous sur une frappe suffisamment longue pour y parvenir. Retirez le drapeau pour que votre attention se porte sur l'endroit où la balle doit se rendre.

Un swing avec un putter ou un fer 7 est beaucoup plus court qu'avec un wedge et comporte moins de risques. Un coup de putter ou de fer 7 mal frappé atteindra généralement la bonne distance. Le wedge, lui, exige un swing plus long et comporte une plus grande marge d'erreur.

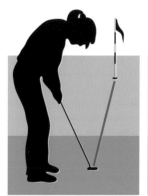

LE CHOIX DU CLUB
Il est très important de choisir le club approprié lorsque vous êtes confrontée à un coup difficile aux abords du green. De préférence, choisissez un putter (ci-dessus à gauche), car son utilisation comporte peu de risques. Si vous êtes dans l'impossibilité d'utiliser le putter, vous devez jouer avec un fer 6 ou un fer 7 (ci-dessus au centre).

Allez-y d'un coup roulé et évaluez-le en termes de distance totale. N'exécutez un pitch (ci-dessus à droite) que si vous êtes dans l'impossibilité d'utiliser un putter ou si vous avez déterminé qu'un coup roulé ne se prêtait pas à la situation. Un petit pitch avec un wedge ou un fer muni d'une face très ouverte convenant au sable constitue de loin le plus risqué de ces trois coups.

IMPORTANT
Un chip pour les coups en descente, un putt pour les coups en montée.

Comment faire face à un talus

Confrontées à un talus, la plupart des golfeuses amateurs présument que l'utilisation d'un wedge est la seule façon d'en venir à bout, ce qui est inexact, car il ne s'agit pas toujours du moyen le plus simple et le plus sécuritaire d'exécuter le coup.

Votre premier choix devrait être le putter, sinon les fers 5, 6 ou 7, ou, troisième option, un sand wedge. Dans ce type de situation, le putter est le club le plus facile à utiliser et le sand wedge, le plus risqué.

Vous devez d'abord examiner l'herbe sur le talus. Si elle est épaisse, il est possible que vous n'ayez d'autre alternative que d'utiliser votre sand wedge pour exécuter un pitch par-dessus. Si le sol est plutôt dégagé et l'herbe relativement courte et sèche, le putt est la solution idéale. Ne vous inquiétez pas si le talus est inégal, car la balle sera sans doute projetée vers la droite ou la gauche, mais se rendra au sommet du talus et au-delà.

Si votre balle se trouve dans l'herbe touffue, mais que celle-ci est plus rase sur le talus, envisagez un coup roulé avec un fer 5, 6 ou 7 pour que la balle roule jusqu'en haut du talus. Il s'agit également du coup qui s'impose si le sol est dégagé et que le coup semble trop long pour utiliser votre putter.

Pour faire rouler la balle jusqu'en haut du talus, vous devez utiliser votre fer 5, 6 or 7 et incliner le club comme s'il s'agissait d'un fer 4 pour que le coup soit bas et file rapidement jusqu'en haut du talus. Tenez le club que vous avez choisi dans votre main droite et penchez-le vers l'avant pour qu'il présente le loft d'un fer 4. Si le coup est inférieur à 40 mètres ou d'une distance semblable, utilisez un grip de putting. Adoptez un stance large et penchez-vous vers la gauche pour que le bout de votre club pointe vers votre nombril ou juste un peu à gauche. Dirigez le mouvement avec vos mains et

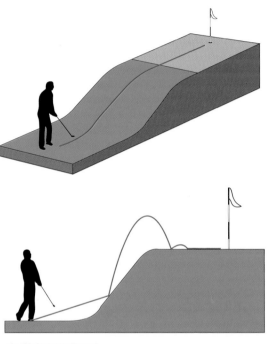

JOUER SUR UN TALUS

Utilisez un putter chaque fois que vous le pouvez (ci-dessus). Si le gazon est touffu ou si vous devez effectuer un coup plus long, allez-y avec un fer 5 ou un fer 6. Si le talus est escarpé mais lisse et que le drapeau se trouve juste au-dessus, vous pouvez tenter de puncher la balle vers le talus avec un fer 4 (voir illustrations). La balle devrait rebondir et passer par-dessus l'obstacle.

pensez à frapper la balle puissamment et à basse altitude pour qu'elle retombe rapidement au sol et rebondisse au moins deux fois en remontant le talus.

La raison pour laquelle vous devez incliner le club vers l'avant de sorte qu'il présente un loft différent est de vous assurer que vous allez frapper la balle en premier, puis le sol. Ne vous contentez pas d'utiliser un fer 4. Inclinez le club vers l'avant pour obtenir un contact avec la balle et avec le sol. Le fer 5 est souvent plus facile à

CHOISISSEZ LE CLUB APPROPRIÉ
Chaque fois que la position de la balle le permet et que vous n'êtes pas trop loin du green, ayez recours à votre putter. Sinon, utilisez un fer moyen plutôt qu'un sand wedge.

PUNCHEZ LA BALLE VERS L'AVANT
Pour exécuter ce coup, utilisez un fer 7, gardez les mains en contrôle durant tout le mouvement et punchez la balle vers l'avant tout en la maintenant à faible altitude.

utiliser, mais la tige peut s'avérer trop longue pour que les golfeuses se sentent à l'aise. Le fer 7 est plus maniable en matière de longueur, mais il doit être incliné davantage vers l'avant.

Il est particulièrement avisé d'exécuter un coup roulé avec un fer 5, 6 ou 7 si le drapeau se trouve juste au-dessus du sommet du talus. L'espace pourrait être trop limité pour qu'un coup exécuté avec un sand wedge puisse réussir et il est plus facile de contrôler un coup roulé.

Vous devez examiner de près la position de votre balle, car des positions différentes requièrent des coups différents. Des coups frappés depuis un trou de divot, une position ordinaire ou une touffe d'herbe nécessitent des approches différentes. La plupart des golfeuses font l'erreur d'essayer de putter depuis une touffe d'herbe et d'utiliser un wedge depuis un trou causé par un divot. Lorsqu'une balle est placée dans un trou de divot, il n'est possible de la frapper que par derrière. Il est impossible d'atteindre la partie inférieure de la balle avec un sand wedge à moins d'exécuter un coup plus long et de

prendre un divot de plus grande dimension. Si votre balle se trouve dans un trou de divot, utilisez un putter. Celui-ci entrera en contact avec l'arrière de la balle, celle-ci bondira du trou et roulera vers l'avant. Allez-y d'un swing ordinaire avec votre putter tout en utilisant votre poignet un peu plus que d'habitude. Vous serez agréablement surprise de constater la facilité avec laquelle la balle sort du trou et emprunte allégrement la bonne direction. Il est parfois plus facile de putter depuis un divot qu'à partir d'une bonne position. Si le coup semble trop long pour votre putter, utilisez un fer 5, 6 ou 7. Si vous faites l'erreur d'utiliser votre sand wedge, avec lequel le swing est nettement plus long, vous frapperez l'arrière de la balle et l'enverrez beaucoup trop loin. N'utilisez votre sand wedge que si votre balle est dans une position favorable, dans l'herbe, et qu'il est facile d'atteindre la partie inférieure de la balle.

IMPORTANT
Optez pour un putt lorsque c'est possible.

Les coups roulés et les coups punchés

Le moyen le plus simple de s'approcher d'un green qui se trouve à 40 ou à 50 mètres consiste à frapper la balle avec un fer 7. Le fer 7 est un club indulgent, car même un coup pourri fait le travail ! Si le sol est suffisamment sec et l'herbe rase, utilisez un fer 7 et frappez comme s'il s'agissait d'un tir au hockey sur gazon. Pour garder les poignets fermes et le coup suffisamment court, vous pouvez employer votre grip de putting Vardon inversé jusqu'à une distance de 30 ou 40 pas du green. S'il s'agit d'un coup plus long, revenez à votre grip habituel.

Adoptez un stance large pour que la balle se trouve au centre ou un peu en avant et penchez-vous légèrement vers la gauche. Le backswing devrait vous sembler très court. Vous devriez avoir les bras droit plié, mais les poignets fermes. Pour exécuter votre swing, transférez votre poids vers la gauche avec le haut du corps, frappez la balle puis le sol, et terminez votre swing avec le club pointé en direction de l'objectif. Le backswing doit toujours donner l'impression d'être beaucoup plus court qu'il ne paraît. Contrairement au mouvement exécuté avec une crosse de hockey sur gazon, le swing qui donne l'impression d'être à la hauteur de la taille se trouve souvent au-dessus des épaules. Effectuez un swing d'exercice en exécutant un arrêt pour bien évaluer la distance.

Comme lorsque vous devez frapper votre balle sous un arbre, effectuez deux ou trois swings d'exercice, mais n'oubliez pas que dès que vous prenez votre swing, le club se met en mouvement beaucoup plus largement.

Pour faciliter le coup, faites pivoter vos pieds et vos genoux en direction de l'objectif. Tournez légèrement le pied droit vers l'intérieur et le pied gauche vers l'extérieur, de façon que vos genoux semblent pointer vers l'objectif. Cette position vous aidera à raccourcir le backswing et à rendre le throughswing plus précis.

Au finish, la pointe du club devrait être orientée vers le haut. Dans le backswing, le bras droit doit plier, alors que dans le throughswing, c'est le bras gauche qui plie. Le haut de votre corps devrait se déplacer vers l'avant en direction de l'objectif et le bras gauche demeurer sur

le côté, près du corps, et non allongé vers l'extérieur. Visualisez ce coup comme s'il s'agissait d'une soucoupe inversée. Le swing est en forme de soucoupe, bas dans l'exécution du backswing et du throughswing.

À la fin du swing, le bras gauche doit plier, mais le poignet rester ferme et former une ligne presque droite à partir du coude gauche jusqu'à la tête du club. Votre bras gauche ne doit pas être rigide et votre poignet doit être décontracté.

À la fin du swing, la pointe du club doit être orientée vers le haut et vous devez avoir la sensation d'être alignée vers votre objectif. Retenez votre finish jusqu'à ce que la balle ait fini de rouler. La tête du club vous semblera légèrement à gauche de l'objectif. Imaginez deux rails de chemin de fer ; votre corps et le club doivent viser à gauche du rail de gauche, tandis que la balle se déplace le long du rail de droite. Il s'agit d'un coup utile lorsque le sol est ferme. Il est difficile de prévoir si un coup exécuté avec un wedge s'arrêtera en atteignant le sol ou continuera de rouler. Toutefois, il est certain qu'un coup punché continuera de rouler. Son emploi est particulièrement efficace lorsqu'il y a du vent, qu'il soit de face ou de côté. Ce coup sert

également à frapper une balle qui se trouve entre des branches ou sous des arbres, surtout en situation de foursome mixte. Veillez à toujours garder le backswing suffisamment court pour avoir l'impression de pouvoir accélérer.

Lorsque vous jouez sur un green à deux niveaux, envisagez un coup roulé plutôt qu'un pitch. Un coup de pitching wedge sur le niveau inférieur ne roulera pas jusqu'au green. Si vous y allez d'un pitch sur le niveau supérieur, il se rendra à destination. Un coup roulé court qui atterrit près du green filera jusqu'au niveau supérieur.

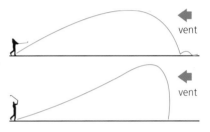

LE COUP PUNCHÉ
Le coup punché vise à faire avancer la balle et s'avère utile contre un vent de face (ci-dessus).

Direction de l'objectif

EXÉCUTION DU COUP PUNCHÉ
Pour réaliser ce coup, vous pouvez utiliser n'importe quel club, à partir d'un fer 3 jusqu'à un pitching wedge, pourvu que la balle se trouve en arrière dans le stance, que la face du club soit square et que vous ayez les mains en avant. Exécutez un backswing ferme et un finish court et puissant.

IMPORTANT
Gardez le backswing suffisamment court.

Les longs pitches

Le long pitch est utile pour les distances de 30 à 90 mètres lorsqu'il n'y pas d'obstacle. Il s'agit d'un coup étonnamment facile à maîtriser et beaucoup de golfeuses sont surprises de constater la distance qu'elles peuvent atteindre avec un fer 7. Toutefois, si vous n'avez pas encore atteint le green et qu'il reste des obstacles à surmonter, qu'il s'agisse d'un étang ou d'un bunker, vous devez effectuer un coup plus lofté en utilisant un fer 9, un pitching wedge ou un sand wedge. La technique est sensiblement la même que pour le coup roulé décrit dans les pages précédentes. Apprenez à exécuter ce coup avec un pitching wedge si vous en avez un, sinon utilisez un fer 9.

LE LONG PITCH

Pour exécuter un long pitch (ci-dessous), vous devez réduire le backswing afin d'accélérer la frappe et de contrôler le finish. Évitez de donner des coups de poignets brusques ou de relâcher vos poignets pendant le throughswing.

Le pitching wedge se tient plus droit que le fer 7, ce qui devrait donner automatiquement un swing dont le plan est vertical et non ample.

Adoptez un stance large comme pour le coup roulé, en tournant le pied gauche légèrement vers l'extérieur et le pied droit vers l'intérieur. Vous devez sentir que le backswing est court et que les poignets sont inactifs. Comme pour le coup roulé, le swing ira beaucoup plus loin que vous ne le pensez. Ressentez le mouvement de votre swing par derrière, sous l'épaule, et réduisez le fléchissement des poignets.

Lorsque vous frappez la balle, vous devez prendre et la balle et un divot.

À l'étape finale du swing, votre poids devrait être transféré du côté gauche pour que vous puissiez exécuter un finish punché en tenant le club à 1 heure ou à 2 heures sur un cadran

imaginaire. La pointe du club doit être orientée vers le haut et celui-ci doit former une ligne presque droite du coude gauche à la tête du club ; vous y parviendrez en maintenant ensemble le bras gauche et le haut du corps, le bras gauche plié et le poignet gauche ferme. À la fin du swing, la tête doit bouger du côté gauche vers l'objectif, mais les yeux doivent continuer de regarder au sol le plus longtemps possible.

CONSEIL D'EXPERT

Ce coup peut être joué avec un fer 9, un pitching wedge ou un sand wedge. Ces différents clubs permettent, de façon progressive, d'atteindre des distances plus courtes. Dans chacun des cas, vous devez faire confiance au loft du club et ne pas essayer de soulever la balle.

DES PITCHES PLUS LONGS ET PLUS DIFFICILES

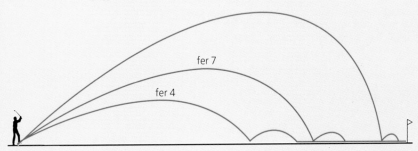

fer 7

fer 4

ADAPTATION DE LA FRAPPE
Le long pitch peut être adapté en utilisant un fer 4
ou un fer 7 pour produire des coups plus bas et
punchés que ceux qu'autorise un pitching wedge.

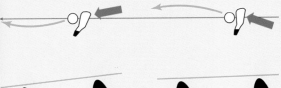

POUR COUPER LA BALLE
Pour couper la balle (ci-
dessus), ouvrez légèrement
la face du club à l'adresse
et orientez votre stance à
gauche.

POUR EFFECTUER UN DRAW
Pour effectuer un draw (ci-
dessus), fermez la face du club
de façon prononcée vers la
gauche et attaquez la balle
depuis l'intérieur.

LE STANCE
Pour les pitches longs et les
coups punchés, vous devez
jouer la balle plus en arrière dans
le stance. Tournez la ligne
formée par vos pieds vers la
gauche jusqu'à ce que vous
soyez alignée sur l'objectif.

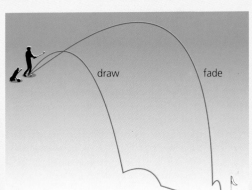

draw   fade

LE FADE ET LE DRAW
Avec de l'entraînement,
vous apprendrez à impri-
mer un fade et un draw à
vos longs pitches, ce qui
est particulièrement utile
lorsque vous jouez quand
il y a un vent latéral.

IMPORTANT
Votre finish doit
être ferme et
énergique.

Prendre un divot

Il est plus facile d'exécuter un coup roulé qu'un pitch avec un fer 7. Si vous ne frappez pas la balle tout à fait comme il faut, elle se déplace tout de même à la distance voulue, alors que si vous ratez un long pitch avec un wedge, la balle voyagera trop lentement, échouera dans l'étang ou le bunker que vous avez essayé d'éviter, ou roulera tout simplement trop loin. Pour réussir de bons pitches, il faut être capable de frapper la balle et de prendre un divot. Ce qui veut dire que la balle est frappée légèrement au moment du downswing : le club la cueille et l'expédie dans les airs.

Pour prendre un divot, il faut que la partie supérieure du corps s'oriente en direction de l'objectif au moment de l'impact et après. Il n'est pas question ici de garder la tête immobile et les hanches vers l'avant. Le haut du corps et la tête doivent se déplacer en direction de l'objectif. Habituez-vous à prendre un petit divot lorsque vous exécutez un coup roulé avec un fer 7. Si vous ne vous entraînez pas à le faire, vous pouvez quand même réussir votre coup, mais l'exercice vous apprendra à effectuer plus rapidement le mouvement approprié.

Apprenez à ressentir le contact avec la balle et le divot en utilisant un wedge. Visualisez votre tête se déplaçant en direction contraire de la balle, mais se retrouvant finalement opposée à votre pied gauche. Le haut du corps se déplace vers l'avant, mouvement qui devrait correspondre à la prise du divot. Continuez de regarder en direction du sol et comptez jusqu'à trois avant de lever les yeux.

Plusieurs femmes n'aiment pas la sensation de prendre un divot. D'une part elles craignent de se blesser, d'autre part elles croient que prendre un divot est malpropre. Généralement, les hommes trouvent très facile de prendre un divot, alors que pour les femmes, c'est difficile. Si vous n'aimez pas endommager le sol, exercez-vous à frapper de la mauvaise herbe. Après tout, le gazon est bon, mais non les mauvaises herbes. Arrachez-les d'un vigoureux coup de club alors que vous déplacez votre tête vers la gauche.

Pour prendre un divot, souvenez-vous que vous devez frapper vers le bas et non par en dessous. L'épaule droite doit rester élevée et se déplacer sur un plan horizontal, non vers le bas et en dessous. Apprenez à exécuter vos coups

LE POINT D'IMPACT
N'oubliez pas : frappez d'abord la balle, puis prenez le divot. Ne vous contentez pas d'enfouir la tête du club dans le sol, assurez-vous qu'elle traverse le divot.

avec la balle juste en avant du centre et à transférer votre poids avec la partie supérieure de votre corps. Ne vous contentez pas d'enfouir le club dans le sol, faites-le pénétrer dans le sol et ressortir de l'autre côté.

Souvenez-vous que ces coups ne sont pas des frappes de tennis. Vous ne pouvez frapper sous la balle. Les joueuses de tennis ont la réaction instinctive de laisser la main droite sous le club et d'essayer de soulever la balle, ce qui est une erreur. Faites le contraire, gardez la main droite par-dessus et frappez vers le bas contre la balle et le sol.

EXÉCUTER DE BONS PITCHES

Si vous prenez un divot en exécutant votre pitch, c'est que vous avez réussi à effectuer un coup léger pendant le downswing, frappé la balle avec la tête du club, puis expédié la balle dans les airs. C'est le signe d'un coup efficace et bien exécuté qui aboutit généralement à l'endroit voulu.

IMPORTANT
Frappez d'abord la balle, puis prenez le divot.

Raccourcir les pitches

Répétez vos longs pitches en optant pour une distance avec laquelle vous vous sentez à l'aise. Un pitching wedge permet d'atteindre une distance de 40 à 80 mètres. Vous devez d'abord apprendre à faire un bon contact avec la balle, puis adapter votre swing à des coups de différentes longueurs. Le plus difficile consiste à exécuter des coups plus courts que la distance à laquelle vous êtes habituée.

Les golfeuses amateurs ont pour habitude de jouer un coup plus court en effectuant un long backswing et en décélérant. Lorsqu'il est effectué correctement, le backswing est suffisamment court pour vous permettre d'accélérer.

Pour raccourcir votre coup sur votre distance de prédilection, abaissez les mains de quelques centimètres sur le grip, réduisez la longueur du backswing et accélérez fermement pour frapper la balle avec un coup punché.

Essayez d'envoyer une balle de golf à 30 ou 40 mètres en la lançant par en dessous avec votre main. C'est une très longue distance et c'est exactement l'impression que devrait donner

l'exécution d'un pitch. Le backswing doit être suffisamment court pour vous permettre de sentir l'accélération et de frapper la balle très durement à l'impact.

Lorsque vous désirez exécuter un petit coup, tenez le club très fermement et concentrez-vous sur sa face. Apprenez à swinguer en gardant la face du club vers le haut. Cela veut dire que le dos de la main gauche est placé par-dessus et que le poignet gauche demeure vraiment ferme. Effectuez deux ou trois swings d'exercice en regardant la face du club et en vous habituant à la tenir vers le haut. C'est en procédant ainsi que les professionnels impriment un backspin à

leurs coups. Plutôt que de swinguer leur club avec la pointe vers le haut, ce qui aide la balle à se déplacer vers l'avant et parfois à rouler, les pros le swinguent généralement avec la face vers le haut, ce qui donne à la balle encore plus de backspin et de mordant lorsqu'elle se pose.

Utilisez votre sand wedge si vous désirez raccourcir votre coup davantage. Tenez-le fermement, puis adoptez votre grip de putting pour obtenir plus de contrôle. Plus le coup désiré est court, plus le grip doit être ferme.

CONSEIL D'EXPERT

Répétez des coups de différentes longueurs. Utilisez jusqu'à trois cibles différentes, par exemple à 20, 40 et 60 mètres de distance, et vous ressentirez la différence entre ces coups. Pour réussir, vous devez raccourcir votre backswing, adopter un grip suffisamment ferme et toujours accélérer vers la balle pour exécuter le contact et prendre un divot. Laissez votre tête en mouvement, mais gardez les yeux rivés sur l'endroit où se trouvait la balle.

RACCOURCIR POUR UN COUP DE RÉCUPÉRATION

Si vous êtes en mauvaise posture en bordure du fairway, réduisez votre pitch et observez la règle consistant à jouer un coup de récupération par le chemin le plus court vers le fairway.

COUP COUPÉ

Lorsque vous raccourcissez le pitch, vous devez avoir l'impression d'accélérer et de frapper très fort à l'impact après un backswing court. Vous devez avoir l'impression de faire un effort pour que la balle aille suffisamment loin.

À LA MANIÈRE DES PROS

Si vous êtes une golfeuse expérimentée, swinguez la tête du club vers le haut pour obtenir plus de mordant et de backspin, comme le démontre sur cette photo la Suédoise Helen Alfredsson.

IMPORTANT
Vous devez toujours accélérer le mouvement.

Pitches plus avancés

Cette section s'adresse aux golfeuses qui ont des handicaps peu élevés et aux championnes en herbe. Il existe plusieurs autres coups avancés qui doivent être exécutés dans des conditions particulières pour approcher du green. Dans la majorité des cas, ces coups comportent un effet additionnel.

Imprimer un draw à un coup roulé.
Lorsque vous jouez par temps venteux et que le vent souffle de la gauche vers la droite, il peut s'avérer utile d'effectuer un coup qui dévie de la droite vers la gauche. Savoir faire dévier une balle de droite à gauche par un coup roulé aide également les golfeuses expérimentées à produire le même effet avec un driver ou par un autre coup de longue distance.

Effectuer un draw par un coup roulé ressemble à l'exécution d'un coup brossé au tennis sur table. La golfeuse éprouve la sensation de frapper la balle de l'intérieur vers l'extérieur et lui imprime un effet. Conformez-vous à la technique proposée pour l'exécution du coup roulé, décrite en page 136, en utilisant un fer 5, un fer 6 ou un fer 7, et ne modifiez pas votre grip. Visez la balle avec la pointe du club. Dans le takeaway, vous devez sentir que la face du club continue de pointer vers l'objectif. Autrement dit, la pointe du club reste tournée vers l'intérieur plutôt que vers le haut. À l'impact, déplacez-vous pour frapper de l'intérieur vers l'extérieur sur le dos de la balle, de façon à imprimer l'effet latéral, comme sur une balle de tennis sur table. À la frappe, la face du club se déplace littéralement de la pointe vers le talon. Ne vous attendez pas à ce que la balle dévie de façon spectaculaire de la droite vers la gauche. Ce coup n'atteindra sans doute qu'une distance de 50 à 100 mètres, mais il sera animé d'un effet de déviation de droite à gauche lui permettant de conserver la trajectoire en présence d'un vent latéral.

Couper la balle par un coup roulé. Si vous devez jouer lorsque le vent souffle de la droite vers la gauche, il est possible de produire l'effet contraire, c'est-à-dire effectuer un coup qui dévie de gauche à droite. Dans cette situation, la balle

PITCHER COMME UNE PRO
Au fil de votre progression, vous apprendrez à donner de l'effet à presque tous vos coups, exactement comme les golfeuses professionnelles. Il est plus facile d'apprendre à imprimer un draw et un fade à vos coups de driver à partir du tertre de départ (voir pages 164 et 165), mais avec beaucoup d'entraînement et de bonnes aptitudes, les draws, les fades et les coups coupés peuvent aussi être exécutés avec des fers de longue, moyenne ou courte portée.

s'envole en prenant de l'altitude. Un fer 5 ou un fer 6 produira la hauteur normale d'un coup punché exécuté avec un fer 7 ou un fer 8. Visez la balle en adoptant un grip ferme et en tenant la face du club légèrement ouverte. Alignez vos pieds légèrement à gauche de l'objectif pour permettre à la balle de dévier vers la droite. Effectuez le backswing que vous pratiquez habituellement pour votre coup roulé. À l'impact, laissez le dos de la main gauche dominer le mouvement, tenez la face du club ouverte et maintenez-la alignée avec l'objectif après l'impact. Évitez toute possibilité de swinguer de l'extérieur vers l'intérieur. Toutefois, à l'impact,

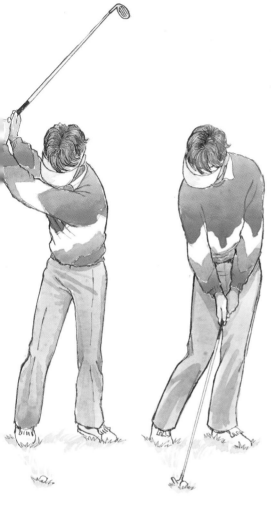

conserver sa trajectoire en ligne droite, dans les airs, si le drapeau est situé au fond du green et que le vent est latéral. Vous devez tenir la face de votre pitching wedge très fermée à l'adresse et faire pivoter la pointe vers l'intérieur pour contrer l'effet du vent.

Imprimer un fade à un pitch. Ce coup est particulièrement utile pour donner à la balle un effet de backspin et faire en sorte qu'elle s'arrête rapidement. Ne gardez pas la face du club ouverte à l'adresse sinon votre balle pourrait s'envoler à une hauteur inappropriée. Immédiatement avant l'impact, vous devez avoir l'impression de ramener la face du club sur la balle pour ajouter un effet de côté. Ressentez la fermeté du dos de votre main gauche. Votre coude gauche doit glisser légèrement en travers de votre corps et la face du club être dirigée vers l'objectif après l'impact et orientée vers le haut plutôt que vers la pointe.

Le coup coupé. Pour exécuter un coup coupé en hauteur, utilisez un sand wedge et maintenez la face du club ouverte en faisant pivoter la pointe du club et en abaissant vos mains. Le bout du club continue de pointer vers votre nombril et vous devez donc bien vous aligner. Adoptez un stance large et pliez les genoux. N'optez pour ce coup que si la balle se trouve en position favorable sur de l'herbe touffue.

vous devez sentir la face du club dévier légèrement vers l'intérieur sur la balle pour ajouter un effet de slice. Pour mieux assimiler ce coup, sachez que le coude gauche doit s'éloigner le long du corps.

Imprimer un draw à un pitch. Pour imprimer un draw à un pitch qui vise le green à une distance d'environ 40 à 90 mètres, conformez-vous à la technique du coup roulé en utilisant un fer 9 ou un pitching wedge. Assurez-vous que la pointe du club est dirigée vers le haut ou que sa face est légèrement orientée vers le sol dans le follow-through. Ainsi vous pourrez donner du mordant à la balle et lui permettre de tenir dans le vent ou de

---

CONSEIL D'EXPERT

Pour vous exercer à garder la face du club ouverte, utilisez un fer 7 dans un endroit où il y a beaucoup d'herbe. Ouvrez la face du club au maximum, pliez les genoux et gardez la tige du club orientée vers le centre de votre corps en maintenant la face du club ouverte. Si vous arrivez à maîtriser cet exercice, vos coups coupés et vos coups de bunker exécutés avec un sand wedge seront à point.

IMPORTANT
Il vous faut bien sentir la face du club.

Coups classiques dans les bunkers

Habituez-vous à exécuter un coup de bunker simple depuis une distance d'environ 12 à 15 pas dans un bunker aménagé aux abords d'un green. Utilisez un sand wedge qui possède un loft très ouvert (pages 126 et 127).

À l'adresse, utilisez une face de club square (ni ouverte, ni tournée vers l'extérieur), un stance large et placez-vous de façon à jouer la balle juste en avant du centre en dirigeant la tige du club vers votre nombril et en évitant d'avancer les mains. Tenez le bout du club et n'abaissez pas les mains. Il est très important de laisser un espace de 5 cm entre la face du club et la balle et de fixer le repère dans le sable derrière la balle. Exécutez les trois quarts de votre backswing sans y accorder trop d'attention. Regardez le sable et efforcez-vous de frapper le sable et la balle vers l'avant sur le green. Exécutez les trois quarts du finish et conservez un grip ferme. L'important dans ce coup consiste à frapper le sable vers l'avant sur le green.

Inclinez la partie supérieure de votre corps vers l'avant en direction de l'objectif. La plupart des golfeuses commettent l'erreur de reculer pour essayer de faire lever la balle ou ne projettent pas de sable. Ce que vous devez faire, c'est de frapper le sable vers l'avant sur le green.

Les règles du golf interdisent d'effectuer des swings d'exercice à l'intérieur d'un bunker et de projeter du sable à l'extérieur. Toutefois, pour vous familiariser avec ce coup, exécutez plusieurs swings d'exercice en vous concentrant sur le sable et en essayant de le projeter vers l'avant.

Entraînez-vous avec une balle jaune ou orange et imaginez-vous qu'il s'agit du jaune d'un œuf frit. Prenez votre doigt pour dessiner dans le blanc de l'œuf et imaginez que vous frappez l'œuf sur le green sans briser le jaune! Cet exercice vous apprendra à vous concentrer sur le sable et à projeter le sable au bon endroit.

Pour bien assimiler le mouvement de la partie supérieure du corps vers l'avant, faites l'exercice suivant : tracez une ligne dans le sable à 5 cm derrière la balle et une autre ligne à 12,5 cm derrière la première. Tenez la tête du club au-dessus de la ligne, derrière la balle. La tête de votre club doit commencer à se déplacer dans le sens contraire de cette ligne. Au moment du finish, le club devrait projeter du sable et la balle, et votre tête devrait se trouver en direction contraire de l'autre ligne. Votre tête et votre corps doivent se déplacer vers l'avant pour que vous puissiez frapper le sable vers l'avant.

UTILISATION D'UN PUTTER DANS UN BUNKER

À l'occasion, il est possible que vous puissiez utiliser un putter dans un bunker de sable peu profond. La profondeur de l'angle de frappe joue un rôle primordial. Gardez la tête du putter bien au-dessus du sable et efforcez-vous d'exécuter une frappe nette sur l'arrière de la balle.

FRAPPEZ LE SABLE

N'ayez pas peur de projeter beaucoup de sable. Il s'agit de frapper le sable vers l'avant sur le green pour favoriser un bon contact avec la balle. C'est précisément ce que fait Mayumi Hirasi au championnat McDonald de la LPGA, aux États-Unis.

COUPS DE BUNKER EN FINESSE

Les bonnes golfeuses peuvent y aller d'un léger mouvement des poignets pour exécuter des petits coups bas et plats à l'extérieur du bunker et sur le green.

IMPORTANT
Regardez bien le sable derrière la balle.

Coups classiques dans les Bunkers (2)

Pour réussir un bon coup dans un bunker aux abords du green, il faut projeter du sable. Vous devez projeter la bonne quantité de sable avec autant de précision que possible. Si vous portez attention au son que fait le contact d'un coup exécuté dans un bunker, vous devriez entendre le club projeter le sable, mais non frapper la balle elle-même.

Pour frapper dans le sable avec le plus de précision possible, vous devez garder vos épaules bien alignées à l'adresse. N'oubliez surtout pas de garder votre épaule droite bien haute lorsque vous effectuez un jeu court. Lorsque l'épaule droite est haute et que vos épaules sont bien alignées, le backswing devrait vous donner une impression de verticalité et vous ne devriez pas avoir besoin d'utiliser vos poignets. Cela devrait vous simplifier beaucoup la tâche pour pénétrer le sable à environ 5 cm derrière la balle. Assurez-vous de frapper le sable par en avant vers le green plutôt que d'y enfouir votre club.

Si vous avez des problèmes avec votre grip, c'est probablement dans les bunkers que vous aurez le plus de difficultés! Veillez à ne jamais laisser votre main droite glisser sous le club comme si vouliez soulever la balle pour l'expédier dans les airs, car vous ne réussiriez qu'à fermer la face du club et à réduire la hauteur.

Comme pour tous les jeux courts, votre grip doit être très ferme afin de permettre à la tête du club de se déplacer lentement. Essayez le grip de putting Vardon inversé (voir page 96). Assurez-vous que votre main gauche est bien tournée vers la gauche de façon que vous ne voyiez pas le logo sur votre gant. Ainsi, votre main gauche sera plus ferme et vous serez plus facilement en mesure de déplacer la tête du club lentement et de la diriger vers le haut après l'impact. Cette position tend à réduire la vitesse sans provoquer d'intervention non désirée des poignets.

N'oubliez pas qu'un mouvement fluide produit de longs coups, ce qui est absolument à éviter dans un bunker. Un mouvement rigide se traduit par une courte distance et c'est exactement le résultat que vous désirez obtenir.

Continuez de swinguer lentement à l'intérieur du bunker pour que le club se déplace à travers le sable. Si votre mouvement est trop rapide, la tête du club restera coincée. Pensez à la facilité avec laquelle on peut faire pénétrer lentement un crayon dans le sable. À l'inverse, si vous tiriez un coup de feu dans le sable, celui-ci stopperait le mouvement de la balle. Un swing lent se déplace plus facilement dans le sable qu'un mouvement rapide et tranchant.

Pour vous habituer à exécuter un swing lent, nécessaire pour sortir d'un bunker, prenez trois clubs, soit votre fer 9, votre pitching wedge et votre sand wedge, et tenez-les du mieux que vous pouvez, puis essayez d'exécuter un swing et de prendre conscience de la lenteur avec laquelle vous devez les déplacer pour conserver un sem-blant de contrôle. Voilà ce que vous devez ressentir lorsque vous exécutez un coup dans un bunker. Exagérez la lenteur de vos mouvements, et même à ce compte-là, le mouvement sera en-core beaucoup plus rapide que vous l'imaginez!

Répétez vos coups de bunker à partir d'une position favorable afin d'acquérir une plus grande confiance et de perfectionner votre technique avant d'apprendre à composer avec des positions beaucoup plus difficiles sur le parcours.

COUP DE MAÎTRE DANS UN BUNKER
L'Australienne Karrie Webb frappe un coup dans un bunker pendant un match record de 63 dans le cadre du British Women's Open, à Sunningdale, en Angleterre.

IMPORTANT
Frappez
le sable en
premier.

Coups cifficiles dans les bunkers

Malheureusement, il n'est pas toujours possible d'obtenir une position idéale dans un bunker. Toutefois, l'apprentissage d'une bonne technique de base depuis une position favorable saura vous donner confiance.

Jouer une balle enterrée. C'est un coup assez simple. La plupart des golfeuses ont tendance à frapper trop fort pour exécuter des petits coups dans un bunker, mais, dans ce cas précis, n'hésitez pas à frapper trop fort! Adoptez un stance large pour attaquer la balle et gardez la face du club square ou légèrement fermée. Laissez un espace de 2,5 cm entre le club et la balle. Regardez le sol juste derrière la balle et frappez-la de toutes vos forces vers l'avant. Ce coup exige de la force brute. Appliquez-vous pour exécuter le meilleur followthrough possible et ne relevez pas la tête.

Balle dans une empreinte de pied. C'est un coup beaucoup plus difficile à jouer. Si vous ne frappez pas la balle correctement, elle risque d'aller beaucoup trop loin. Préparez-vous en tenant la face de votre club square et en observant la distance normale de 5 cm entre le club et la balle. Pour bien réussir ce coup, il faut garder l'épaule droite le plus élevée possible, pencher votre bras gauche et vous étirer du côté droit. Ainsi, votre backswing s'effectuera sur un plan vertical et vous aurez de bien meilleures chances de frapper la balle exactement au bon endroit dans le sable. Soyez très prudente, exécutez votre élan d'un mouvement lent et régulier tout en vous concentrant sur la nécessité de projeter la balle et le sable vers l'avant.

Sous la lèvre d'un bunker (illustration ci-dessus). La pente ascendante servira de rampe de lancement pour aider votre balle à lever et à sortir du bunker. Pour bien réussir, vous devez adopter un stance où votre club ne touche pas au sol et placer vos pieds dans la position appropriée du premier coup. Tenez-vous suffisamment loin de

SOUS LA LÈVRE DU BUNKER
Lorsque vous jouez une balle sous la lèvre d'un bunker, appuyez-vous contre le talus. Concentrez-vous sur l'arrière de la balle et frappez-la vigoureusement pour la faire lever.

la balle et très droite. Appuyez-vous fermement sur votre pied droit pour vous placer en position surélevée. Positionnez-vous de sorte que votre genou et votre jambe gauche ne nuisent pas à votre swing. Vous devez tenir la face de votre club square. La pente ascendante permet de frapper un coup très haut. Regardez sous et derrière la balle et swinguez vers l'arrière puis l'avant dans le sable. Renoncez au followthrough, contentez-vous de cogner la balle, qui devrait lever. Gardez la tête et les yeux immobiles et ne regardez pas votre coup, sinon vous aurez le visage plein de sable. De nombreuses professionnelles exécutent ce coup, puis se détournent. Le sable doit se retrouver sur le col de votre blouse et non dans vos yeux!

LÈVRE DE BUNKER ABRUPTE

Si la lèvre du bunker est très abrupte, il vous faudra peut-être prendre appui sur votre genou gauche, avec le pied droit dans le sable. Posez vos mains plus bas sur le grip et transférez votre poids sur le côté gauche.

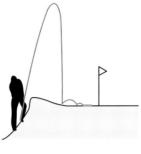

FRAPPEZ FORT !

Si votre balle se trouve sous une paroi abrupte, peu importe la puissance avec laquelle vous la frapperez, elle bondira plus ou moins verticalement, et si vous êtes chanceuse, elle retombera sur le haut du talus et roulera vers l'avant.

Si votre balle est dans le bunker et que vous devez la jouer de l'extérieur, adoptez un stance très large et rentrez vos genoux vers l'intérieur, de façon à pouvoir frapper la balle d'un coup franc. Gardez la balle en direction de la pointe du club, fixez le sable derrière la balle et essayez de jouer un coup de bunker ordinaire.

Jouer la balle dans du sable compacté. Utilisez une face de club square. Jouez ce coup exactement comme un petit pitch dans l'herbe, en prenant votre sand wedge et en adoptant le grip du putting. Regardez bien la balle et allez-y d'un swing court et lent pour faire contact avec le sable à l'endroit précis où la balle se trouve. Votre grip doit rester ferme et le mouvement, lent et serré.

Putter depuis un bunker. Si le sable devant vous est lisse et qu'il n'y a pas de lèvre, un putt pourrait s'avérer le coup le plus facile. Regardez bien la balle plutôt que le sable et appliquez-vous à la frapper le plus nettement possible sur le sable sans faire contact avec celui-ci. Surveillez attentivement la balle. Comme dans plusieurs des coups décrits précédemment, faites comme si vous deviez enfoncer un clou ou une punaise dans le dos de la balle et frappez celle-ci sur un plan tout à fait horizontal.

IMPORTANT
Optez pour le chemin le plus simple.

Pour sortir d'un bunker ouvrez la face du club

Avec un club dont la face est square et un fer possédant un loft de 60 à 64 degrés, vous parviendrez à sortir d'à peu près n'importe où. Les golfeuses ordinaires devraient avoir pour seul objectif d'expédier la balle hors du bunker sur le green à tout coup, sans espérer davantage. Il existe un autre coup plus compliqué, dans lequel il faut ouvrir la face du club pour obtenir plus de hauteur et de backswing. Toutefois, il s'agit d'un coup qui n'est envisageable que depuis une bonne position dans un bunker bien ratissé.

Pour bien sentir que la face du club est ouverte, faites pivoter très légèrement la pointe du club d'environ 1 cm. Effectuez quelques swings d'exercice dans le sable (ou sur du gazon) et vous devriez sentir la semelle du sand wedge rebondir sur le sol. Pour exécuter un bon coup dans un bunker avec la face du club ouverte, vous devez sentir la tête du club rebondir dans le sable et porter une attention particulière à la semelle du club. Cela vous aidera à frapper plus en hauteur et à imprimer plus de backspin à vos coups.

LES SORTIES EN PROJECTION
Une sortie en projection réussie fait monter la balle assez haut et rouler peu, alors qu'une sortie en explosion fait rouler la balle plus longtemps.

À l'adresse, faites pivoter très légèrement la face du club, puis adoptez votre grip. En faisant pivoter la face vers l'extérieur, assurez-vous de maintenir la pointe du club en direction de la balle. La balle ne se trouve probablement pas aussi près de la pointe que vous le croyez. De plus, le club pourrait vous sembler inconfortable. Ouvrez la face du club et adoptez votre grip ensuite. La partie ovale du grip de caoutchouc vous procurera une sensation étrange dans les doigts. Vous pouvez vous y fier. N'oubliez pas les deux règles d'or du jeu court, soit pointer la tige du club vers votre nombril, puis maintenir votre épaule droite haute.

Efforcez-vous de faire rebondir la face du club dans le sable, tout en continuant de regarder à une distance de 5 cm derrière la balle. La face du club doit demeurer ouverte et dirigée vers le haut après l'impact. Repliez votre bras gauche vers l'extérieur, le coude gauche collé sur le côté. Dirigez le dos de votre main et la face du club vers le haut. La balle devrait prendre plus d'altitude et probablement dévier vers la gauche.

Ne vous inquiétez pas trop de la trajectoire. Au départ, vous devez prévoir que la balle se retrouvera à une distance de 1,50 à 1,83 mètre à droite de l'objectif. Ne vous préoccupez de la trajectoire que lorsque vous aurez réussi à frapper votre balle plus en hauteur et à lui imprimer plus de backspin.

Il a été question d'ouvrir le stance à l'intérieur d'un bunker. Il suffit de tourner les pieds et le stance vers la gauche, ce qui permettra à la balle de dévier vers la droite. Vous obtiendrez peut-être également un peu plus d'effet latéral. Pour ouvrir le stance, souvenez-vous que le bout du club doit être dirigé vers votre nombril. Faites un tour complet sur vous-même en maintenant votre stance. Tenez le bout du club et ne baissez pas votre grip. Maintenez un stance large, les mains basses et les genoux pliés.

Pour répéter ce coup, les golfeuses expérimentées devraient placer la balle sur un tee élevé sur le gazon ou dans le sable, mais dans une position très favorable. Tenez la face du club ouverte et essayez de glisser la tête sous la balle, de projeter le tee et de regarder la balle retomber au sol. Imaginez que votre balle possède de petites jambes et que vous essayez de les couper.

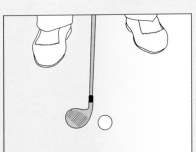

PRÉPARATION POUR UNE SORTIE EN PROJECTION
Pour ce coup, la balle doit être en avant dans le stance et la face du club et le stance doivent être ouverts.

POUR EFFECTUER UN COUP EXPLOSÉ
Pour jouer ce coup depuis une position difficile dans le sable, utilisez une face de club square et positionnez-vous de façon que la balle soit en arrière dans le stance. Regardez à 2,5 cm derrière la balle et exécutez un coup punché en transférant votre poids sur le pied gauche.

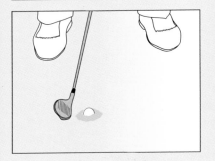

PRÉPARATION POUR UNE SORTIE EN EXPLOSION
Pour effectuer une sortie en explosion, la face du club doit être square et la balle se trouver plus en arrière dans le stance.

IMPORTANT
Faites rebondir la semelle de votre club.

Varier la distance de ses coups

Pour varier la distance de vos coups, vous devez d'abord être capable de contrôler une distance bien établie ! Apprenez à maîtriser un coup de base d'environ 12 pas dans un bunker. Cela devrait vous permettre de sortir de tout bunker situé aux abords du green et d'exécuter un coup suffisamment court pour ne pas vous retrouver de l'autre côté du green.

S'il s'agit d'un coup très court, soit environ 8 mètres, adoptez un grip plutôt ferme, regardez bien le sable à 5 cm derrière la balle comme d'habitude, faites pivoter très légèrement la face du club pour sentir la semelle rebondir, effectuez un backswing court et accélérez le mouvement de façon fluide à travers le sable. Vous devez projeter le sable vers l'avant sur le green. Si vous ralentissez votre mouvement, vous raterez votre coup. Concentrez-vous sur la nécessité de sortir du bunker.

Une distance de 20 à 25 mètres s'avère parfois difficile et même les pros peuvent éprouver des problèmes à y parvenir. Utilisez une face de club square et gardez un espace de 2,5 cm entre le club et la balle (au lieu de 5 cm). Regardez la balle de plus près que vous le feriez pour un coup ordinaire. Adoptez un swing lent et complet et efforcez-vous de projeter beaucoup moins de sable que dans l'exercice avec l'œuf frit.

Lorsque vous devez effectuer un long coup dans un bunker, il vous faut évaluer la position de la balle. Si celle-ci est complètement sur le dessus du sable, vous devez jouer un coup de fairway ordinaire et projeter la balle hors du bunker en exécutant le coup le plus net possible. Demeurez au-dessus du sable sans déplacer vos pieds, tenez la tête du club directement alignée avec le dos de la balle et aussi près que possible du sable, sans y toucher. Fixez la balle un peu plus haut que vous le faites habituellement dans un coup de fairway ordinaire pour vous assurer de la frapper avec netteté. Vous ne devez faire aucun contact avec le sable ni reculer.

Si vous désirez frapper un coup plus long dans un bunker et que la balle se trouve légèrement dans le sable, vous devez adopter une approche différente. Le contact doit ressembler à la frappe d'une balle, suivie d'une prise de divot. Dans ce cas, il faut bien sûr frapper et la balle et le sable. Jouez la balle au centre de votre stance en maintenant l'épaule droite élevée et les mains légèrement vers l'avant. Cette position vous aidera

POUR SORTIR DU BUNKER
Pour commencer, assurez-vous de sortir du bunker (tel que démontré ici par Lisa Hackney), puis apprenez à contrôler le poids et la longueur de votre coup.

à frapper la balle en premier, puis le sable. Pour bien réussir ce coup, il importe de ne pas projeter de sable avant d'avoir fait contact avec la balle.

Si la balle est dans une position favorable et qu'il n'y a qu'un petit ou aucun talus devant vous, il est tout à fait possible d'utiliser un bois 5 ou un bois 7. Tenez la face du club perpendiculaire et aussi près de la balle et du sable que possible, sans toucher la balle ni le sable. Ne penchez pas les mains vers l'avant, sinon l'extrémité du club s'enfoncera dans le sable. Gardez la face du club square, car si vous frappez le sable juste derrière la balle par inadvertance, la semelle du club rebondira et vous procurera quand même un bon contact. Fixez l'arrière de la balle et regardez-la un peu plus haut que vous le faites habituellement. Vous obtiendrez ainsi un contact aussi net et exempt de sable que possible.

FRAPPER À DIFFÉRENTES DISTANCES

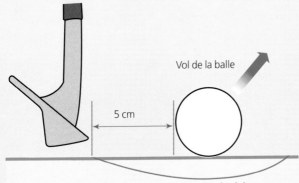

Vol de la balle

5 cm

Trajectoire du club

PETITS COUPS DANS UN BUNKER

Lorsque vous visez un coup d'environ 8 mètres, raccourcissez votre swing et ralentissez votre mouvement. Visez à environ 5 cm derrière la balle et ne touchez pas au sable avec la tête de votre club.

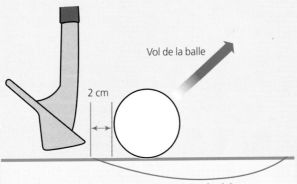

Vol de la balle

2 cm

Trajectoire du club

COUPS MOYENS DANS UN BUNKER

Lorsque vous devez effectuer un coup d'une longueur de 20 ou 25 mètres, utilisez un coup en projection avec la face du club square et non ouverte. Regardez la balle de plus près, soit à environ 2 cm, et projetez moins de sable.

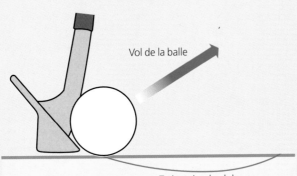

Vol de la balle

Trajectoire du club

LONGS COUPS DANS UN BUNKER

Lorsque vous devez effectuer un long coup dans un bunker et que la balle est dans une position idéale, contentez-vous de frapper la balle avec précision. Si votre position est difficile, frappez la balle et projetez du sable. Assurez-vous d'avoir suffisamment de loft pour négocier n'importe quelle lèvre de bunker.

IMPORTANT
Le contact est extrèmement important.

Coups en descente

Les coups en descente sont toujours difficiles. Pour commencer, le sol gêne le mouvement avant même que vous fassiez contact avec la balle.

Si vous faites l'erreur d'adopter votre adresse habituelle, vous frapperez probablement le sol derrière la balle et raterez complètement votre coup !

Pour exécuter un coup en descente, vos épaules doivent être parallèles à la pente afin de swinguer vers le haut et le bas de la pente. Pour y parvenir, vous devrez adopter un stance très large, mettre tout votre poids sur votre jambe gauche et tenir l'épaule droite le plus élevée possible. Cette position vous semblera peu confortable et vous aurez envie de la modifier. Ce sont les coups en descente qui exigent les stances les plus larges. Gardez votre pied droit bien droit et votre épaule droite haute. La balle vous semblera au centre lorsque vous la regarderez, mais se trouvera effectivement derrière le centre du stance. La tige du club pointe vers votre nombril. À l'impact, efforcez-vous d'exécuter votre follow-through en direction de la pente descendante, déposez la tige de votre club sur votre épaule gauche au finish et transférez votre poids sur la jambe gauche. Ainsi, vous serez en mesure d'effectuer un contact parfait, sans que le sol ne nuise à votre swing avant de frapper la balle.

Le deuxième problème qui se pose à la golfeuse exécutant un coup en descente concerne le loft, réduit par la pente. Si vous utilisez un fer 7 sur une pente abrupte, la balle pourrait voler aussi bas qu'avec un fer 3. Utilisez beaucoup de loft et laissez vos fers 3, 4 et 5 ainsi que vos bois 3 et 5 de côté, car ils ne feront pas lever la balle. Si vous faites un bon contact, la balle volera plus bas et plus loin que la normale. Vous devez vous

attendre à ce qu'elle dévie vers la droite et devez donc viser à gauche de votre objectif.

Pour un coup en descente aux abords du green, vous devez tenir compte des mêmes principes. Utilisez votre sand wedge et un grip de putting pour raffermir vos poignets. Adoptez un stance très large, gardez le pied droit très droit en avant, l'épaule droite aussi haute que possible et votre poids sur la jambe gauche. Effectuez un swing très court et contrôlé. La balle voyagera probablement moins haut et plus loin que vous le croyez. Le grip du putting aide à limiter la distance. Si vous jouez au-dessus d'un bunker à partir de cette position, efforcez-vous de frapper vers le bas au-delà de l'impact et de garder la tête et les yeux vers le sol en comptant jusqu'à trois. Vous devez vous attendre à ce que la balle roule une fois qu'elle aura retombé sur le sol. Seules les golfeuses accomplies devraient ouvrir la face du club pour compenser l'inclinaison.

Lorsque vous devez exécuter un chip en descente, utilisez différents clubs pour faire rouler la balle. Employez un sand wedge si la distance est courte, un pitching wedge pour atteindre le milieu du green et un fer 9 pour l'autre extrémité du green. Gardez votre swing court, ferme et lent.

Si vous êtes dans une position en descente aux abords du green, il vous faut beaucoup de loft ou utiliser le putter.

PETITS COUPS EN DESCENTE

Si vous exécutez un petit coup en descente, la balle volera moins haut que la normale. Vous devez donc utiliser un club qui a beaucoup de loft, soit un sand wedge. Vous devez vous attendre à ce que la balle roule plus longtemps que la normale lorsqu'elle retombera au sol.

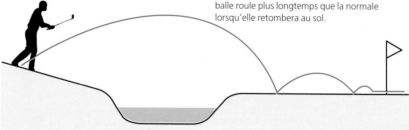

**TECHNIQUE POUR EXÉCUTER
LES COUPS EN DESCENTE**
Jouez la balle en arrière dans le stance et
gardez la face du club ouverte et l'épaule
droite élevée. Adoptez un stance large.

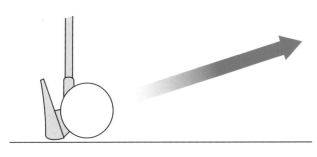

RÉDUCTION DU LOFT
Une pente descendante
réduit le loft effectif du
club. Ainsi, le loft d'un
fer 6 devient celui d'un
fer 4, ce qui exclut l'utilisation des fers longs et
des bois de fairway.

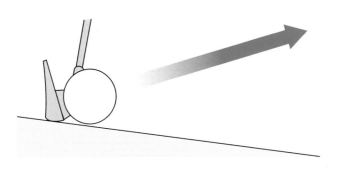

IMPORTANT
Le stance doit
être large et les
épaules parallèles
à la pente.

Coups en montée

Les coups en montée sont généralement plus faciles à jouer que les coups en descente, car le sol ne vous gênera qu'une fois que vous aurez fait contact avec la balle. Une position de balle descendante fait en sorte que la balle lève peu et s'avère généralement plus difficile à frapper. Dans le cas d'une pente ascendante, la balle a tendance à monter facilement, ce qui inspire confiance. Lorsque la balle est dans une pente descendante, il n'existe qu'une façon de jouer et c'est de se pencher dans le sens de la pente. À l'inverse, il existe deux méthodes pour frapper une balle qui se trouve dans une pente ascendante.

Il est possible d'utiliser une méthode semblable à celle que l'on préconise pour les coups en descente. Penchez-vous en direction contraire de la pente et exécutez votre coup les épaules parallèles à la pente. Maintenez vos pieds à une largeur normale ou légèrement supérieure à la normale. Exécutez un swing d'exercice à partir de cette position. Vous constaterez que votre poids reste vers l'arrière et qu'à la fin de votre swing, il aura tendance à rester sur votre pied droit. Si vous jouez ce coup ainsi, assurez-vous que la balle se trouve juste en avant du centre, swinguez vers le bas, puis vers le haut à l'impact et après. La balle lèvera beaucoup et déviera vers la gauche. Pour y parvenir, visez vers la droite.

La seconde méthode consiste à utiliser un

LONGS COUPS AVEC LES BOIS
Pour exécuter les longs coups avec des bois, écartez-vous et swinguez vers le bas, puis vers le haut.

COUPS AVEC LES FERS
Pour exécuter les coups de fer en montée, appuyez-vous contre la pente et pendant tout le swing, gardez votre poids sur le pied gauche. Vous devez effectuer un sway vers la gauche à l'impact (à droite).

stance très étroit en gardant vos pieds écartés d'une distance maximale de 15 cm. Lorsque vous effectuez votre followthrough, efforcez-vous de vous redresser sur votre jambe gauche et vérifiez si votre pied droit peut vraiment se dresser sur la pointe des orteils dans cette position. Pour réussir ce coup, le stance doit être étroit au point d'occasionner un inconfort. Si vous parvenez à vous convaincre que vous êtes capable de jouer un coup en montée en utilisant cette méthode, la balle se déplacera probablement plus haut, mais vous devriez être en mesure de garder votre coup droit. Si la pente est abrupte, vous aurez peut-être l'impression d'être incapable d'exécuter ce coup avec la méthode décrite, car le club s'enfoncera inévitablement dans le sol après l'impact. Essayez les deux méthodes et optez pour celle qui vous semble la plus pratique. Dans

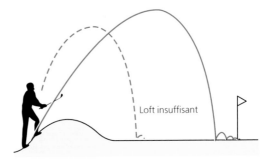

Loft insuffisant

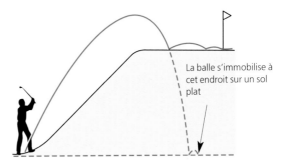

La balle s'immobilise à cet endroit sur un sol plat

PITCH EN MONTÉE
Si vous exécutez un pitch en montée aux abords du green, la balle montera très haut. La pente accentue le loft du club. N'utilisez pas un club qui a trop de loft, sinon la balle ne roulera pas suffisamment vers l'avant. Pour un coup en montée, il faut opter pour un club approprié qui compensera la hauteur additionnelle.

toute situation exigeant un coup en montée, vous devez d'abord effectuer un swing d'exercice suivant la méthode retenue. S'il vous semble impossible d'effectuer le coup correctement, utilisez l'autre méthode. Peu importe la technique choisie, vous devez opter pour un club permettant d'obtenir la hauteur additionnelle requise.

Lorsque vous exécutez un pitch à partir d'une pente ascendante aux abords du green, souvenez-vous que la balle se déplacera plus haut que vous l'imaginez et ne voyagera probablement pas assez loin. L'erreur la plus fréquente consiste à jouer un bon coup, mais à ne pas frapper la balle assez loin. Utilisez un stance étroit et exécutez votre followthrough en position ascendante après l'impact. N'employez pas un sand wedge, à moins qu'il ne faille exécuter un coup particulièrement haut et

court. Pour obtenir la trajectoire voulue et faire voyager la balle vers l'avant, il vous faut un pitching wedge ou un fer 9.

Lorsque vous exécutez un long coup en montée, n'oubliez pas que la balle touchera au sol avant d'avoir terminé son vol complet. N'hésitez pas à utiliser un club plus puissant et à ajouter mentalement 10 ou 20 mètres à la longueur de votre coup pour couvrir la distance supplémentaire. Toutefois, si votre balle se pose sur un green surélevé, n'oubliez pas que la balle retombera à un angle plus horizontal. Une balle qui se pose sur un green surélevé continuera d'avancer et de rouler beaucoup. Attendez-vous à ce que la balle se retrouve dans le fond du green et prenez un club approprié.

IMPORTANT
Adoptez un stance étroit.

...et dans un bunker!

Les positions en montée et en descente peuvent occasionner encore plus de problèmes dans un bunker que dans l'herbe.

Le coup de bunker le plus difficile est probablement celui qui est exécuté près de l'arrière du bunker. Il comporte deux problèmes. D'une part la difficulté de faire un bon contact avec la balle sans toucher au sable derrière la balle, d'autre part le fait qu'un coup effectué vers le bas réduit le loft.

Adoptez un stance très large, beaucoup plus que pour tout autre coup. Gardez le pied droit très droit en avant, les épaules parallèles à la pente et l'épaule droite dans la position la plus élevée possible. Pliez légèrement le bras gauche. Répétez deux ou trois fois votre backswing pour vous assurer de ne pas racler le sable derrière la balle par inadvertance. Gardez votre épaule gauche basse et votre épaule droite élevée et soyez convaincue que vous pouvez vraiment frapper vers le haut ou le bas de la pente. Si vous avez beaucoup d'expérience, vous pouvez essayer d'ouvrir un peu la face du club, mais assurez-vous que la balle demeure en direction de la pointe du club. Laissez un espace de 5 cm entre le club et la balle, comme s'il s'agissait d'un coup normal, et concentrez-vous sur l'importance de projeter du sable avec la balle et de compléter le swing dans le sable après l'impact. À l'adresse, la tige du club doit pointer directement vers vous. Ne glissez pas vos mains vers l'avant de crainte de perdre trop de loft.

Toutefois, le véritable problème avec un coup de bunker en descente, c'est que la balle voyage beaucoup plus bas que ce que vous prévoyez. Il est difficile de faire lever une balle depuis une pente descendante pour l'envoyer sur un talus qui se trouve devant vous. Songez à vous placer sur les côtés si vous n'avez pas à faire lever la balle trop haut ou désirez exécuter un chip vers l'arrière. Si vous faites lever la balle et l'expédiez hors du bunker, attendez-vous à ce qu'elle roule.

Pour les golfeuses aguerries, soit celles qui possèdent des handicaps de quatre ou moins, il est préférable d'essayer d'ouvrir la face du club au point d'arriver presque à soulever la balle de la main droite, de façon que la tige du club retombe sur l'épaule à la fin du followthrough. Ouvrez la face du club si vous le pouvez, tout en gardant la balle à l'écart du col du club et vers le haut en direction de la pointe.

Le coup en montée standard exécuté sous la lèvre du bunker est facile. Si la balle se trouve juste sous la lèvre, postez-vous au-dessus en posant votre genou gauche sur le sol et en plaçant le pied droit dans le bunker. N'oubliez pas que vous n'avez qu'à frapper vers l'avant dans la partie inférieure de la balle et que la pente ascendante fera le reste.

Une balle qui se trouve dans une pente légèrement ascendante dans un bunker peut s'avérer difficile à jouer. Comme dans les autres positions ascendantes, deux méthodes s'offrent à vous. L'une consiste à simplement exécuter un chip, à l'aide du pitching wedge ou du sand wedge, en projetant la balle et le sable qui se trouve derrière. Ce coup exige un swing lent et ferme ainsi qu'un contact parfait avec la balle, puis avec le sable. Si par erreur vous frappez le sable avant la balle, vous perdrez de la distance et votre balle ne sortira peut-être pas du bunker. Toutefois, il s'agit généralement de la méthode la plus sûre pour les golfeuses possédant des handicaps élevés. L'autre façon de jouer depuis une pente légèrement ascendante consiste à exécuter un coup projeté, puis à projeter le sable avec la balle. L'ennui, c'est que sur une pente ascendante, il n'y a pas de sable derrière la balle, mais uniquement de l'air! Pour exécuter un coup en projection, penchez-vous à angle droit vers la pente, en maintenant les épaules parallèles à la pente. Positionnez-vous en laissant un espace de 5 cm entre le club et la balle, concentrez-vous sur le sable et jouez un coup normal en projection, en projetant le sable en même temps que la balle. Votre poids sera retenu vers l'arrière sur votre pied droit. Il est essentiel de faire un bon contact avec le sable et de faire sortir la balle du bunker à une bonne hauteur.

IMPORTANT
Une pente descendante réduit la hauteur.

COUPS DIFFICILES

Les coups difficiles dans les bunkers constituent probablement le plus grand défi de la golfeuse moyenne. Comme pour toutes les autres facettes du golf, seul l'entraînement, combiné à une attitude positive, permet d'obtenir de bons résultats.

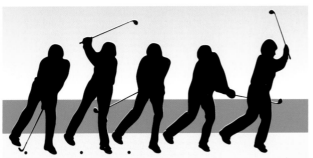

POSITIONS EMBARRASSANTES

Sur une pente descendante ou dans un trou de bunker, le poids est placé exagérément sur le pied gauche et l'épaule droite est très haute. Ainsi, la prise du club se fait sur un plan vertical, même en laissant le bras gauche légèrement plié, ce qui favorise une attaque très verticale vers le bas.

Les pentes latérales

Les positions qui vous obligent à vous tenir au-dessus de la balle ou en dessous sur une pente latérale s'avèrent parfois difficiles.

Lorsque vous vous tenez au-dessus de la balle, vous vous trouvez automatiquement plus près de celle-ci et il faut vous pencher davantage. Le secret pour bien réussir ce coup réside dans le maintien d'un bon équilibre. À l'impact, il est possible que vous vous déplaciez légèrement en direction de la pente. Assurez-vous donc de frapper la balle avec le milieu de la face du club ou vers sa pointe. Placez-vous de façon que la balle soit maintenue au centre de votre stance.

Au sommet du backswing, le swing sera plus vertical qu'à l'habitude. N'essayez pas d'y changer quoi que ce soit.

À l'impact, il est essentiel de conserver un bon équilibre et de faire attention de ne pas perdre pied vers l'avant. Vos deux talons resteront probablement au sol durant l'impact. Fixez bien la balle pour être certaine de la frapper avec le milieu du club.

En vous efforçant de maintenir un bon équilibre, votre jeu de pieds pourrait s'en trouver légèrement limité. Le follow-through devrait être naturelle-ment élevé et le club devrait lever et venir se poser sur votre épaule. Autrement dit, le swing complet doit s'effectuer sur un plan élevé et plus vertical qu'un swing normal.

Ce backswing plus élevé et cette position latérale font en sorte que la balle exécutera immanquablement un slice vers la droite. Non seulement déviera-t-elle vers la droite, mais elle tournera également vers la droite en retombant au sol. N'oubliez pas que la balle va probablement retomber au sol dans le même angle et

EN POSITION AU-DESSUS DE LA BALLE
Lorsque vous exécutez un coup depuis une pente latérale qui se trouve au-dessus de la balle, celle-ci tend à se déplacer de gauche à droite en vol, puis une fois retombée au sol, à rouler à droite.

continuer de rouler vers la droite. La plupart des golfeuses ne visent pas suffisamment loin à gauche. En utilisant un bois 5 dans une position comme celle-là, une golfeuse de haut niveau qui frappe la balle à une distance d'environ 160 mètres, peut viser jusqu'à 45 ou 55 mètres à gauche pour produire un slice et de l'effet.

À l'aide d'un fer, vous pourrez compenser l'inclinaison en faisant pivoter la pointe du club vers l'intérieur à l'adresse et en essayant de le tenir légèrement fermé à l'impact.

EN POSITION SOUS LA BALLE
Inversement, lorsque vous exécutez un coup depuis une pente latérale en vous tenant sous la balle, celle-ci aura tendance à se déplacer de droite à gauche, puis à rouler davantage vers la gauche.

Les pentes latérales – sous la balle

Lorsque vous vous tenez plus bas que la balle, votre position vous place automatiquement plus loin de celle-ci. Si vous êtes petite, que la pente est abrupte et que le club vous semble beaucoup trop long, adoptez un grip légèrement plus bas, sinon tenez le club au bout.

Dans cette position, le swing devrait être plus horizontal, ceinturant votre corps. N'oubliez pas que le plan du swing doit être identique à celui de la tige du club à l'adresse. Dans cette situation, le swing doit être ample et horizontal.

Il est habituellement plus facile de conserver l'équilibre à l'impact que lorsque vous vous tenez plus haut que la balle. Gardez les pieds fermement au sol à l'impact et observez bien la balle. La face du club devrait se fermer et la balle dévier immanquablement vers la gauche.

Le followthrough doit suivre le plan du swing, donc rester plus plat et ceinturer le corps.

N'essayez pas de contrer ce mouvement, laissez-le se produire naturellement.

Un swing plus horizontal et une attaque plus ample ont généralement pour effet de faire dévier la balle vers la gauche. Si vous avez l'habitude de commettre des hooks, cette position aggravera votre problème. Visez bien à droite pour que votre balle soit basse et tourne vers la gauche.

Les golfeuses plus aguerries peuvent compenser l'inclinaison en tenant la face du club légèrement ouverte à l'adresse et au moment de l'impact, la main droite un peu plus loin par-dessus dans le grip.

Si vous devez exécuter un petit coup près du green depuis la même pente latérale ou si la balle se trouve sur une telle pente dans un bunker, vous devrez faire en sorte que la balle tourne résolument vers la gauche.

Pourquoi exécuter un fade avec votre driver ?

Beaucoup de golfeuses frappent la balle assez droit à chacun de leurs coups, sauf quand elles utilisent un driver. Souvenez-vous du principe voulant que le loft élimine l'effet latéral. Le loft réduit d'un driver produit souvent un slice, alors que celui plus prononcé d'un bois 5 permet de frapper la balle beaucoup plus droit. Pour la plupart des golfeuses, un driver de 12 degrés ou plus réduira les risques de commettre un slice.

Le danger d'un driver, c'est que le loft de ce club peut sembler peu invitant. Si vous ne faites pas attention, vous risquez de tenir la face du club ouverte et vers le haut durant l'impact, car vous tenterez, consciemment ou non, de lui donner un loft. Un club qui a trop de loft aura pour effet d'accentuer cette tendance.

Pour contrer la tendance à commettre des slices avec un driver, placez la balle très haut sur son tee, aussi haut que possible sans avoir l'impression de vous retrouver en dessous, et imaginez que la balle se trouve sur une pente latérale et qu'il y a une balle au-dessus de vos pieds. Reportez-vous à la section précédente dans laquelle la technique pour faire face à cette situation a été décrite.

Placez plus de poids sur vos talons que si vous employiez un fer et envisagez ce coup comme si la balle se trouvait au-dessus de vos pieds. Lorsqu'il y a une balle au-dessus de vos pieds, elle doit normalement effectuer un draw ou un hook vers la gauche et non slicer vers la droite.

Si vous avez tendance à frapper la balle en hauteur et vers la droite avec un driver, la pire erreur que vous puissiez faire serait de placer la balle plus bas sur le tee, car il en résulterait un mouvement vertical et puissant.

Pour évitez les slices, n'oubliez pas que la face du club doit d'abord, à l'impact et après, être dirigée vers le gazon et non vers le ciel. Effectuez quelques swings d'exercice en tenant la face du club à 25 ou 30 cm au-dessus du sol et sentez bien toute l'amplitude de votre swing ainsi que la face du club qui tourne.

PLACEZ CORRECTEMENT VOTRE TEE

Placez votre tee suffisamment haut pour l'utiliser avec votre driver et mettez plus de poids sur vos talons que vous le feriez avec un fer.

FADE AVANCÉ AVEC LE DRIVER

Les golfeuses professionnelles de haut niveau (comme l'Australienne Karrie Webb, à Sunningdale, en Angleterre) ne font pas d'efforts particuliers pour éviter les situations difficiles. Elles exécutent plutôt des fades ou des draws pour éviter les obstacles et, somme toute, elles se retrouvent en excellente position sur le fairway.

IMPORTANT
Placez votre tee en position élevée, pensez à une pente latérale

Le draw et le fade

Cette section s'adresse aux golfeuses expérimentées qui ont appris à frapper la balle bien droit et sont en mesure de la faire dévier légèrement de gauche à droite ou de droite à gauche. Elle vous sera des plus utiles, car non seulement elle vous aidera à comprendre comment faire dévier une balle, mais elle vous explique aussi comment éviter que la balle ne dévie dans des situations problématiques.

Exécuter un draw avec un driver. Faire dévier une balle de droite à gauche avec un driver vous permettra d'atteindre une distance supérieure. La balle devrait toucher le sol, puis être projetée vers l'avant. Un coup de départ dénué de slice ne roulera pas suffisamment. Reportez-vous à la section précédente. Pour imprimer un draw à la balle, placez-la sur le tee aussi haut que possible de façon à ressentir une impression d'amplitude comme si vous deviez frapper la balle depuis une pente latérale. Lorsque la balle est au-dessus de vos pieds, vous devez la jouer quelque part juste au-dessus du centre dans le stance, et non à droite, à l'opposé de votre talon gauche. Utilisez cette approche pour ce coup. Tenez la tête du club au-dessus du sol à l'adresse, la tige du club dirigée vers votre nombril, mais ne modifiez pas votre grip. Comme vous devez chercher à faire dévier la balle de droite à gauche dans les airs, de 5 mètres tout au plus, n'essayez pas trop de compenser en modifiant votre stance. En vous déplaçant, à l'impact, faites tourner légèrement la face du club.

À la fin du swing, vous devez sentir vos bras s'écraser l'un sur l'autre en gardant les coudes rapprochés aussi près que possible. Vous devez avoir l'impression que votre coude gauche est sous le droit. Votre followthrough pourrait s'avérer limité si vous ne décontractez pas suffisamment les poignets. Cela devrait permettre à la face du club de commencer à pivoter à l'impact et après. Si votre coup devait se transformer en hook, frappez à nouveau de bas en haut, en tournant les bras, mais en exécutant un finish élevé. Songez à frapper légèrement plus haut et à vous retourner un peu comme si vous exécutiez un effet brossé avec une raquette.

Exécuter un fade avec un driver. Sur un fairway étroit, surtout hors limites, vers la gauche, le meilleur coup possible pour une bonne golfeuse s'avère souvent un départ à la gauche du fairway avec une légère déviation de la gauche vers la droite. Vous y perdrez peut-être en longueur,

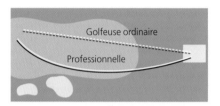

Golfeuse ordinaire

Professionnelle

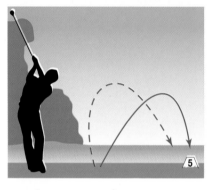

5

POUR ÉVITER LES PROBLÈMES

Lorsqu'il y a danger du côté gauche, les golfeuses professionnelles essaient généralement de viser l'endroit dangereux et d'imprimer un fade à la balle pour éviter de s'y retrouver. Inversement, la golfeuse ordinaire doit viser ailleurs (voir illustrations ci-dessus).

mais il s'agit d'un coup contrôlé qui ne roulera pas trop loin. Vous devez faire exactement le contraire d'un draw. Placez la balle encore plus bas sur le tee. Tenez-vous bien droite et imaginez-vous que vous vous trouvez sur une pente, légèrement au-dessus de la balle que vous espérez voir dévier vers la droite. Vous devez vous assurer que vos mains ne sont pas trop relâchées au moment de l'impact. Placez votre pouce droit plus fermement sur le devant du club et pressez-le.

À l'impact, faites en sorte que les hanches bougent un peu plus rapidement que les mains et que ces dernières soient un peu plus lentes et fermes. Cette position devrait permettre de maintenir la face du club légèrement ouverte et à la balle de se déplacer de trois ou quatre mètres de gauche à droite. La répartition du poids et l'impression d'être au-dessus de la balle sont les deux éléments clés pour bien réussir ce coup.

Exécuter un slice pour contourner un arbre.
Pour produire un slice marqué, il faut parfois modifier son grip. Gardez votre main gauche du côté gauche et votre main droite par-dessus. Ouvrez légèrement la face du club à l'adresse et essayez de la maintenir ouverte pendant l'impact. Pour réussir ce coup, vous devez frapper suffisamment loin vers la gauche. La balle pourrait commencer à dévier légèrement à droite de votre stance et vous devez vous assurer de bien viser dans la direction dans laquelle vous voulez voir la balle partir. Celle-ci s'envolera plus haut et perdra un peu de distance. Le swing doit donner une impression de verticalité, s'effectuer de l'intérieur vers l'extérieur, avec des coups rapides et des mains lentes.

Exécuter un hook pour contourner un arbre.
Pour contourner un arbre à l'aide d'un hook, vous devez utiliser un club dont la face est suffisamment droite. N'oubliez pas que le loft

élimine l'effet latéral. Si vous utilisez trop de loft, il vous sera impossible de produire un hook. Il vous faut viser bien à la droite de l'obstacle et placer la main droite sous le club. Effectuez deux ou trois swings d'exercice et sentez bien la face du club pivoter à l'impact, de sorte qu'elle se trouve tournée vers le sol lorsque vous effectuez votre followthrough. Envoyez la balle à droite de l'obstacle. Il arrive souvent qu'elle parte à gauche de votre stance. Retournez la face du club à l'impact en effectuant un followthrough horizontal et ample autour du corps.

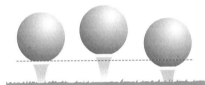

MODIFIEZ LA HAUTEUR DE VOTRE TEE
Modifier la hauteur de votre tee peut vous aider à imprimer des draws et des fades à vos drives. Si vous placez la balle plus haut, celle-ci partira vers la gauche ; si vous la placez moins haut, elle partira vers la droite.

POUR CONTOURNER UN ARBRE EN EXÉCUTANT UN HOOK
Pour contourner un arbre ou un autre obstacle en exécutant un hook, orientez le stance et le swing à droite en dirigeant la face du club vers la gauche. Renforcez le grip et effectuez un mouvement plat autour du corps. Il est habituellement plus facile d'imprimer à la balle un hook prononcé qu'un slice.

POUR CONTOURNER UN ARBRE EN EXÉCUTANT UN SLICE
Pour contourner un arbre en exécutant un slice, orientez le stance et le swing à gauche en maintenant la face du club ouverte et une pression plus ferme de la main droite sur le grip. Vous obtiendrez un coup plus en hauteur et resterez à l'écart des branches.

IMPORTANT
Il vous faut sentir la face du club.

Sur le parcours

Contrairement à la plupart des autres sports, une partie de golf implique non seulement un affrontement avec des adversaires, mais également avec le parcours. Chaque parcours est différent, présentant un ensemble original d'obstacles à surmonter. Pour bien jouer, vous devez vous préparer à faire face aux défis qui vous attendent sur le terrain. Pour une golfeuse ordinaire, il peut s'agir simplement de trouver la meilleure position pour jouer sur chacun des tertres de départ. Pour une professionnelle, il peut être question de prendre des notes très détaillées en matière de distances et de position des obstacles durant les séances d'exercice précédant les tournois. Quel que soit votre niveau, la planification stratégique, l'étude des caractéristiques générales du parcours et la visualisation de chacun des coups rapporteront des dividendes. Quiconque se contente d'avancer vers la balle et de la frapper, sans penser à l'endroit où cette dernière va se poser, aux pièges à éviter et à la pertinence de son coup en fonction de ce trou particulier, ne deviendra jamais une bonne golfeuse. Inversement, celle qui sait prévoir ses coups disposera chaque fois d'un avantage marqué.

La Suédoise Sophie Gustafson au Women's British Open, à Woburn Abbey, en Angleterre.

Stratégies pour driver

Réussir ses coups de départ constitue probablement l'élément le plus important d'une partie de golf. Les femmes n'ont pas autant de facilité de récupération que les hommes. Il nous faut donc frapper la balle sur le fairway à tout coup.

1 Souvenez-vous que vous pouvez choisir l'endroit où poser votre balle sur le tertre de départ. Ne vous contentez pas d'imiter vos partenaires de jeu. La vue d'un côté du tertre de départ peut s'avérer complètement différente de celle qui s'offre du côté opposé. Règle générale, il vaut mieux s'écarter le plus possible des ennuis. S'il y a des arbres du côté gauche du fairway, prenez position du côté gauche. Vous pourrez ainsi viser de façon à éloigner votre balle des arbres en vous alignant sur le centre du fairway. En présence d'un obstacle sur le côté droit, prenez le départ du côté droit et évitez les ennuis.

2 N'oubliez pas que vous pouvez toujours reculer de deux longueurs de clubs depuis les marqueurs. Essayez de trouver un emplacement parfaitement plat. Le tertre de départ est le seul endroit du parcours où il est possible d'enlever des brins d'herbe et d'aplatir le sol derrière la balle. Habituez-vous à choisir avec soin l'endroit où vous poserez votre tee. Veillez toujours à aplatir l'herbe derrière la balle pour effectuer un takeaway en douceur. Si vous n'êtes pas satisfaite de votre position une fois installée devant la balle, recommencez. Soyez minutieuse.

3 Viser à gauche du tertre de départ peut vous causer des ennuis, en particulier le tertre de départ des femmes qui, trop souvent, n'est pas aligné avec l'endroit où vous désirez envoyer la balle ! Pour viser à gauche, vous devez placer la balle du côté droit du tertre de départ. Effectuez ensuite un swing d'exercice du côté droit de votre balle, ce qui vous donnera l'impression exagérée de viser à gauche et de swinguer à gauche. Lorsque vous serez prête, pivoter et viser à gauche vous sembleront plus faciles.

ÉVITEZ LES PROBLÈMES
Dans une telle situation, une bonne golfeuse vise de façon à se tenir à l'écart des problèmes en jouant du côté droit du tertre de départ, au risque de se retrouver dans le rough léger.

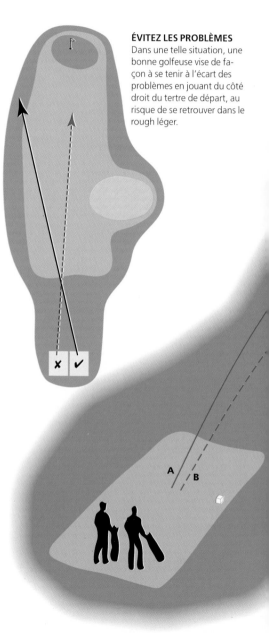

OUVREZ VOS COUPS D'APPROCHE
Dans une telle situation, il vous faut éviter le bunker qui se trouve à gauche, quitte à vous retrouver dans le rough léger à droite, d'où vous pourrez effectuer le coup en direction du green.

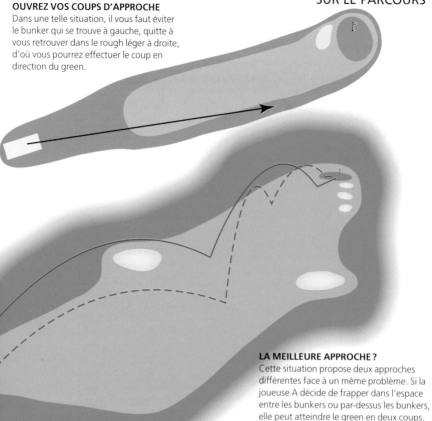

LA MEILLEURE APPROCHE ?
Cette situation propose deux approches différentes face à un même problème. Si la joueuse A décide de frapper dans l'espace entre les bunkers ou par-dessus les bunkers, elle peut atteindre le green en deux coups. Même si elle n'y parvient pas, le coup en vaut la peine. Le trajet de la joueuse B est plus prudent, mais il lui faudra trois coups pour se rendre au green.

• Prévoyez minutieusement la trajectoire et la distance de votre coup. L'idéal consiste à choisir un objectif qui se trouve non seulement sur la trajectoire choisie, mais qui correspond aussi à peu près à la distance que vous désirez atteindre. Cette approche est généralement plus efficace que le choix d'un repère à l'horizon. Si vous n'arrivez pas à repérer un point précis comme objectif, imaginez une grande nappe blanche sur le fairway à l'endroit précis où vous désirez envoyer la balle. Ne pensez jamais aux obstacles que vous voulez éviter, choisissez plutôt un objectif précis.
• Visez toujours de façon à éviter les situations difficiles. S'il y a un bunker à portée de driver, ne vous contentez pas de viser à cinq mètres de celui-ci, visez plutôt à vous en écarter de 20 mètres et accordez-vous une marge d'erreur importante.
• Lorsque vous jouez un long trou ou qu'une adversaire frappe son coup de départ plus loin que vous, n'essayez jamais de frapper la balle trop fort. Misez plutôt sur un bon timing et sur votre distance de frappe habituelle. Si vous faites trop d'efforts pour frapper plus loin, la trajectoire de votre coup pourrait en souffrir. Exécutez un swing fluide et efforcez-vous de produire le contact le plus sonore possible en frappant le dos de la balle afin d'atteindre une distance maximale.

IMPORTANT
Tenez vous à l'écart des problèmes.

Coups de récupération

La règle d'or au sujet des coups de récupération consiste à remettre votre balle en jeu en lieu sûr. Évaluez la distance que vous êtes en mesure d'atteindre avec votre coup de récupération. Si vous êtes à une distance raisonnable du green, mais qu'il vous semble impossible de l'atteindre, contentez-vous de le faire en deux coups. Exécutez un coup ferme en direction du fairway pour vous placer dans une position favorable pour le coup suivant.

Si votre balle se trouve dans l'herbe longue, utilisez un club dont le loft est très ouvert. Les clubs à loft ouvert sont également les plus lourds. Songez à un fer 9 ou à un pitching wedge. Adoptez un stance suffisamment large et gardez vos épaules à la même hauteur autant que possible afin de profiter d'un swing vertical. Vous devez avoir l'impression que, dans le backswing, vous saisissez le club pour le rabattre vers la balle. Si le rough est très long, il peut toucher à la face du club et la faire dévier vers la gauche. Si vous effectuez un coup de récupération dans le rough du côté droit du fairway, votre balle risque de traverser le fairway et de se retrouver dans le rough de l'autre côté. Si vous jouez du côté gauche, vous risquez de rester prise dans le rough. Ayez l'esprit pratique et vous vous en sortirez!

Il est souvent plus facile d'utiliser un bois 5 ou un bois 7 dans un rough léger qu'un fer de longue portée. Le club risque moins de bouger dans votre main. Toutefois, soyez réaliste quant à l'éventualité de réussir un coup parfait.

Déterminez avec précision l'endroit où vous désirez voir aboutir votre coup de récupération.

IMPORTANT

Évitez de jouer deux coups de suite dans le rough et revenez le plus rapidement possible sur le fairway. Sur un terrain de golf, les problèmes engendrent d'autres problèmes si vous ne savez aborder le premier coup de récupération de façon pragmatique.

Ayez des attentes réalistes. Fiez-vous à votre bon sens et ne soyez pas trop exigeante envers vous-même.

UN ÉLÉMENT ESSENTIEL DU JEU

Même les joueuses de haut niveau se retrouvent parfois dans le pétrin. Ici (à droite), la Suédoise Liselotte Neumann joue dans un rough long. Les coups de récupération constituent un élément important du jeu pour tous les joueurs, car peu importe votre progression, il y aura toujours des occasions où vous devrez y recourir. Le principal consiste à évaluer ces coups de façon réaliste et aussi calmement que possible, puis à les exécuter en croyant les réussir.

Si vous jouez dans le rough ou dans un boisé, marchez jusqu'au fairway et voyez à quel endroit vous aimeriez que votre balle se retrouve au coup suivant. Lorsque vous frappez à partir d'un boisé, vous courez le risque de ne pas frapper suffisamment fort ou de frapper trop fort et vous retrouver dans le pétrin de l'autre côté du fairway.

Lorsque vous jouez dans un boisé, utilisez un coup punché (pages 138 et 139). Effectuez deux ou trois swings d'exercice et rappelez-vous que votre swing réel sera toujours plus long qu'un swing d'exercice. Restez bien en dessous des branches d'arbres. N'oubliez pas qu'un arbre semble constitué de 90 pour cent d'air lorsque vous observez une autre personne jouer, mais qu'il est constitué de 90 pour cent de bois lorsque c'est vous qui jouez!

Si vous êtes en difficulté, il vous est toujours possible de ramasser la balle et de la reculer de deux longueurs de clubs, à condition de ne pas la rapprocher du trou. Il est souvent préférable de prendre ce coup de pénalité que de risquer le tout pour le tout. Vous devez laisser tomber la balle à une distance équivalant à deux longueurs de clubs, sans toutefois l'approcher du trou. Habituez-vous à prendre un drop de pénalité, c'est parfois très utile.

SOYEZ RÉALISTE

Envisagez le meilleur chemin possible pour vous sortir d'une situation délicate. Si vous êtes une bonne golfeuse, vous parviendrez peut-être à vous rendre sur le green (**A**). Sinon, ne prenez pas de risques inutiles (voir ligne pointillée) et contentez-vous du coup le plus simple (**B**).

IMPORTANT
Ne soyez pas
trop exigeante!

Prendre les bonnes décisions

Beaucoup de golfeuses ordinaires frappent de bons coups, mais prennent de mauvaises décisions. Plus souvent qu'autrement, elles n'en prennent aucune et frappent la balle sans avoir la moindre stratégie en tête. **Or, sur un terrain de golf, il y a un certain nombre de situations difficiles qui se reproduisent inévitablement.**

Sur un trou coudé, dit en dogleg, l'erreur la plus courante consiste à couper le coin. En agissant ainsi, vous ne réduirez pas forcément la longueur du coup sur le green d'autant que vous l'imaginez. De plus, vous risquez d'envoyer votre balle dans les arbres ou le rough, ce qui nécessitera un coup d'approche encore plus difficile pour atteindre le green. La meilleure chose à faire pour bien réussir un coup en dogleg consiste à prendre le chemin le plus large autour du coude. Vous devrez sans doute frapper un coup légèrement plus long pour atteindre le green, mais cette méthode est généralement plus facile et plus sécuritaire.

Plusieurs golfeuses veulent toujours frapper droit en direction du drapeau et ne semblent jamais prêtes à avancer en zigzag. Dès qu'elles aperçoivent le drapeau, elles pensent qu'à frapper en ligne droite à travers les arbres, les haies, les murs de briques, les abris et à peu près tout, sauf à effectuer un coup sécuritaire. Plus votre handicap est élevé, moins vous êtes expérimentée et plus vous êtes susceptible de commettre cette erreur. Notez tout obstacle et visez le plus loin possible de chacun. Observez la forme du green et déterminez l'approche appropriée. Soyez prête à effectuer un zigzag à la gauche du fairway si ce coup peut vous permettre d'être

mieux placée pour accéder au green. Ne vous contentez pas de viser le drapeau.

Lorsque vous jouez sur le green, habituez-vous à viser un peu à l'écart du drapeau. Les employés qui entretiennent le parcours aiment défier les golfeurs en plaçant le drapeau dangereusement près des bunkers et des étangs. Il est peu probable que vous réussissiez à faire atterrir votre balle si près du drapeau que le coup suivant ne sera qu'une formalité. Efforcez-vous plutôt de viser à l'écart du drapeau vers la partie la plus large et la plus sécuritaire du green. Vous serez probablement aussi près du green en évitant de viser le drapeau. Il est souvent plus facile de se rapprocher d'un drapeau en visant à cinq pas à sa gauche plutôt qu'en le visant directement et en risquant de se fourvoyer en termes de distance. Si vous visez à l'écart du drapeau, essayez de visualiser un autre objectif comme point de chute de la balle ou choisissez un repère qui se trouve derrière le green et alignez-vous sur cet objectif.

Lorsqu'un bunker transversal ou un étang se trouve devant vous, n'oubliez pas que vous

RÉFLÉCHISSEZ
Analysez attentive-ment chaque coup avant de jouer, comme le fait ici Catrin Nilsmark, dans le cadre de la Coupe Solheim, à Muirfield.

disposez de cinq choix. Vous pouvez frapper à la gauche de l'obstacle, à la droite, par-dessus, frapper un petit coup qui s'arrêtera avant le bunker ou directement dedans! Plusieurs golfeuses ne prennent aucune décision et se retrouvent coincées dans le bunker.

Dans le cas d'un bunker transversal situé juste devant le green, il peut valoir la peine de prendre le risque si vous avez une chance d'atteindre le green. Si vous avez l'habitude de bien jouer dans les bunkers, vous pourriez ne pas être en plus mauvaise posture à l'intérieur du bunker qu'un peu à l'extérieur. Toutefois, si le bunker se trouve à 40 pas ou plus du green, un coup réussi pourrait bien ne pas se retrouver sur le green de toute manière. Si votre balle se retrouve dans le bunker, vous ne serez peut-être pas capable d'effectuer un coup de récupération qui enverra votre balle sur le green. Pesez bien le pour et le contre. Êtes-vous une parieuse dans l'âme qui ne saurait résister à ce type de défi ou tenez-vous à réussir un bon coup?

Habituez-vous à jouer de façon que votre balle se trouve dans la meilleure position possible. En présence d'une dénivellation aux abords du green, essayez d'exécuter un petit coup qui ne se rendra pas jusque-là. Si un coup d'approche à partir de la gauche du fairway est plus facile, préparez-vous à jouer dans le rough léger à gauche plutôt qu'au milieu du fairway. Si vous jouez à proximité d'un fossé ou d'un bunker, évaluez la distance avec le plus de précision possible. La plupart des gens qui s'efforcent d'exécuter un jeu court jouent souvent trop court. Essayez de penser aux erreurs que la personne qui a aménagé le parcours et celle qui en fait l'entretien veulent vous faire commettre et évitez-les!

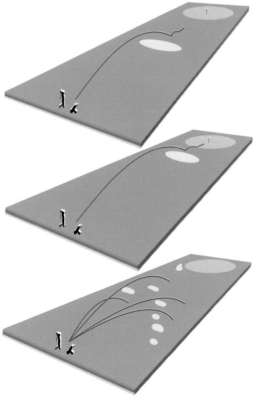

LES BUNKERS TRANSVERSAUX

Lorsque vous apercevez un bunker transversal à quelque distance du green, évaluez vos chances de réussite et d'échec. Si votre balle se retrouve dans le bunker, serez-vous capable de l'en faire sortir et de l'envoyer sur le green?

LES BUNKERS AUX ABORDS DES GREENS

Lorsque vous tentez de traverser un bunker aménagé aux abords d'un green, courez le risque, particulièrement si vous êtes habile dans les bunkers.

LES BUNKERS EN DIAGONALE

Ce type de bunkers aménagés dans le fairway vous offre la possibilité d'emprunter différents itinéraires, en fonction de vos aptitudes.

IMPORTANT
Sur un dogleg, choisissez le chemin le plus long!

Le golf pourcentage

Obtenir un bon score relève de l'art. Souvent, il ne s'agit que de prendre les meilleures décisions et de comprendre les intentions de la personne qui a aménagé le parcours et de celle qui en assure l'entretien, lesquelles ont pris un malin plaisir à vous mettre dans l'embarras ! Les neuf trous illustrés et décrits dans les pages qui suivent ont pour objet de vous dépeindre des situations typiques sur un terrain de golf et la façon de les aborder.

1 **Par 5, 440 mètres, dogleg à droite.** Sur ce trou, le drive le plus approprié doit viser la gauche du fairway pour laisser un passage dégagé autour du coude. Exécutez votre coup de départ du côté droit pour éviter les obstacles à droite. Le deuxième coup est important. Depuis la bonne position de départ, il est possible de frapper la balle entre les deux massifs d'arbres et de profiter d'un troisième coup en ligne droite vers le green. Si votre position de drive n'est pas correcte, vous risquez de toucher les arbres sur le coude du dogleg ou de vous retrouver dans l'autre massif. Il vous sera probablement plus difficile de vous rendre sur le green si vous décidez de frapper par-dessus le bunker à gauche.

2 **Par 4, 300 mètres, green décalé.** Ce par 4 est assez court, mais il comporte sa part de défis. Le coup de départ idéal vous placera du côté droit, peut-être dans le rough léger. De là, vous disposerez d'un accès dégagé au drapeau. Un drive au centre du fairway n'est pas la solution idéale, car le deuxième coup serait plus difficile. Vous devrez jouer à travers un bunker et sur la bande étroite du green. Observez la position du drapeau depuis le départ pour déterminer le meilleur drive. Si vous n'êtes pas capable de le voir, regardez le green en passant lorsque vous jouerez sur un autre trou.

3 Par 4, 260 mètres, dogleg court. Si vous êtes capable de frapper loin, vous serez tentée de viser le green. Le gros arbre et le fossé qui se trouvent à droite compliquent joliment ce drive. Vous ne trouverez probablement pas la bonne trajectoire et ne pourrez pas dépasser l'arbre de toute façon. Vous devez donc jouer de prudence et exécuter un drive plus court pour bénéficier ensuite d'une ligne droite vers le green. Si vous frappez trop loin, votre deuxième coup pourrait s'avérer beaucoup plus difficile.

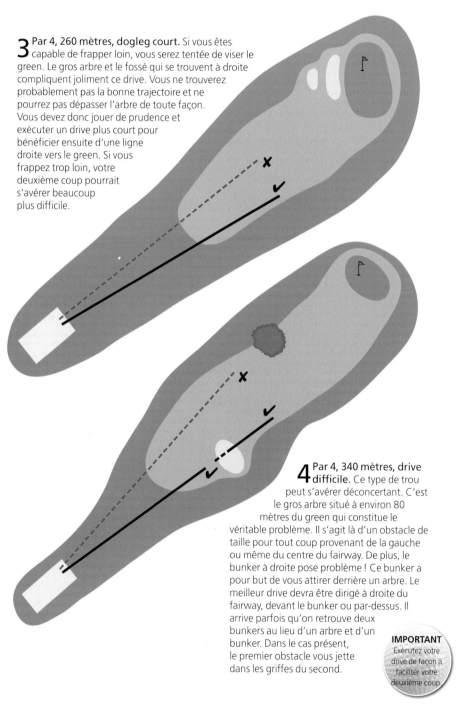

4 Par 4, 340 mètres, drive difficile. Ce type de trou peut s'avérer déconcertant. C'est le gros arbre situé à environ 80 mètres du green qui constitue le véritable problème. Il s'agit là d'un obstacle de taille pour tout coup provenant de la gauche ou même du centre du fairway. De plus, le bunker à droite pose problème ! Ce bunker a pour but de vous attirer derrière un arbre. Le meilleur drive devra être dirigé à droite du fairway, devant le bunker ou par-dessus. Il arrive parfois qu'on retrouve deux bunkers au lieu d'un arbre et d'un bunker. Dans le cas présent, le premier obstacle vous jette dans les griffes du second.

IMPORTANT
Exécutez votre drive de façon à faciliter votre deuxième coup.

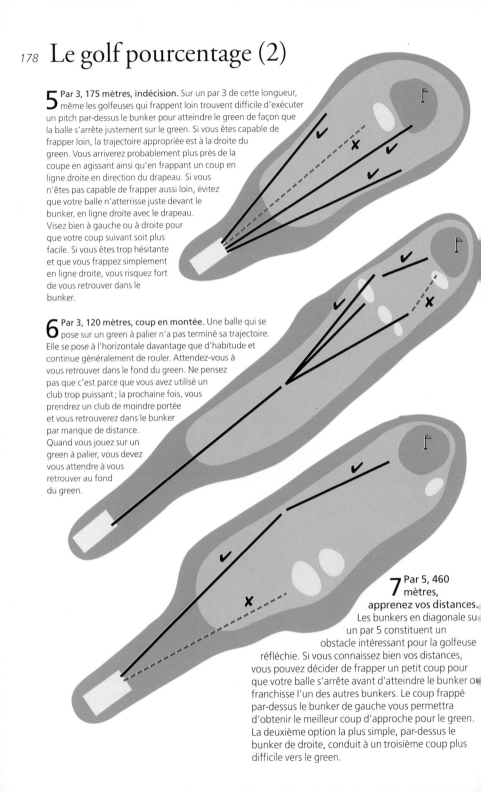

5 Par 3, 175 mètres, indécision. Sur un par 3 de cette longueur, même les golfeuses qui frappent loin trouvent difficile d'exécuter un pitch par-dessus le bunker pour atteindre le green de façon que la balle s'arrête justement sur le green. Si vous êtes capable de frapper loin, la trajectoire appropriée est à la droite du green. Vous arriverez probablement plus près de la coupe en agissant ainsi qu'en frappant un coup en ligne droite en direction du drapeau. Si vous n'êtes pas capable de frapper aussi loin, évitez que votre balle n'atterrisse juste devant le bunker, en ligne droite avec le drapeau. Visez bien à gauche ou à droite pour que votre coup suivant soit plus facile. Si vous êtes trop hésitante et que vous frappez simplement en ligne droite, vous risquez fort de vous retrouver dans le bunker.

6 Par 3, 120 mètres, coup en montée. Une balle qui se pose sur un green à palier n'a pas terminé sa trajectoire. Elle se pose à l'horizontale davantage que d'habitude et continue généralement de rouler. Attendez-vous à vous retrouver dans le fond du green. Ne pensez pas que c'est parce que vous avez utilisé un club trop puissant ; la prochaine fois, vous prendrez un club de moindre portée et vous retrouverez dans le bunker par manque de distance. Quand vous jouez sur un green à palier, vous devez vous attendre à vous retrouver au fond du green.

7 Par 5, 460 mètres, apprenez vos distances. Les bunkers en diagonale su un par 5 constituent un obstacle intéressant pour la golfeuse réfléchie. Si vous connaissez bien vos distances, vous pouvez décider de frapper un petit coup pour que votre balle s'arrête avant d'atteindre le bunker o franchisse l'un des autres bunkers. Le coup frappé par-dessus le bunker de gauche vous permettra d'obtenir le meilleur coup d'approche pour le green. La deuxième option la plus simple, par-dessus le bunker de droite, conduit à un troisième coup plus difficile vers le green.

8 Par 4, 310 mètres, l'irrésistible défi ! Les bunkers ou les arbres situés au coude de ce dogleg peuvent sembler irrésistibles. On a l'impression d'être capable de traverser le bunker. Toutefois, dans les faits, vous pourriez bien ne pas être en mesure d'atteindre la distance nécessaire et de toute façon, vous ne seriez peut-être pas plus avancée. Méfiez-vous d'un bunker comme celui-là dissimulant un autre bunker ou un rough épais. Si vous parvenez à franchir le premier obstacle, votre balle se retrouvera probablement dans une autre zone dangereuse. Le bunker situé aux abords du green est destiné à rendre le deuxième coup encore plus difficile pour les intrépides s'avérant incapables de résister au défi. N'oubliez pas d'adopter le chemin le plus large pour contourner le coude, car c'est celui qui vous permettra d'effectuer le coup le plus facile vers le green.

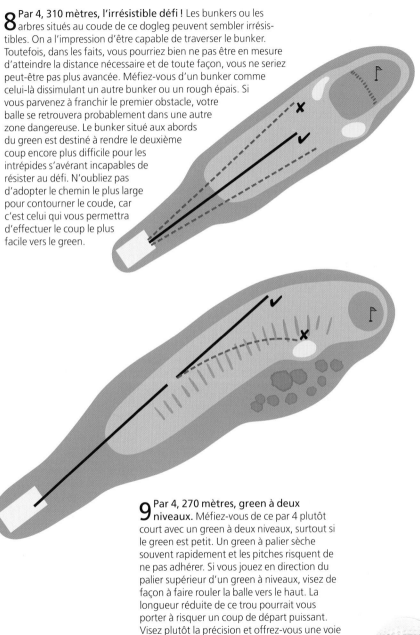

9 Par 4, 270 mètres, green à deux niveaux. Méfiez-vous de ce par 4 plutôt court avec un green à deux niveaux, surtout si le green est petit. Un green à palier sèche souvent rapidement et les pitches risquent de ne pas adhérer. Si vous jouez en direction du palier supérieur d'un green à niveaux, visez de façon à faire rouler la balle vers le haut. La longueur réduite de ce trou pourrait vous porter à risquer un coup de départ puissant. Visez plutôt la précision et offrez-vous une voie dégagée vers le green en évitant les bunkers.

IMPORTANT
Regardez la position du drapeau.

Évaluer les distances

Pour obtenir un bon score, il est essentiel de savoir bien évaluer les distances et de choisir les bons clubs. Les hommes ont tendance à mieux évaluer les distances. Il s'agit d'un phénomène psychologique éprouvé et observable sur un terrain de golf.

La première étape dans un long coup consiste à savoir à quelle distance vous êtes en mesure de frapper avec chacun des clubs. Chez les golfeuses qui frappent raisonnablement loin, il devrait y avoir une différence d'environ neuf mètres entre les fers de numéros adjacents. Une bonne golfeuse de niveau amateur peut ainsi espérer frapper la balle à une distance de 135 mètres avec un fer 5, et plus ou moins neuf mètres avec les clubs de numéros voisins. Cependant, la plupart n'obtiendront pas une telle différence entre les fers 3 et 4, mais plutôt entre les bois 7 et 5. Apprenez à évaluer les distances, soit en les mesurant à partir de coups bien frappés — vous devez prendre la mesure à l'endroit où la balle se pose et non à l'endroit où elle cesse de rouler — soit en vous référant aux trous de par 3 du parcours qui vous est le plus familier.

Les golfeuses ordinaires ont tendance à utiliser des clubs insuffisamment puissants. Ayez l'esprit pratique. N'oubliez pas que c'est toujours le devant du green qui s'avère l'endroit le plus difficile. D'une part, en exécutant un pitch en direction du drapeau, vous évitez la plupart des bunkers. D'autre part, la distance du devant du green jusqu'au drapeau est souvent raccourcie. Toutefois, il est important de savoir que si le drapeau se situe quelque part derrière le centre sur le green, il semblera probablement beaucoup plus près du fond du green qu'il ne l'est réellement. Vous pourriez croire qu'il y a un espace de cinq ou six pas jusqu'au fond du green, avec des buissons ou du rough derrière. En réalité, la distance est généralement beaucoup plus grande qu'on l'imagine. Il y a probablement 20 pas entre le drapeau et le piège derrière le green. Soit dit en passant, habituez-vous à observer la position des drapeaux sur les greens lorsque vous jouez sur d'autres trous.

Si vous prenez un club insuffisant, soit un fer 7 au lieu d'un fer 6, équivalant à une distance d'environ neuf mètres, vous devrez putter au troisième coup. Dites-vous qu'il n'y a pas de requins qui vous attendent pour vous dévorer dans le fond des greens. La terre est ronde et non plate et il y a autant d'espace derrière le drapeau que devant.

VISEZ LE DRAPEAU
Ne craignez pas d'effectuer un pitch ou un chip en ligne droite vers le drapeau. Trop de golfeuses ordinaires ont tendance à prendre un club insuffisamment puissant, ne parviennent pas à atteindre la distance nécessaire et ont plus de difficultés avec leurs putts.

Observez des golfeuses approcher le green de côté, il semble qu'elles n'arrivent jamais à atteindre la bonne distance, ce qui est ridicule.

Pour vous améliorer, essayez de dépasser le drapeau à chacun de vos coups. Inscrivez une note sur votre carte de pointage. Accordez-vous un point chaque fois qu'un de vos coups frappés en direction du green dépasse le drapeau. Les golfeuses professionnelles atteignent cette zone beaucoup plus souvent que les golfeuses ordinaires. Bon nombre de golfeuses ordinaires se rendent compte rapidement qu'elles n'arriveront jamais à dépasser le drapeau.

Pour bien évaluer la distance, attendez d'être rendue à moins de 10 mètres de la balle et choisissez le club le plus approprié. Ne pensez pas trop à l'avance.

1. Un drapeau qui est rapproché du fond du green semble probablement plus près du fond qu'il ne l'est réellement et pourrait vous inciter à ne pas prendre un club suffisamment puissant. Observez les autres greens du parcours au fur et à mesure que vous disputez votre partie afin de vérifier l'emplacement des drapeaux.

7 Essayez d'évaluer la distance lorsqu'il y a des gens devant le green. Si une partie du terrain n'est pas visible, il est souvent possible de connaître la distance en observant les autres joueurs se diriger vers le green et en comptant le nombre de pas qu'ils effectuent.

2. Les drapeaux ne sont pas tous de la même hauteur. Un drapeau peut sembler plus près qu'il ne l'est en réalité et s'il est petit, donner l'impression que le coup sera plus long. Évaluez la distance jusqu'au green lorsqu'il y a des gens sur le green.

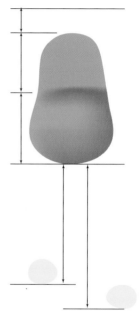

3. Les bunkers de grande dimension peuvent sembler plus proches qu'ils ne le sont.

4. Méfiez-vous des ondulations du sol qui semblent être devant le green, car elles dissimulent parfois jusqu'à 30 ou 40 mètres de terrain et vous pourriez être tentée d'utiliser un club moins puissant.

5. Il est parfois difficile d'évaluer la distance sur un sol très plat, car certaines parties du terrain sont peut-être masquées, ce qui porte à sous-estimer les distances.

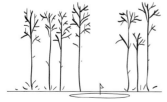

6. Les arbres de grande taille peuvent sembler plus proches qu'ils ne le sont en réalité ou donner l'impression que le drapeau est très petit et plus éloigné qu'il ne l'est vraiment.

8 Les golfeuses professionnelles ne s'engagent presque jamais dans une compétition sans connaître les distances avec précision. Elles emportent des carnets de notes et consignent en détail toute l'information pertinente durant les parcours d'entraînement afin de les utiliser pendant le tournoi. À titre d'exemple, voilà à quoi peuvent ressembler ces notes sur les distances pour le trou illustré ci-dessus : Trou 5 – pin D, ag 115, cg 128, fg 141 +25. Ce qui veut dire que le pin à l'avant du green se trouve à une distance de 115 mètres, à 128 mètres du centre du green et à 141 mètres du fond du green, et qu'il y a un espace de 25 mètres à l'arrière du green avant la présence d'un obstacle.

IMPORTANT
Essayez toujours de dépasser le drapeau.

Les aléas du golf par mauvais temps

Lorsque le vent souffle violemment ou que vous êtes trempée par
la pluie, dites-vous que toutes les autres joueuses sur le terrain
éprouvent le même problème. Ne vous laissez pas abattre et
considérez le mauvais temps comme un obstacle de plus.

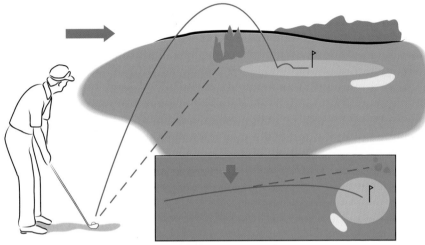

Il est essentiel d'être bien équipée
par temps de pluie. N'oubliez
pas votre parapluie, si possible
avec des couleurs vives pour vous
égayer. Vous pouvez y insérer
une serviette. Si vous portez des lunettes,
munissez-les d'une visière protectrice. Portez des
vêtements de pluie confortables qui ne gêneront
pas les mouvements de votre swing. Assurez-
vous d'avoir toujours un gant supplémentaire à
portée de la main, de préférence dans un sac en
plastique imperméable. Finalement, gardez vos
mains au sec en portant une mitaine par-dessus
votre gant de golf. Par temps venteux, portez des
vêtements qui ne claqueront pas au vent, car
cela pourrait vous distraire.

Voici quelques conseils utiles pour jouer sous la
pluie :
• Gardez une balle sèche à votre disposition
pour effectuer vos coups de départ, car une balle
mouillée a tendance à plonger au lieu de s'élever.
• Si le temps est extrêmement humide, exécutez
vos swings d'exercice avant de placer la balle sur
le tee pour éviter de la mouiller.

COMPENSER UN VENT LATÉRAL
Compensez un vent latéral en visant un nouvel objectif situé sur le
côté du green. Dirigez la face du club, le stance et le swing vers
cette nouvelle cible et laissez le vent s'occuper du reste.

• Veillez à garder au sec les grips de vos clubs le
plus longtemps possible à l'intérieur du sac,
protégé par une housse imperméable.
• Pour garder vos clubs au sec pendant que vos
partenaires jouent, remettez-les dans le sac dès
que vous avez terminé votre coup.
• La pluie peut compliquer les sorties de rough.
Ne soyez pas trop exigeante, mais faites
l'impossible pour revenir sur le green.
• Les greens humides sont généralement
glissants au départ et la balle a également
tendance à glisser. Toutefois, plus les balles sont
humides, moins elles glissent et plus elles
ralentissent.

Jouer dans le vent
Par temps venteux, vous devez toujours lancer
quelques brins d'herbe en l'air pour vérifier de
quel côté souffle le vent avant de jouer votre
coup. N'attendez pas d'avoir frappé votre balle
pour tenir compte du vent !

DIRECTION

Observez bien le drapeau pour estimer la direction du vent et méfiez-vous si le tertre de départ est protégé et le fairway ou le green sont exposés aux éléments. Lorsque vous prenez le départ, il est possible que vous ne ressentiez pas le vent, mais une fois que la balle aura quitté la zone abritée, elle risque de bifurquer. À l'occasion, il peut vous arriver de jouer en tenant compte du vent, mais en oubliant que le green est à l'abri. Regardez toujours le drapeau ou ceux qui se trouvent aux abords des greens.

Exécutez un swing fluide et maintenez un équilibre parfait. Amplifiez le mouvement en gardant votre équilibre pendant au moins quatre ou cinq secondes. Par temps venteux, vous risquez de voir votre swing dévier !

VENT LATÉRAL

Si le vent est latéral, composez avec mais ne le combattez pas. Dirigez la face du club, le stance et le swing vers une nouvelle cible et laissez le vent s'occuper du reste. Si vous possédez un handicap peu élevé, vous pouvez essayer de faire dévier la balle dans le vent pour qu'elle maintienne sa trajectoire droite. Vous avez le choix d'ouvrir ou de fermer la face du club selon la direction du vent.

VENT CONTRAIRE

Quand le vent est contraire, vous devez envisager de recourir à un club de numérotation supérieure (jusqu'à quatre numéros de plus) et essayer de tirer la puissance maximale du club choisi.

Exécutez votre swing lentement et ne combattez pas le vent. Comme il est peu probable que vous soyez capable d'atteindre le fond du green, contentez-vous de viser le drapeau.

Pour votre coup de départ, contrez l'effet du vent en imprimant à votre balle une trajectoire plus basse. Placez la balle un peu moins haut sur le tee et essayez de ne pas arracher le tee. Les golfeuses chevronnées ont recours à un plan de swing légèrement plus horizontal et raffermissent les poignets pour réduire le backswing. Il est essentiel de maintenir un bon équilibre. N'oubliez pas qu'un coup imprécis risque de l'être encore davantage, car la balle s'élève et tourne plus vite.

VENT ARRIÈRE

Dans ce cas, il est important de frapper la balle suffisamment en hauteur. Vous devez placer la balle plus haut sur le tee, arracher le tee en frappant et, au besoin, utiliser un bois 3 pour que la balle lève suffisamment. Ce club pourrait envoyer la balle plus loin qu'un driver. Un vent arrière tend à aplatir les coups et à maintenir la balle basse. De plus, il tend à redresser les balles qui dévient.

Apportez jusqu'à quatre clubs sur le green et n'oubliez pas que la balle rebondit lorsqu'elle

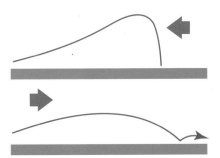

VENT CONTRAIRE ET VENT ARRIÈRE

Face au vent, votre balle montera davantage, mais elle risque de dévier plus aisément (ci-dessus, en haut). Par contre, un vent arrière fera en sorte que la balle vole plus bas et plus souvent qu'autrement aidera à conserver la trajectoire droite (ci-dessus, en bas).

PUTTER CONTRE LE VENT

Le vent influence également le comportement de la balle sur le green. S'il s'agit d'un vent puissant, ne posez pas votre club sur le sol, car vous risqueriez de déplacer la balle.

retombe au sol. Ainsi, une balle dont le revêtement est plus souple s'arrêtera plus facilement.

Important Si votre balle traverse le green, n'oubliez pas que vous devrez jouer le pitch suivant contre le vent. Si vous prenez un club plus puissant et que vous dépassez le green, vous risquez d'avoir recours à un club insuffisant la fois suivante. Chez les bonnes joueuses, il s'agit d'un moyen classique de rater son coup sans donner l'impression d'avoir fait une erreur.

Un vent puissant peut influencer les mouvements de la balle autant lors d'un coup exécuté sur le green que lors d'un long jeu. Cela se produit particulièrement sur un green rapide avec un vent arrière.

IMPORTANT
Il faut beaucoup d'équilibre lorsque le vent est fort.

La pensée positive

Au golf, il est important de visualiser les coups de manière positive avant de les jouer. Lorsque vous êtes sur le tertre de départ, visualisez la balle qui se déplace dans les airs vers votre objectif. L'image du coup idéal à effectuer transmet une série d'instructions au cerveau et au corps, qui vous disent quoi faire.

Malheureusement, il arrive souvent que, au lieu de visualiser le coup que vous désirez effectuer, vous pensiez plutôt à celui que vous voulez éviter. Évitez de vous répéter mentalement des phrases comme : «Il ne faut pas que ma balle se retrouve dans le bunker» en ayant en tête l'image du bunker. Il ne vaut pas mieux de penser : «Il ne faut pas que ma balle se retrouve hors limites comme hier.» Si vous avez en tête une image de balle qui dévie hors limites, celle-ci agit sur votre cerveau et votre corps, et vous exécuterez probablement un slice.

La même logique s'applique aux golfeuses possédant des handicaps élevés. Si vous êtes derrière un étang et que vous espérez que votre balle n'y tombe pas, vous aurez probablement en tête l'image de la balle qui tombe dans l'eau.

Votre corps réagira en envoyant la balle dans l'eau. De même façon, si vous vous voyez en train de rater un putt en frappant à la gauche du trou, vous manquerez probablement votre coup et votre balle se retrouvera à la gauche du trou. La pensée positive consiste à transmettre au cerveau et au corps une série d'instructions positives.

Pour chaque coup, il est donc essentiel de choisir un objectif. La majorité des golfeuses sont persuadées d'agir ainsi, mais en réalité bien peu le font. La plupart observent le fairway et essaient d'éviter les problèmes. Elles tentent de viser à gauche d'un bunker ou à droite d'un massif d'arbres. Au lieu de choisir un véritable objectif, elles se contentent généralement d'éviter les obstacles ou s'efforcent peut-être de driver entre les arbres. Ainsi, au lieu de visualiser

VISUALISEZ VOTRE COUP
Concentrez-vous sur votre coup de départ et visualisez la balle qui retombe au sol en position idéale. Ne vous laissez pas envahir par des pensées négatives avant de jouer.

PENSEZ AU MOMENT PRÉSENT
Chassez de votre esprit les erreurs que vous avez commises dans des parties précédentes. Concentrez-vous sur le coup que vous allez jouer et sur la partie en cours, et oubliez celle de la veille ou du lendemain.

l'endroit où elles doivent faire atterrir la balle, elles visualisent l'obstacle à éviter, ce qui constitue la meilleure façon de s'attirer les ennuis. Car si vous visualisez des arbres, vous frapperez en direction des arbres. Le meilleur moyen de choisir un objectif consiste à déterminer un point précis à l'horizon ou, encore mieux, à la distance que vous désirez atteindre, et d'y centrer votre attention.

Lorsque vous exécutez un drive dans le fairway, choisissez l'endroit où vous désirez envoyer votre balle et imaginez une grande nappe blanche que vous auriez déposée au milieu du fairway. Visualisez votre balle se posant sur la nappe ou roulant sur celle-ci.

Lorsque vous prenez position pour frapper la balle, l'objectif que vous visez est invisible. Il vous faut visualiser une image nette de cet objectif du côté gauche de votre cerveau. Si vous ne visualisez pas ce repère avec clarté, vous serez portée à relever la tête trop tôt pour essayer de suivre la trajectoire de la balle et regarder l'objectif en même temps. Si vous ne pouvez

visualiser le drapeau ou un autre objectif, vous pourriez tout aussi bien viser le côté d'un bateau par une soirée brumeuse et sombre. Vous devez savoir exactement où se situe l'objectif. Visualisez-le du côté gauche de votre cerveau.

Que vous soyez sur le tertre de départ à attendre votre tour de jouer ou que vous disposiez d'un moment libre à la maison, imaginez-vous en train de jouer. Répéter ses coups à domicile ou avant de jouer peut contribuer à faciliter la pensée positive sur le terrain, ce qui se traduira, plus souvent qu'autrement, par un meilleur rendement. Par exemple, si vous avez de la difficulté avec un par 3 ou s'il s'agit d'un trou sur lequel vous n'avez jamais bien réussi, imaginez-vous en train d'effectuer des coups parfaits sur ce trou et repassez-vous cette image plusieurs fois. Cet exercice mental devrait vous aider à entretenir une image positive vous permettant de réaliser de bons coups lorsque vous serez en situation réelle. La meilleure attitude mentale qui soit pour pratiquer le golf consiste à chasser de l'esprit les pensées négatives et les images de coups manqués.

PENSEZ EN TERMES DE RÉUSSITE
Visualisez votre coup d'approche et la balle qui roule sur le green, puis tombe dans le trou.

CONCENTREZ-VOUS
Oubliez vos problèmes et concentrez-vous totalement sur le coup à jouer.

IMPORTANT
Pratiquez la pensée positive : visualisez chacun de vos coups.

S'entraîner pour gagner

Vos deux ou trois premières leçons pourraient s'avérer les plus importantes et faire la différence entre un bon et un mauvais départ. Vous devez recourir aux services d'une professionnelle reconnue et insister pour prendre une série de leçons, soit un minimum de six, mais dix serait préférable. Ainsi, votre professeur aura tout le temps nécessaire pour aborder de façon systématique toutes les techniques de base du golf. Toutefois, vous devrez mettre en pratique ce que vous aurez appris. Exercez-vous à frapper au moins 250 balles entre chacune des leçons et ne vous attendez pas à progresser de façon significative si vous négligez d'associer cours et entraînement. Résistez à la tentation de poser trop de questions à chacune des leçons. Une monitrice qualifiée saura vous donner une ou deux directives générales à travailler et à maîtriser. Soyez patiente et travaillez méthodiquement chacune des facettes du jeu. Il est trop facile de compliquer inutilement le swing en essayant d'en assimiler les rudiments de façon trop rapide. En ce qui a trait au swing, allez-y le plus simplement possible, car le reste de la partie est déjà passablement difficile !

Lorsque vous voulez faire de nouvelles expériences avec votre swing, contentez-vous de modifier une variable à la fois, car si vous essayez plus d'un nouveau mouvement, vous ne serez plus en mesure d'identifier celui qui aura produit l'effet obtenu.

La golfeuse britannique Samantha Head, la seconde des jumelles participant au circuit européen.

Il n'y a rien comme l'entraînement

Notez ce que vous apprenez et ce sur quoi vous travaillez. N'oubliez pas que les mêmes erreurs ont tendance à se reproduire et que même les golfeuses expérimentées se retrouvent souvent aux prises avec des problèmes de base, soit le grip ou le stance, qui reviennent les hanter au fil de leur carrière.

Si possible, faites filmer vos cours sur vidéocassette. La meilleure méthode consiste à enregistrer les cours avec les commentaires du professeur afin que vous puissiez les étudier. Conservez ces vidéos afin de les visionner plus tard.

Assurez-vous que vous aurez des leçons sur le chipping, le putting, le pitching et les sorties de bunker. Les golfeuses ont tendance à oublier le petit jeu, alors que ce sont les petits coups qui permettent d'améliorer le score le plus rapidement. Selon votre niveau, de 40 à 70 pour cent de vos coups seront joués à une distance de 50 mètres du green. Essayez de consacrer la même proportion de temps au petit jeu dans vos cours et vos exercices.

Si c'est possible, prenez également quelques leçons sur le parcours même. Ainsi, votre professeur vous verra en action et pourra vous conseiller sur la stratégie, la visée et la maîtrise générale du parcours. Souvent les élèves orientent correctement leurs coups durant les exercices, mais envoient leurs balles un peu partout une fois sur le terrain. Vous devez donner l'occasion à votre professeur de vérifier si votre technique est au point.

Une fois que vous aurez acquis un bon niveau de jeu, prenez des leçons lorsque vous jouez bien. Ainsi, votre professeur disposera d'un point de comparaison lorsque votre jeu laissera à désirer. Il sera plus facile de déceler les lacunes et votre professeur pourra vous aider à les corriger. N'attendez pas d'être désespérée par la qualité de votre jeu avant de consulter votre professeur et d'en espérer des miracles. Pour améliorer son swing, il faut souvent passer par une étape de coups médiocres. Il faut plusieurs semaines d'entraînement et de parties pour arriver à améliorer son score.

Les femmes ont souvent plus de facilité à apprendre en groupe, particulièrement au début. Voir d'autres personnes faire les mêmes erreurs peut s'avérer encourageant. De plus, vous disposerez de partenaires de jeu avec qui vous entraîner et discuter au sujet de votre progression. Il est beaucoup plus facile d'apprendre sans la présence d'une pro qui vous surveille pendant 30 ou 60 minutes.

Vous devez garder le même professeur, mais n'oubliez pas qu'un professionnel qui enseigne un swing d'apparence complexe ne vous apprendra peut-être pas le mouvement qui fonctionnera sur le parcours. Un bon professeur doit faire en sorte que le swing semble de plus en plus facile au fil de la progression. N'oubliez pas qu'un enfant de huit ans pourrait y arriver !

Répéter le long jeu

Visez toujours un objectif particulier, préférablement une cible de bonne dimension que vous aurez de bonnes chances d'atteindre, par exemple un parapluie. En ayant de bonnes chances de réussir, vous développez également votre confiance. Si vous vous contentez de vous entraîner avec un drapeau, vous manquerez certainement votre coup, serez portée à vous décourager et l'exercice ne retiendra pas votre attention. Placez-vous à une distance convenable pour chacun des clubs et concentrez-vous sur chacun des coups en donnant le meilleur de vous-même. Ne soyez pas négligente.

Au départ, vous devrez travailler à améliorer vos meilleurs coups. Les bonnes golfeuses doivent chercher à améliorer leur technique, puis à éliminer leurs défauts. À l'entraînement, vous devez vous efforcer de frapper chaque balle correctement, exactement comme vous le feriez sur le terrain.

TRAVAIL ET DISCIPLINE

Il en va du golf comme de la plupart des sports, c'est par le travail que vous améliorerez le niveau de qualité de votre jeu. Rien ne saurait remplacer un entraînement régulier et une bonne discipline de travail. La plupart des professionnelles de haut niveau travaillent constamment à améliorer leur technique et ce sont celles qui s'entraînent le plus longtemps et avec le plus d'entrain qui connaissent les succès les plus durables.

IMPORTANT
Apprenez
à l'aide
de la vidéo.

L'importance d'une routine

Le golf est un jeu de balle stationnaire qui laisse parfois trop de temps pour réfléchir. Plus votre routine de préparation pour chaque coup sera à point, mieux vous résisterez à la pression.

Il y a trois étapes à franchir avant de bien jouer au golf. La première consiste à apprendre à exécuter chaque coup à l'entraînement et sur le terrain d'exercice. La seconde, c'est de mettre cette théorie en pratique et la troisième, de savoir composer avec la pression. Une bonne routine permet de faire face à n'importe quelle situation.

Développez une routine de préparation pour chacun des coups. C'est d'ailleurs un bon moyen de vous habituer à répéter votre swing.

Alignement

Comme exemple de routine, prenez l'habitude de laisser votre sac et vos clubs au même endroit, à droite de la balle, et alignez-vous de la même manière à l'entraînement comme en compétition. Marchez vers la balle de côté ou, encore mieux, approchez-vous par derrière et alignez-vous à partir de cet endroit, en visant un repère qui se trouve devant la balle. Répétez ce manège à plusieurs reprises.

Préparation

Adoptez toujours la même posture, posant d'abord les mains sur le club de la même façon, en commençant par la main gauche, puis la droite et ainsi de suite. Habituez-vous à ne pas agiter vos mains inutilement et à adopter votre grip en deux mouvements. En vous positionnant selon l'emplacement de la balle, exécutez systématiquement le même nombre de waggles ou de petits mouvements avec le club.

Finish

Habituez-vous à suivre la balle au moment de l'impact et à terminer chacun de vos swings par un followthrough parfaitement équilibré, à maintenir pendant au moins quatre secondes. Le golf est très différent des jeux dans lesquels la balle se déplace constamment, car vous n'avez pas à la pourchasser! Tout ce que vous devez faire, c'est vous tenir debout et la contempler — ou surveiller avec attention vers quel endroit elle

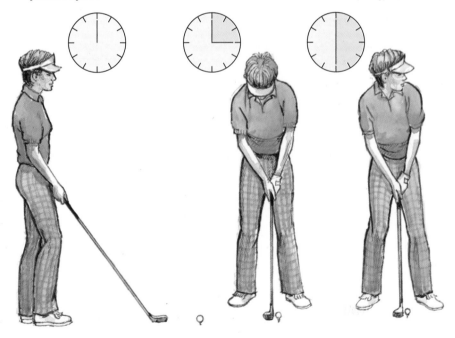

se dirige! Même si vous baissez les bras, vous devez garder vos jambes en équilibre jusqu'à ce que la balle arrête de rouler. Surveillez-la jusqu'à la fin de son vol et de sa course, sans perdre votre équilibre, puis éloignez-vous. Habituez-vous à répéter votre swing et toute la routine préparatoire, depuis le moment où vous marchez vers la balle jusqu'à la toute fin du swing.

Routine pour le jeu court
Vous devez également adopter une routine préparatoire pour le jeu court, notamment le putting. Vous devez analyser le green de la même façon chaque fois, effectuer le même nombre de swings d'exercice, garder la tête immobile et effectuer un coup de répétition à chacun des putts. Si vous devez effectuer un putt important, ne vous imposez pas l'obligation d'exécuter deux ou trois swings préparatoires, car vous n'y gagnerez rien. Quelle que soit l'importance du putt à effectuer, vous devez procéder selon vos habitudes. C'est en procédant ainsi que vous aurez le plus de chances de succès.

Deux modes de décisions
Habituez-vous à lever les yeux vers l'objectif le même nombre de fois. Il arrive fréquemment, à l'entraînement, qu'on place sa balle et qu'on ne regarde l'objectif qu'à une seule reprise avant de la frapper. Sur le terrain, les golfeuses sont portées à agir différemment et à lever les yeux plusieurs fois en direction de l'objectif avant de frapper la balle. Dans le cadre d'une compétition, vous serez portée davantage à lever les yeux, à bouger les pieds ou à modifier votre position, ce qui risque de vous plonger dans l'incertitude. Prenez le temps d'observer des golfeuses de haut niveau et vous constaterez qu'elles reproduisent de façon systématique, à chacun de leurs coups, les mouvements qui leur permettent de connaître du succès. Faites comme elles.

Le cerveau prend des décisions selon deux modes bien distincts. D'une part, il y a les décisions rapides, lorsque la situation exige de peser le pour et le contre en deux temps, trois mouvements. Cette forme de processus mental intervient surtout dans des cas d'urgence et dans des jeux de balle en mouvement ; de façon générale, on peut s'y fier. L'autre mode décisionnel fait appel à une forme différente de jugement, beaucoup plus élaborée, ainsi qu'à une autre partie du cerveau. Au golf, le danger, lorsqu'il faut prendre une décision rapide, que ce soit à l'entraînement ou en cours de partie, est d'adopter un processus différent de la routine en raison de la pression. Le cerveau fonctionne différemment et le jugement peut s'avérer beaucoup moins efficace. Si vous levez les yeux une seule fois pour évaluer la distance lorsque vous exécutez un pitch qui semble facile, ne le faites qu'une fois lorsque vous êtes sous pression.

SÉQUENCE PRÉPARATOIRE
Les golfeuses de haut niveau suivent à la lettre une séquence préparatoire routinière. Il serait presque possible de régler un chronomètre en les observant. Faites de même. Suivez toujours la même routine à chacune des étapes préparatoires, soit le grip, le stance, l'adresse et le swing, et ce à chacun de vos coups.

IMPORTANT
Ne ralentissez pas sous la pression.

Détente, concentration et efforts démesurés

Le golf n'est pas un jeu dans lequel les participants sont à leur meilleur lorsqu'ils font le plus d'efforts. Pour se motiver, certaines golfeuses s'imaginent que leur putt va leur rapporter un million de dollars ou qu'elles vont remporter le British Open. En réalité, plus les gens sont détendus, mieux ils jouent au golf.

Généralement, des tensions dans les épaules, les bras et les mains nuisent au rendement. Si vous êtes tendue sur le terrain, apprenez à bien respirer. Expirez à quelques reprises.

La majorité des golfeuses devraient envisager les tournois les plus importants comme des parties ordinaires. Il est préférable de penser qu'il s'agit de matchs amicaux disputés avec quelques connaissances. Il va sans dire que pour la plupart des gens qui pratiquent le golf, c'est l'atmosphère rêvée ; il est possible de converser et de se détendre sur le terrain en compagnie de ses partenaires. Vous frappez la balle, vous l'oubliez et vous discutez avec vos partenaires. Vous passez ensuite au coup suivant, puis vous interrompez votre conversation pour vous concentrer sur le coup. Ce genre d'atmosphère fait en sorte que vous arrêtez de penser entre deux coups et de formuler des jugements trop rapides.

Toutefois, dans une compétition, c'est le silence qui règne. Chaque participante veut donner le meilleur d'elle-même. Vous êtes peut-être confrontée à une personne que vous n'avez jamais rencontrée et la trouvez intimidante, ce qui est sans doute réciproque. Une fois la partie terminée, vous espérez sincèrement ne jamais la revoir ou jouer à nouveau contre elle. Toutefois, ni vous ni elle n'avez agi incorrectement ! Comme il n'y a aucune conversation sur le terrain, vous êtes toutes deux concentrées sur le jeu, vous préoccupez du coup suivant, pensez aux erreurs commises aux coups précédents et consacrez probablement trop d'efforts afin d'obtenir un bon score. Ainsi, la partie devient de plus en plus lente et les bons coups sont gâchés par des efforts démesurés. Une fois la partie terminée, vous affirmez avoir été incapable de vous concentrer.

Il existe deux façons de se concentrer sur le terrain. La première consiste à vous enfermer dans une bulle dès le premier tertre de départ et à essayer de ne laisser aucune pensée parasite pénétrer votre armure. La deuxième méthode consiste à vous concentrer sur votre coup, puis à relâcher votre concentration jusqu'au coup suivant. C'est avec cette dernière méthode que la plupart des golfeuses connaissent le plus de succès. Un trop grand effort de concentration provoque souvent une tension.

Il est important d'être capable de se détendre, puis de se concentrer au maximum lorsqu'on arrive près de la balle. Si vous trouvez difficile de vous détendre, imaginez que la tension est un liquide qui circule dans votre corps. Prenez quelques inspirations profondes et laissez pendre vos bras. Visualisez la tension comme un liquide rose et chaud qui s'égoutte littéralement en petites flaques jusque sous vos mains.

Pour centrer votre attention et chasser toute pensée relative à la dernière conversation que vous avez eue sur le terrain, tenez-vous un discours intérieur : « Bonjour, madame la balle, me voici. Nous ne sommes qu'à 150 mètres de notre objectif. Ceci est un fer 4 et j'ai l'intention de bien réussir ce coup. » Concentrez-vous bien sur la balle et sur l'objectif, frappez la balle, oubliez-la et avancez. La majorité des golfeuses trouvent plus difficile de décrocher après avoir frappé la balle que de se concentrer avant d'effectuer le coup. Si vous devez jouer en silence avec une partenaire que vous ne connaissez pas, habituez-vous à composer avec la situation. Concentrez-vous, puis relâchez votre concentration. Il est beaucoup moins épuisant de laisser l'esprit vagabonder que de se concentrer sans arrêt sur la balle.

Ne pensez jamais au coup suivant avant d'être rendue près de la balle et n'essayez pas de choisir le club approprié avant d'être arrivée à l'endroit où vous devez frapper votre balle, et ce même si vous n'êtes qu'à 10 mètres de la balle. Le coup peut sembler très différent une fois sur place. Conservez votre énergie au lieu d'anticiper.

Envisagez la partie comme un certain nombre de coups isolés et jouez chacun de ces coups du mieux que vous pouvez. Ne vous fixez pas d'objectif en termes de score, laissez les choses suivre leur cours. Pour obtenir du succès, vous devez évaluer

votre motivation pour chacun des coups. Les championnes de golf désirent toujours réussir leur meilleur coup chaque fois qu'elles s'installent pour frapper la balle. Les golfeuses ordinaires ont des motivations qui varient selon les coups. Un coup peut leur sembler très important, alors qu'elles attachent peu d'importance à un autre. Peut-être attachent-elles plus d'importance lorsqu'elles sont observées, qu'il s'agit d'un coup au-dessus d'un obstacle d'eau, qu'elles ont un bon score ou que la pression monte !

La meilleure attitude consiste à penser de façon rationnelle : « Je veux réussir le meilleur coup possible ». Cette approche génère beaucoup moins de pression. Chacun des coups doit être envisagé de façon méthodique. Le Scramble du Texas est une formule de jeu favorisant une attitude mentale idéale. Tous les joueurs frappent leur coup de départ, mais frappent ensuite à tour de rôle la balle qui est la mieux placée sur le terrain. Il s'agit là d'un excellent moyen de s'habituer à ne pas associer chacun des coups. De plus, cette formule présente un élément de surprise. Il est généralement plus facile d'oublier un coup et de ne pas penser au suivant tant que le meilleur coup n'a pas été sélectionné. Vous vous habituez ainsi à isoler mentalement les coups et à n'envisager qu'un coup à la fois.

Développez une méthode de jeu personnelle qui vous permettra de composer avec la pression. Bon nombre de golfeuses agissent d'une façon sur

LA DÉTENTE
Si vous trouvez difficile de vous détendre sur un terrain de golf, effectuez des exercices de relaxation musculaire, comme de légers roulements de tête (ci-dessus) ou des exercices de visualisation positive destinés à relâcher la tension.

le terrain d'exercice, puis adoptent une autre technique sur le parcours pour encore changer de méthode lorsqu'il s'agit d'un coup vraiment important. Tous ces changements ont pour effet de ralentir le jeu et d'exiger trop d'efforts. Plutôt que d'essayer de donner le meilleur d'elles-mêmes à chaque coup, ces golfeuses tentent de mettre le paquet lorsqu'elles croient qu'un coup est d'une importance capitale. Elles exécutent alors quelques swings d'exercice, attachent leur gant, agitent la tête du club, trouvent qu'elle n'est pas assez propre, puis se dirigent vers la balle, essaient de trouver la position idéale mais n'y parviennent pas. Une fois qu'elles se sont décidées, elles s'apprêtent à frapper la balle, lèvent les yeux une fois, une deuxième fois, puis une troisième, affichant chaque fois une expression plus inquiète que la précédente. Finalement, après une longue période de réflexion et beaucoup plus de déplacements que la normale, elles semblent enfin prêtes à frapper la balle. Le silence règne, elles sont immobiles et la tension est à couper au couteau, puis elles décident soudainement que leur chariot est mal placé et tout est à recommencer !

IMPORTANT
Faire trop d'efforts est néfaste.

La crainte de l'échec

Le golf est un des sports les plus cruels. La plupart des sports qui se jouent avec des balles comportent des risques de blessures, qu'il s'agisse d'un nez brisé, d'oreilles déchirés ou d'entorses, alors qu'au golf, il n'y a que votre ego qui risque d'être malmené.

Pour beaucoup de gens, il est plus douloureux d'être blessé dans son ego que de subir une blessure corporelle. Plusieurs golfeuses de haut niveau risquent leur vie et leurs membres sans trop s'en soucier chaque fois qu'elles exécutent un pitch, mais elle ont beaucoup plus peur du golf et de la balle elle-même. Nous pouvons avoir l'air vraiment idiotes sur un terrain de golf! Peu importe la qualité de votre jeu, vous n'êtes jamais à l'abri d'une erreur stupide comme un petit putt, un pitch ou une sortie de bunker ratés. Voilà pourquoi on rencontre rarement des golfeuses prétentieuses, sauf peut-être des débutantes qui ne connaissent pas encore toutes les subtilités et les pièges du golf!

Pour bien jouer, il est essentiel de savoir combattre vos peurs, car ce qu'il peut vous arriver de pire sur un terrain de golf, c'est de perdre votre balle, ce qui entraîne des dépenses supplémentaires. Toutefois, quoi que vous fassiez, il semble qu'il y ait toujours un motif de crainte à l'horizon. Beaucoup de golfeuses sont terrifiées à l'idée d'avoir l'air ridicules sur le terrain. Les débutantes semblent penser que derrière chaque buisson, d'autres golfeuses les observent et se moquent de leurs erreurs. En réalité, les golfeuses expérimentées ont tendance à détourner le regard et à faire semblant de n'avoir rien vu, trop contentes que l'erreur ne soit pas la leur.

La golfeuse moyenne se préoccupe généralement beaucoup trop de son score. Plusieurs ont peur

COUPS DIFFICILES
Lorsque vous êtes confrontée à un coup difficile, par exemple un bunker dont il est particulièrement difficile de sortir, vous devez croire en vous-même. Il s'agit d'un coup comme un autre et personne ne se moquera de vous si vous le ratez. À gauche, Brandie Burton dans le feu de l'action, à Muirfield.

PRATIQUEZ LA VISUALISATION POSITIVE
Dites-vous que vous êtes capable de réussir le coup. Imaginez-vous dans la peau de votre golfeuse professionnelle préférée et essayez de penser à ce qu'elle ressentirait en exécutant le coup. Au golf, la confiance en soi fait toute la différence du monde, tel que démontré ici par Kellie Kuehne (à droite) dans le cadre du US Women's Open.

de la carte de pointage et du crayon dès le début de la partie. Il suffit de connaître un mauvais trou pour commencer à penser que le résultat sera mauvais. Que vont dire les autres ? S'inquiéter du score final est la façon la plus sûre de connaître une mauvaise partie, car la golfeuse ne cessera, de façon irrationnelle, de penser à l'embarras qui l'attend. Une fois la partie terminée, la marqueuse vérifiera le résultat, mentionnera le score pour chaque trou ainsi que le résultat final, puis la carte sera remise aux golfeuses pour qu'elles la signent, comme s'il fallait reconnaître toutes ses erreurs. « Oui, c'est bien moi qui ai joué comme ça. Je l'avoue. » Le résultat misérable est alors affiché au vu et au su de tous. Vous imaginerez alors que les autres golfeuses pensent du mal de vous, mais il n'en est rien, du moins en ce qui concerne celles qui comprennent le jeu. Vous pouvez même croire qu'il en sera fait mention dans le journal et que tous sauront que vous avez mal joué.

Vous devez apprendre à jouer sans craindre de rater votre coup et afficher suffisamment de confiance en vos moyens, avec juste ce qu'il faut d'humilité. Tenez compte de ce que vous ressentez sur le terrain. Évaluez votre niveau de confiance ou votre manque de confiance sur une échelle de 1 à 9. Si vous êtes à 1, soit au bas de l'échelle, vous êtes terrorisée et aimeriez vous trouver ailleurs. Les sentiments s'échelonnent alors ainsi : terrifiée, très inquiète, inquiète, calme, raisonnablement confiante, positive, très confiante, très positive et très sûre de soi. Pour un grand nombre de golfeuses, le sentiment dominant se situe autour de 3 et 4. Les golfeuses de talent doivent, en toute situation, afficher un sentiment qui tourne autour de 8 ou 9, qu'elles soient sur le premier tertre de départ ou sur le green du 18e trou, qu'elles jouent un putt pour sauver le match ou pour remporter la victoire. L'aspirante championne a besoin de se sentir championne et de se comporter en championne. Aux yeux des joueuses qui se trouvent sur le fairway voisin, elle doit présenter l'image d'une personne confiante et décontractée, et avoir l'air de s'amuser tout en connaissant du succès. Lorsque vous êtes confrontée à un coup intimidant, demandez-vous comment Alison Nicholas se sentirait : « Je suis Alison Nicholas. Je vais frapper la balle comme elle. » Alison Nicholas ne s'inquiéterait certainement pas à l'idée de perdre une balle neuve.

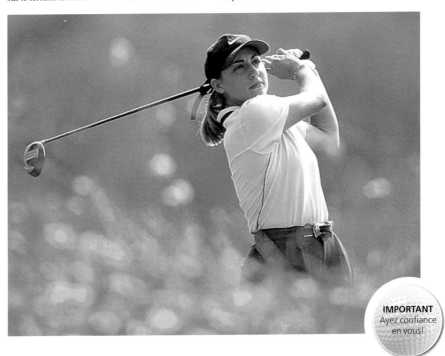

IMPORTANT
Ayez confiance en vous!

Dès le premier tertre de départ, vous devez vous sentir aux commandes du match, avant même d'avoir frappé la première balle. N'arrivez pas sur le tertre de départ en avançant péniblement, l'air énervé, en donnant l'impression à votre adversaire qu'elle vous impressionne et que vous êtes honorée de jouer contre elle (à moins qu'il s'agisse vraiment d'une joueuse étoile). N'allez surtout pas lui dire que vous espérez lui livrer un bon match. Soyez confiante. « Bonjour, je m'appelle Dominique. Je vous souhaite un excellent match. J'utilise une Titleist 2. » Faites-lui savoir dès le départ qui tient les rênes. Ayez l'air organisée et déterminée.

Apprenez à vous amuser, même quand vous jouez mal ! Quand on joue bien, la vie est belle, le sourire est large. Ce qui est plus difficile, c'est d'apprendre à composer avec les mauvais jeux. Si vous parvenez à terminer votre partie sans être trop déçue et que vous arrivez à l'apprécier même si vous avez connu un

match horrible, vous vous rendrez compte que cette situation a peu de chances de se reproduire. Paniquer ne ferait qu'aggraver les choses. De toute évidence, pour être championne, il vous faut une bonne dose d'amour-propre. Vous voulez être à votre meilleur. Ne soyez pas complaisante. C'est la crainte même des mauvais résultats qui est à leur origine. Comment faut-il composer avec une mauvaise partie ?

Une golfeuse arrive en affichant un large sourire. Lorsqu'on lui demande comment s'est déroulée la partie, elle répond immédiatement que c'était un désastre, qu'elle a joué comme une dinde. Et quand on lui demandera le résultat, elle répondra : « Ça ne regarde que moi, c'était catastrophique, mais je me suis amusée. J'ai fait connaissance avec des éléments du parcours que je n'avais pas vus auparavant, mais que mon mari connaît probablement ! J'ai tellement répété mes coups de bunker que j'ai l'impression d'avoir amélioré ma technique. J'ai aussi l'impres-

sion que j'ai frappé tous mes mauvais coups pour l'année aujourd'hui même. Tenez-vous bien, je serai prête pour le mois prochain. Mon pointage? 94…, non, pas 94 brut, 94 net, mais j'ai eu du plaisir.»

Lorsque d'autres personnes vous demanderont votre pointage, vos amies auront tendance à vous protéger (très heureuses que la chose ne leur soit pas arrivée à elles) et à répondre : «Elle a connu une mauvaise partie, mais elle a eu du bon temps.». Elles sont toutes gentilles et compatissantes, du moins celles qu'on peut qualifier de véritables golfeuses, avec leur propre bagage d'expériences désastreuses. Ce n'était quand même pas si terrible que ça. Elles ont toutes une histoire d'horreur personnelle à raconter, de putts ratés, et le 94 finit par paraître insignifiant. Elles vous sont toutes tellement reconnaissantes de pouvoir rentrer à la maison pour dire à leur mari et à leurs enfants qu'il y a des golfeuses pires qu'elles. Vous devenez l'amie de toutes. Une mauvaise partie déjà disputée ne peut plus faire peur à personne.

Toutefois, il y a l'autre golfeuse, avec une tout autre personnalité. Elle termine sa partie, refuse de vérifier le pointage avec exactitude, lance un regard menaçant à sa partenaire de jeu — «Je préférerais déchirer la carte, mais inscris ce nombre s'il le faut» —, mettant la carte de pointage de force dans sa main. Elle se précipite ensuite vers le stationnement, ouvre violemment le coffre, y lance les clubs, le chariot et le reste de l'attirail, s'assoit dans le siège du conducteur, chaussures de golf toujours aux pieds, et démarre en faisant crisser les pneus, laissant derrière elle une odeur de caoutchouc brûlé. Tous les regards se détournent de la fenêtre du pavillon. Par suite de nombreux marmottements, son pointage n'est plus un secret pour personne. Sa partenaire de jeu raconte tout en détail, exagérant chacun des coups désastreux, le tout sous une avalanche de rires et de gloussements ravis.

JOUER PAR-DESSUS L'EAU
La perspective de jouer par-dessus l'eau intimide bon nombre de golfeuses, mais la présence de tels obstacles vise précisément à mettre les joueurs au défi ! Si vous vous attaquez aux obstacles d'eau comme pour les autres coups, il n'y a aucune raison de manquer votre coup. On aperçoit ici Liselotte Neumann frappant sa balle au-dessus de l'eau à Les Bordes, en France.

Lorsque l'infortunée golfeuse trouvera suffisamment de courage pour revenir s'attaquer au parcours, sa présence dans chacune des aires du pavillon sera soulignée par un silence embarrassant et des regards convenus. Sa prochaine partie sera pire et la suivante encore plus désastreuse, car elle se souviendra de la frustration éprouvée lors des parties précédentes. Voilà ce qui vous guette si vous n'êtes pas capable de composer avec un mauvais résultat. Pour beaucoup de femmes, la pression vient de l'appréhension d'avoir à raconter à leur mari et à leurs enfants (qui sont peut-être de meilleurs golfeurs) comment s'est déroulée leur partie et à dévoiler leur pointage. Si c'est votre cas, contentez-vous de mentionner que vous avez gagné ou perdu, point à la ligne. Décrivez vos bons coups jusqu'à temps qu'ils se lassent et ils arrêteront de vous questionner. Si vous avez gagné un prix dans le cadre d'un tirage, dites simplement que vous l'avez gagné au golf! Soyez positive!

Le golf est un jeu qui n'admet aucune excuse. N'invoquez pas un problème de dos, la présence d'un préposé à l'entretien des greens bruyant, un trou mal découpé ou même la préparation du mariage de votre fille dans quelques mois! Le golf est le seul jeu où vous utilisez votre propre balle et personne ne peut y toucher ou influencer sa trajectoire. Vous la placez sur le tertre de départ, la frappez, vous la sortez du trou, la nettoyez et la laissez tomber au sol. Vous êtes responsable de tout ce qui arrive. Peu importe à quel point vous parvenez à maîtriser le jeu, le désastre vous guette à chaque instant. Pour apprécier le golf, il faut surmonter chacun des obstacles et accepter qu'il s'agit d'un jeu où il est normal de rater des coups. Si vous cherchez à réussir un trou d'un coup, vous pourriez attendre toute votre vie. Si on prend le jeu à la lettre, tous les autres coups sont finalement des coups ratés! N'importe qui peut frapper des bons coups. Le véritable progrès consiste à apprendre à transformer ses mauvais coups en bons coups.

Apprenez à exécuter un swing stylisé et comportez-vous comme une championne. Les joueurs qui se trouvent sur les fairways voisins ne verront probablement pas le vol de votre balle, mais ils apercevront votre swing et votre réaction face au coup. Ayez l'air d'une bonne joueuse qui frappe un mauvais coup plutôt que d'une mauvaise joueuse qui frappe un mauvais coup!

IMPORTANT
Il n'y a aucune excuse qui tienne!

Le stroke-play

Le stroke-play, également appelé medal play, est généralement considéré comme la forme de compétition la plus exigeante au golf.

Dans ce type de compétition, on enregistre le nombre total de coups réalisés sur un parcours de 18 trous. On note le résultat enregistré pour chaque trou et on additionne les résultats pour obtenir le score brut.

Le score brut est toujours celui qui prévaut dans les compétitions professionnelles. Chez les amateurs, si on fait exception des championnats, on déduit le handicap du joueur pour obtenir le score net. C'est le score brut le moins élevé qui désigne le vainqueur sans handicap et le score net le plus bas, le vainqueur possédant un handicap.

En stroke-play, vous faites face à toutes les autres golfeuses et non à une seule adversaire. Voilà pourquoi les règles et les pénalités diffèrent de la formule du match-play. En stroke-play, c'est généralement votre partenaire qui note votre score. Avant d'entreprendre le parcours, les joueurs échangent leurs cartes de pointage et, tout au long du parcours, notent mutuellement leurs résultats. Le stroke-play est le mode de jeu qui permet de déterminer les handicaps. On peut y jouer en simple, en foursome ou à quatre balles.

Beaucoup de golfeuses craignent ce genre de compétition. La carte de pointage semble leur mettre une pression indue, car tous les coups comptent. Dans les match-plays et les autres formes de compétition, un mauvais coup n'a pas autant de répercussions négatives sur le pointage. Une bonne compréhension de la psychologie du golf est un atout important pour bien réussir lorsque vous jouez en stroke-play.

Pour commencer, il est important de se concentrer sur le moment présent et de penser au coup que vous vous apprêtez à frapper. Ne pensez ni aux coups à venir, ni aux coups passés. Pour réussir un bon match en stroke-play, il faut frapper en donnant le meilleur de soi dès le premier tertre de départ, puis passer au coup suivant et donner encore son maximum. Ne faites pas d'efforts exceptionnels pour réussir un coup et vous relaxer au coup suivant. Contentez-vous de frapper la balle, d'oublier votre coup et d'avancer vers l'étape suivante, frappant ainsi banalement vos coups l'un à la suite de l'autre. Au bout du compte, la balle se retrouvera dans le 18e trou. Faites le total.

La plupart des golfeuses font l'erreur de toujours penser aux coups précédents ou à ceux à venir plutôt que de se concentrer sur celui auquel elles doivent faire face À L'INSTANT. Pour prendre un exemple typique, admettons qu'elles obtiennent 10 au premier trou. Elles ne pourront chasser ce score de leur esprit et les 2e, 3e et 4e trous seront tous gâchés par le spectre de ce 10 au premier trou. Comment feriez-vous pour vous reprendre ? C'est impossible, car c'est déjà du passé. Certaines joueuses sont incapables d'oublier un premier trou catastrophique, à moins de faire pire ! Elles sont portées à penser à ce qu'elles ont fait avant de jouer leur coup, se remémorant des situations semblables survenues le jour précédent, la semaine précédente ou même un an auparavant. Elles s'inquiètent du passé. Vous ne devez pas regarder en arrière. La plupart des gens n'apprennent pas de leurs erreurs passées, mais en les ruminant, ils se conditionnent plutôt à répéter ces mêmes erreurs. Vous devez vivre dans le présent.

Ne faites pas comme la plupart des golfeuses qui calculent leur score au bout de neuf trous, en présumant que leur résultat pour 18 trous sera automatiquement le double. Rares sont les golfeuses qui inscrivent un score identique pour les neuf premiers trous et les neuf trous du retour ! N'essayez pas de prédire le score. Si vous connaissez un bon match, ne pensez pas aux prix que vous pourriez gagner, car plusieurs golfeuses perdent des compétitions parce qu'elles se laissent distraire par l'éventualité de gagner des prix et se déconcentrent.

N'oubliez pas que le bon sens vous accompagne et vous suit partout, comme un perroquet sur votre épaule gauche qui vous murmure à l'oreille ce que vous devez faire. (C'est la raison pour laquelle toutes les bonnes golfeuses gardent l'épaule droite un peu plus élevée, pour être à l'écoute du gros bon sens !) Que vous ayez l'impression de jouer très bien ou très mal, vous ne devez jamais ignorer le gros bon sens. Vous ne devez surtout pas devenir trop ambitieuse ou trop prudente. Jouez comme d'habitude, sans vous occuper du score, et laissez les choses suivre leur cours. Une partie qui commence du mauvais pied ne se termine pas nécessairement mal.

BIEN JOUER EN STROKE-PLAY

Jouez chaque coup tel qu'il se présente, sans anticiper. Ainsi, la partie se déroulera normalement et la balle finira par se retrouver dans le trou au 18e. C'est seulement à la toute fin que vous vous pourrez célébrer si vous avez gagné ! Ci-dessus, Sherri Steinhauer célèbre sa victoire à Muirfield.

- La seule chose qu'il est bon d'anticiper, c'est votre stratégie pour chacun des trous au moment où vous les abordez.
- Observez l'emplacement du drapeau et préparez votre coup de départ avec soin.
- Ne faites pas de prédiction concernant le score. Vous devez vous concentrer sur le moment présent.
- Frappez votre coup et n'y pensez plus. Marchez jusqu'à la balle, puis concentrez-vous sur le coup suivant et ainsi de suite.
- Jouez toujours un coup à la fois dans votre tête.
- Ne choisissez pas votre club tant que vous n'êtes pas rendue devant la balle, car cela pourrait nuire à votre réflexion.
- Traitez chaque coup séparément. Évitez de penser aux coups précédents et à ceux qui vont suivre.
- Si vous commettez une erreur, essayez de l'oublier le plus rapidement possible.
- Ne modifiez pas votre stratégie sur un trou en fonction du pointage. Conservez votre style de jeu quel que soit le pointage.
- Ne prenez pas de risques inutiles, particulièrement lors des coups de récupération ou des coups délicats. Si vous avez l'impression que tout va mal, vous risquez d'empirer la situation.

Souvenez-vous : l'indécision et le doute mènent à l'échec. Ne vous interrogez jamais sur ce qui va se produire : « Et s'il arrivait que… ? ». Les si sont générateurs de stress. « Que se passera-t-il si je me retrouve dans le bunker, si ma balle se retrouve dans un arbre ? » « Que se passera-t-il si je ne remporte pas la compétition ? » Dites-vous que si vous rentrez chez vous sans avoir gagné, vous serez exactement dans la même situation qu'au départ, ce ne sera ni mieux ni pire !

À faire et à ne pas faire en stroke-play

- Ne vous vantez pas si tout se passe bien.
- Ne vous demandez pas : « Qu'arrivera-t-il si… ? », car c'est synonyme de stress.
- N'anticipez pas le résultat tant que le match n'est pas terminé.
- Souvenez-vous qu'un mauvais départ n'est pas nécessairement annonciateur d'une mauvaise partie.
- Ne pensez pas au score tant que le match n'est pas terminé. D'une part, si vous êtes en bonne posture, vous risquez de devenir nerveuse. D'autre part, si votre score est mauvais, vous vous inquiéterez et les choses vont s'aggraver.
- Ne présumez jamais que votre score final sera le double de celui des neuf premiers trous. Vous pouvez aussi bien faire 45 à l'aller, puis 35 au retour ou vice-versa. Il est préférable d'éviter de faire ce genre de calcul.
- Ne pensez pas à ce que vous allez gagner tant que le match n'est pas terminé.
- Ne pensez pas à préparer votre discours de championne tant que vous n'avez pas gagné la compétition !

IMPORTANT
Concentrez-vous sur le moment présent.

Le match-play

Le match-play est une forme de compétition qui vous oppose trou par trou à un adversaire ou à une équipe.

Le match-play diffère du stroke-play, formule où vous vous mesurez à toutes les autres joueuses. En match-play, la joueuse qui inscrit le score le plus bas pour chacun des trous remporte ce trou, en tenant compte du résultat brut ou en fonction du handicap.

Supposons que la golfeuse A dispute un match à la golfeuse B et que leur niveau de jeu est similaire. La golfeuse A remporte le premier trou en inscrivant un 4, alors que la golfeuse B obtient un 5. La golfeuse A mène donc par un trou à zéro. Au deuxième trou, les deux golfeuses inscrivent 5. Le trou est donc égal et la golfeuse A continue de mener par un trou. Cette dernière remporte de nouveau le troisième trou et se retrouve avec deux trous d'avance, alors que la

golfeuse B traîne de l'arrière par deux trous.

Supposons, après 15 trous, que la golfeuse A détient une avance de trois trous, qui équivaut au nombre de trous à jouer. Elle se retrouve ainsi en situation de dormie par trois coups, ce qui veut dire qu'elle ne peut perdre le match à moins qu'il y ait prolongation. Les golfeuses A et B se partagent les honneurs du 16e trou, ce qui fait en sorte que la golfeuse A conserve son avance de trois trous avec seulement deux trous à jouer. À ce stade, la golfeuse B ne peut plus la rattraper et la golfeuse A peut être déclarée gagnante avec trois trous d'avance et deux trous à jouer, formule qui peut être abrégée par 3 et 2.

Si, par exemple, B remporte les 16e, 17e et 18e trous, les joueuses finissent la partie à égalité.

Selon les règles propres à la compétition, il est possible qu'elles disputent des trous supplémentaires, ce qui veut dire que le premier trou supplémentaire deviendrait le 19e trou. Ou bien le match se termine là. S'il faut absolument une gagnante, elles pourraient continuer et jouer un 19e trou, puis un 20e et ainsi de suite jusqu'à ce qu'il y ait une gagnante. S'il s'agit d'un match de club ou d'une rencontre de niveau international, plus souvent qu'autrement le match prendra fin au 18e trou et la partie sera nulle.

Voici quelques règles d'étiquette :
• Sur le premier tertre de départ, il faut tirer à pile ou face pour désigner la joueuse qui aura le privilège de jouer la première, à moins qu'un

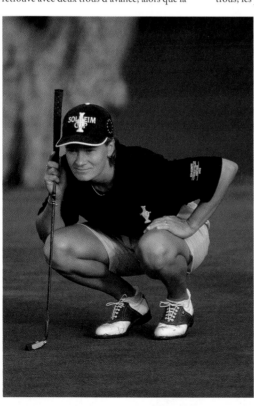

GAGNEZ LE TROU
Bien que vous disputiez chacun des trous à un ou une adversaire, c'est le parcours que vous affrontez et non cette personne. Ici, on aperçoit Catriona Mathew qui évalue un putt durant la Coupe Solheim Cup à Muirfield Village.

ordre de départ n'indique l'identité de la personne qui doit commencer la partie. Il ne saurait être question de laisser la golfeuse qui possède le handicap le plus bas prendre le départ en premier sans procéder à un tirage au sort.

• La joueuse qui remporte le trou se voit accorder l'honneur de frapper son coup de départ la première au trou suivant, privilège qu'elle conservera jusqu'à ce qu'une autre joueuse remporte un trou.

• Normalement, c'est la joueuse qui traîne de l'arrière qui doit annoncer le score après chaque trou ; cette règle n'est pas toujours observée, mais devrait l'être. Si vous procédez de cette façon, il n'est pas absolument nécessaire de tenir une fiche de match. En match-play, comme le score total n'est pas calculé, vous n'avez pas besoin d'inscrire le nombre de coups joués pour chacun des trous.

• Si vous vous voyez accorder un coup en raison de votre handicap, c'est vous qui devrez en faire l'annonce. Vous avez la responsabilité de réclamer votre point.

Les règles du match-play et du stroke-play sont différentes. En match-play, vous n'avez qu'une adversaire, alors qu'en stroke-play, vous vous mesurez à toutes les autres golfeuses. Il n'est pas permis de revenir en arrière et de changer le score. Vous devez également annoncer avec exactitude le nombre de coups joués si on vous le demande. Si vous ne le faites pas et ne corrigez pas l'information avant que votre adversaire joue, vous perdez automatiquement le trou. Voilà une règle qui ne s'applique pas au stroke-play. Essayez de bien comprendre les différences de réglementation entre ces deux formes de compétition.

L'aspect psychologique

Il joue un rôle essentiel en match-play. De façon générale, vous devez procéder de la même façon qu'en stroke-play. En d'autres termes, vous devez simplement jouer du mieux que vous pouvez, un trou à la fois, sans trop vous occuper de la performance de votre adversaire. Si cette dernière joue un mauvais coup, ne modifiez pas votre façon de jouer en conséquence. Ne modifiez pas votre stratégie sur un trou spécifique tant que vous ne connaissez pas le score de votre adversaire. Il est trop facile de présumer qu'elle va réussir un putt d'un mètre. Si vous prenez trop de risques avec, par exemple, un putt de 3 mètres et que votre adversaire rate également son coup, vous risquez de manquer encore votre coup la fois suivante.

Il est très facile de se laisser distraire par le jeu de son adversaire. Si vous voyez qu'elle frappe sa balle hors limites, votre première erreur sera sans doute de penser : « Excellent ! » et votre deuxième consistera à délaisser le driver pour un bois 3 et plus de sécurité. Au deuxième coup, vous voudrez alors utiliser un bois 7 au lieu d'un bois 3 pour la même raison. Entre-temps, votre adversaire aura atteint le green, en raison de deux coups superbes, et se retrouvera à proximité du trou. Vous serez déconcertée, votre adversaire inscrira cinq coups et vous six, et vous perdrez le trou. Il est trop facile de perdre un match à cause d'une simple et stupide erreur de jugement.

N'oubliez pas que le match n'est pas perdu tant que le dernier putt n'a pas été empoché. Il vous faut aborder chacun des coups de manière positive, exactement comme vous le feriez en stroke-play. Si vous avez une avance de cinq trous et que vous vous retrouvez soudainement avec une avance de deux trous, oubliez votre avance du début et concentrez-vous sur le moment présent. D'une façon ou d'une autre, vous ne pourrez pas modifier ce qui s'est déjà passé sur le parcours.

Le vent peut tourner de façon étonnante dans le cours d'un match. Ainsi, vous pouvez disposer d'une avance de 5 trous et perdre la partie, comme vous pouvez être en arrière de 5 trous et remporter la victoire. La règle à suivre, lorsque vous avez l'avance, consiste à ne jamais plaindre votre adversaire, peu importe qu'elle soit jeune, âgée ou quelque peu pleurnicharde ! Dites-vous que votre adversaire, elle, ne vous plaindra pas. Ne relâchez pas votre concentration et ne vous laissez pas aller à des coups trop faciles. Essayez de gagner par la marge la plus importante possible. Si elle s'excuse de ne pas être une bonne adversaire, n'en tenez pas compte. Le parcours et vos propres lacunes constituent déjà un défi suffisant.

Ne souhaitez jamais de malchance à une adversaire, par exemple de manquer son coup, car si son prochain coup est réussi, vous serez déçue. Tenez pour acquis que le prochain coup qu'elle va frapper sera parfait. Ainsi, vous serez motivée par ses erreurs et non démotivée par ses bons coups. Concentrez-vous sur votre propre jeu.

IMPORTANT
Jouez contre le parcours et non contre votre adversaire.

Voulez-vous devenir une championne?

Les professionnelles ont tendance à rire lorsqu'elles font allusion aux élèves qui affirment : « Je veux devenir une meilleur golfeuse, mais ne changez surtout pas mon swing ». Dans les faits, l'élève a peut-être une meilleure compréhension du jeu que le pro ! Le premier objectif devrait consister à utiliser son meilleur swing le plus souvent possible et le deuxième, à apprendre l'art de marquer et de gagner.

Les golfeuses qui connaissent du succès dans les circuits professionnels n'ont pas toujours un swing parfait. En fait, il est plutôt rare que ce soit le cas. Toutefois, ces golfeuses ont confiance en elles et possèdent une technique qui leur réussit et qu'elles reproduisent continuellement.

Pour améliorer votre jeu, vous devez être en mesure d'identifier vos points faibles. Analysez vos résultats et voyez où se situent les problèmes.

Sur le parcours, notez vos progrès sur la carte de pointage. Ne vous contentez pas d'inscrire votre score, mais tenez compte aussi de vos progrès dans les autres domaines. Si vous améliorez certains aspects de votre jeu, le score n'en sera que meilleur. Remplissez les différentes colonnes de votre carte de pointage et conservez cette information. Dans une des colonnes, inscrivez le nombre de drives où vous avez réussi à atteindre

le fairway. Utilisez la deuxième colonne pour indiquer le nombre de greens que vous avez atteint, par exemple, à moins de 150 mètres. Ainsi, vous pourrez déterminer si votre frappe est précise. Bon nombre de golfeuses constatent qu'elle ne frappent pas suffisamment fort pour atteindre le drapeau sur au moins 15 ou 16 des trous. En fait, elles n'attaquent jamais la coupe.

Servez-vous d'une autre colonne pour évaluer votre putting. Combien de putts vous a-t-il fallu et de quelles distances? Vos longs putts sont-ils trop courts ou trop longs? Voyez si certains aspects de votre jeu pourraient être améliorés sans que vous ayez à modifier votre technique. Ce n'est qu'en prenant des notes comme celles-là que vous prendrez conscience de vos lacunes.

Établissez un programme d'entraînement précis et planifiez vos séances avant de les entreprendre. Ne vous contentez pas de frapper des balles sans avoir d'objectif précis. Exercez-vous en pensant à une partie de golf, par exemple en effectuant 14 drives, quatre pars 3,

DEVENEZ UNE GAGNANTE
L'Américaine Sherri Steinhauer pose avec le trophée au Women's British Open à Lytham St Anne's.

huit coups de bois d'allée, 10 coups de fers de portée moyenne ou longue, 10 coups de fers de courte portée et ainsi de suite. Prenez note de ce que vous faites à l'entraînement et vérifiez les résultats. Indiquez le nombre de balles qui se retrouvent autour de la cible. Combien de balles se posent à gauche de l'objectif et combien à droite ? Avez-vous atteint la distance désirée ? À quelle distance avez-vous frappé la balle avec chacun des clubs lorsque vous avez utilisé des balles de golf de bonne qualité ?

Fixez-vous des objectifs à atteindre, car c'est le meilleur moyen de vous améliorer. Établissez les points faibles et les points forts. Dressez une liste de cinq éléments d'ordre physique susceptibles d'améliorer la qualité de votre jeu, par exemple divers coups, et travaillez ces éléments. Familiarisez-vous avec chacun de vos clubs. Vous devez être aussi à l'aise avec votre fer 4 qu'avec votre fer 5 (ou avec tout autre club faisant partie de votre ensemble). Ainsi, vos choix de clubs ne seront pas conditionnés par le fait que vous êtes plus à l'aise avec le fer 5 qu'avec le fer 4.

Si vous visez une plus grande distance, soyez réaliste. Toutes les golfeuses veulent frapper la balle plus loin, même Laura Davies, mais n'essayez pas de frapper à 30 mètres de plus au risque de perdre votre rythme. Essayez de frapper la balle 10 centimètres plus loin, jusqu'à ce que ces 10 centimètres deviennent 10 mètres. Soyez réaliste, et si vous désirez frappez la balle plus loin, faites plus de bruit en faisant contact !

Voyez ensuite comment vous pouvez améliorer les cinq principaux facteurs psychologiques : la confiance, l'évaluation des distances, la tendance à se sous-évaluer, une bonne préparation et le choix d'un objectif. Très souvent, le véritable progrès s'obtient grâce à des éléments beaucoup plus faciles à corriger que la frappe elle-même. Fixez-vous plusieurs objectifs modestes. Ainsi, si vous désirez réussir moins de 80 une première fois, ne regardez pas le score final. Par exemple, prévoyez réussir le par 12 fois, essayez d'obtenir trois birdies à chaque partie. Si vous vous retrouvez aux abords du green après votre premier coup, considérez ce coup comme un chip qui vous permettra de réussir votre premier birdie plutôt que comme un combat pour sauvegarder le par. Pensez à empocher de longs putts et des pitches courts, et vous constaterez

bientôt que ceux que vous ratez seront plus près que d'habitude. Voici quelques pensées pour apprendre à gagner sans modifier votre swing !

- Je vais me familiariser avec le parcours et les distances.
- Je vais préparer soigneusement mon équipement et apporter tous les accessoires dont j'ai besoin dans mon sac.
- Je vais choisir le club approprié pour chaque coup, me fier à la fiche indiquant la distance et au club sélectionné.
- Perd ou gagne, j'aurai l'air d'une gagnante aux yeux de toutes les personnes qui me verront jouer.
- Je vais penser au présent et donner le meilleur de moi-même à chaque coup.
- Je vais prendre de bonnes décisions et choisir un objectif approprié pour chacun de mes coups.
- Je vais me frotter au parcours et dépasser le drapeau aussi souvent que possible, quand la situation le permet.
- Je ne chercherai point d'excuses.
- Je vais trouver un point positif dans chacune de mes parties de golf.
- J'apprendrai à accepter que le golf est un jeu où les mauvais coups sont inévitables.
- Je ne m'en voudrai pas et je ne manifesterai aucune forme d'agressivité.

Considérez l'atteinte d'un bon score comme un art. Soyez réaliste lorsque vous participez à un tournoi. Si 50 autres golfeuses participent à la compétition, vous devrez connaître un match exceptionnel pour finir devant toutes ces dames. Ne vous mettez pas de pression. Considérez l'apprentissage de la victoire comme un mélange un peu bizarre de swing, de frappe et de pointage. Le premier élément, lorsqu'il n'est pas accompagné du deuxième ou du troisième, permet rarement d'obtenir la victoire. Le second et le troisième élément, lorsqu'ils sont bien exécutés, de façon répétée, même si la technique n'est pas impeccable, connaissent souvent le succès. La victoire tient souvent à l'amélioration de ses mauvais coups. Les véritables championnes sont celles qui reçoivent des félicitations de leurs partenaires de jeu même lorsqu'elles exécutent de mauvais coups.

IMPORTANT
Frappez la balle, oubliez-la et avancez.

Prête et en forme pour affronter le parcours

Ne présumez jamais que les golfeuses n'ont pas besoin d'être en bonne condition physique. Pour une professionnelle ou une golfeuse amateur de haut niveau, la participation à un tournoi exige de la mobilité, de la puissance et de l'endurance.

Une golfeuse de haut niveau peut mettre autant d'efforts dans un coup de départ qu'un champion du javelot dans son lancer. Dans une compétition d'un jour comprenant 36 trous, cela peut signifier exécuter 20 drives à pleine puissance, ainsi que quelques coups de fer et de bois d'allée frappés très énergiquement. Le lanceur de javelot s'entraîne rigoureusement et méthodiquement en vue d'effectuer environ 12 lancers par jour, mais il n'a pas besoin de marcher à une vitesse de 16 kilomètres à l'heure entre ses lancers ! Faut-il en ajouter davantage ? Si vous voulez être en forme et prête pour la saison de golf, vous devez marcher beaucoup. Pendant l'hiver, fréquentez un gymnase et entraînez-vous sur un tapis roulant, non pour courir ou même jogger, mais pour pratiquer la marche rapide.

Une partie de golf ordinaire dure environ quatre heures. Bon nombre de joueuses ne mangent rien à partir d'une heure avant le début de la partie. Il s'agit là d'une erreur, car le corps et le cerveau ont besoin de carburant pour exceller. Si vous n'étiez pas sur un terrain de golf, vous ne passeriez certainement pas cinq heures ou plus sans consommer ni nourriture ni boisson. N'allez pas croire que la consommation de liquide n'est nécessaire que lorsqu'il fait chaud. Vers le 12e trou, plusieurs golfeuses éprouvent des problèmes d'ordre mental et physique sur le terrain. La fatigue s'installe. Ne vous attendez pas à disputer une bonne partie si vous n'avez ni nourriture ni boisson à votre disposition durant le parcours.

Le swing du golf exige de la souplesse. Dans le finish, votre pied gauche pointe directement vers l'avant pendant que vos hanches pivotent à angle droit. Vos chevilles ont besoin de souplesse. Votre dos et votre taille doivent être détendus pour pivoter. Le bras gauche doit se déplacer en diagonale pour atteindre l'épaule droite, vos poignets doivent être souples et votre cou a besoin d'une certaine liberté de mouvement pour que votre tête puisse demeurer immobile. Heureusement, les femmes ont une mobilité supérieure à celle des hommes. Voici quelques exercices qui aident à améliorer la flexibilité et la force.

La tête et le cou. Penchez la tête vers la droite comme si vous vouliez toucher votre épaule droite avec votre oreille droite, puis penchez-la vers la gauche, vers l'avant, puis vers la droite. Relevez et abaissez les épaules. Débarrassez-vous de tous les craquements des vertèbres cervicales et sentez votre cou s'étirer.

Les poignets. Essayez de ramener les pouces contre l'intérieur des poignets et de former des angles droits (illustration page de droite).

ÉTIREMENTS

Les exercices d'étirement les plus courants — vous pouvez utiliser un club et un sac de balles comme accessoires — vous aideront à garder votre souplesse tout au long du parcours.

Assouplissez-les en formant des poings et en écartant vos doigts aussi largement que possible.

Flexions du torse. Exercez-vous à vous pencher à partir des hanches (il s'agit d'une flexion que vous devez effectuer lorsque vous exécutez votre swing) et à toucher vos orteils (voir page précédente, à gauche). Si vous y parvenez facilement, essayez de faire la même chose en vous tenant debout sur la dernière marche d'un escalier et en tentant d'atteindre vos pieds avec le bout de vos doigts.

Étirement des jarrets. Voici maintenant des exercices pour les jambes. Mettez votre pied droit devant vous et fléchissez la jambe en posant les mains sur votre genou droit. Allongez la jambe gauche droit derrière vous, tendez le pied vers l'avant et alignez vos deux pieds. Effectuez des pressions vers le bas en appuyant vos mains sur votre genou droit et demeurez immobile quelques secondes. Ne rebondissez pas. Faites le même exercice en tendant la jambe droite derrière vous (voir page précédente).

Bras et doigts. Voici un exercice tout simple pour renforcer vos bras et vos doigts. Tendez les bras à la hauteur des épaules, écartez vos doigts et étirez-les au maximum. Ramenez vos doigts, puis étirez-les de nouveau, le plus rapidement possible. À première vue, cet exercice peut sembler anodin, mais quand l'aurez fait une centaine de fois, vous commencerez à en ressentir les bienfaits!

Un autre exercice très simple, mais plus efficace qu'on le croirait, consiste à tenir un club de golf à bout de bras et à essayer d'écrire son nom en l'air avec la tête du club. Faites l'exercice avec chacune de vos mains. Il renforce les bras et aide à se familiariser avec le maniement de la tête du club. Un des exercices les plus répandus chez les golfeuses professionnelles consiste à attacher un sac de balles d'entraînement à un manche à balai ou à une tige de club à l'aide d'une corde. Tenez-le à bout de bras, soulevez-le, puis abaissez-le et relevez-le de nouveau (voir page précédente). Ajoutez des balles dans le sac pour devenir plus forte.

Si vous êtes une adepte du conditionnement physique, utilisez des haltères pour effectuer des torsions des poignets. Pour commencer, tenez les haltères en faisant pivoter les poids de l'intérieur vers l'extérieur et vice-versa en appuyant vos coudes sur une table, puis refaites cet exercice sans appuyer vos coudes. Le premier exercice fait travailler le haut des bras et le deuxième, les muscles des avant-bras.

Les jambes. Pour faire travailler les muscles de vos jambes, tenez-vous debout, un pied posé sur une chaise solide et exercez une poussée vers le haut, puis vers le bas, sur la jambe qui est fléchie, et refaites le même exercice avec l'autre jambe. Un autre exercice populaire chez les golfeuses consiste à suspendre un sac de balles d'entraînement à une de ses chevilles, puis à soulever et à abaisser la jambe (voir page précédente).

N'oubliez pas que plus les exercices sont simples, plus vous pourrez les répéter souvent. En les effectuant avec régularité, vous conserverez votre souplesse.

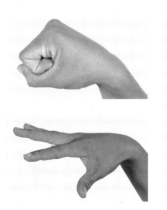

MAINS ET POIGNETS
Au golf, il est important d'avoir des mains et des poignets souples. Les flexions des mains et des doigts illustrées ci-contre vous y aideront.

IMPORTANT Buvez beaucoup de liquide.

Cartes de pointage et handicaps

Le golf est un jeu dont la méthode de pointage est unique. Le « handicapping » permet à des joueurs de divers calibres de concourir à armes égales. On inscrit les scores sur des cartes de pointage.

Pour bien apprécier le golf et joindre les rangs d'un club, il vous faut savoir ce que sont le par, les handicaps et le pointage. Prenons d'abord l'exemple d'une golfeuse amateur de niveau international. Nous la nommerons « joueuse scratch ». Le par, ou la normale, est la mesure de réussite à sa portée sur le parcours.

Pour un trou d'une longueur maximale de 200 mètres, il est présumé que la joueuse scratch parviendra à atteindre le green du premier coup,

puis empochera sa balle en deux putts. Ce trou est donc un par 3. Pour un par 4 qui mesure environ de 201 mètres à 375 mètres, on présume que la joueuse scratch mettra deux coups à atteindre le green, puis empochera la balle en deux putts, ce qui donne un résultat de quatre coups. Sur un par 5, qui mesure environ 376 mètres et plus, on présume que la joueuse scratch atteindra le green en trois coups et empochera la balle après deux putts, soit en cinq

Date	COMPÉTITION		Tee	Handicap	Coups
	ABBOTSLEY OPEN				
Joueur A	PANNETON			2R	—
Joueur B	ROY			15	15

Marqueurs	Trou	Blanc Mètres	Jaune Mètres	Par	Index	Coups A	Coups B	Score A	Score B	Pointage	DAMES Mètres	Par	Index		
	1. Érablière	337	331	4	13			4	5		321	4	15		
	2. Grande fosse	367	360	4	9			4	4		353	4	7		
	3. Saule pleureur	410	385	4	3			5	4		393	5	3		
	4. Bouleau	311	300	4	11			4	6		303	4	11		
	5. Buisson	341	332	4	17			3	5		306	4	9		
	6. Grand cèdre	133	121	3	15			3	4		97	3	17	3	14
	7. Sapinière	298	284	4	7			4	5		269	4	13	4	8
	8. Étang	455	446	4	1			4	5		400	5	1	5	2
	9. Roseaux	370	356	4	5			4	4		340	4	5	3	16
	SORTIE	3022	2915	35				35	42		2782	37		4	10
														5	4
	16. Ravin	450	382	4	2			4	5		397	5	6		
	17. Marais	241	234	3	12			4	3		235	4	18		
	18. Colline	406	229	4	10			4	4		290	4	12		
	RETOUR	3128	2865	35				36	37		2750	37			
	SORTIE	3022	2915	35				35	42		2782	37			
	TOTAL	6150	5780	70				71	79		5532	74			
	HANDICAP							—	15						
	NET							71	64						

S.S.S BLANC 71 JAUNE 68 ROUGE 72

Signature du joueur: _____

PAR BLANC 70 JAUNE 70 ROUGE 74

Signature du joueur: _____

CARTE DE POINTAGE POUR LE STROKE-PLAY
Carte de pointage caractéristique, remplie après une ronde en stroke-play

coups au total. Les distances et les systèmes de handicapping varient quelque peu d'un pays à l'autre. Il y a parfois aussi des variations du par, qui n'est pas évalué uniquement en fonction de la distance, mais aussi de la complexité du trou, lequel peut, par exemple, inclure un coup en montée ou un obstacle particulièrement difficile à surmonter.

L'addition des pars pour chacun des 18 trous donne le par global du parcours. Dans la plupart des cas, il s'agit du score scratch standard, soit le résultat que notre joueuse scratch fictive devrait obtenir pour le parcours. Sur la carte de pointage qui sert ici d'exemple, le score standard de la joueuse scratch est de 72. C'est à partir de ce par global, soit 72, que le handicap est déterminé. La joueuse scratch qui peut espérer réussir un parcours en jouant le par est habituellement une amateur de niveau international ou une golfeuse professionnelle.

Les golfeuses qui possèdent un handicap de 4 peuvent espérer inscrire quatre coups de plus que le par sur l'ensemble du parcours, ce qui en fait des joueuses suffisamment bonnes pour faire partie de la première équipe d'un club régional. Le handicap moyen des golfeuses est d'environ 24. Ainsi, en théorie, toutes les golfeuses qui ont ce handicap devraient être capables d'effectuer le parcours en 24 coups de plus que le par. Chez les femmes, le handicap maximum est d'environ 45, chiffre qui varie d'un pays et d'un système à un autre, ce qui veut dire qu'une golfeuse de ce calibre peut espérer réussir le parcours en 45 coups de plus que le par. Toutefois, si une golfeuse obtient un score plus élevé, on lui accordera quand même un handicap de 45. Dans la plupart des pays, le handicap maximum est de 28 pour les hommes.

Si vous observez une carte de pointage, vous verrez qu'elle comporte plusieurs colonnes. La première indique la longueur de chaque trou, calculée à partir d'un point fixe du tertre de départ jusqu'au centre du green, en passant par le milieu du fairway. Certains pays utilisent les mètres, alors que d'autres utilisent et les yards (verges) et les mètres.

La colonne suivante indique le par du trou en fonction de sa longueur et de son niveau de difficulté.

La colonne intitulée « Index des coups » est utilisée dans les compétitions à handicap et les colonnes suivantes servent à indiquer le score. Au verso de la carte, on trouve habituellement des précisions sur les règlements internes et une colonne qui indique la façon de calculer les handicaps pour différents types de compétition.

La colonne « Index des coups » est utilisée en match-play, ainsi que dans d'autres types de compétition comme le Stableford Bogey ou la compétition bogey, qui sont décrits au chapitre suivant.

Dans un match à handicap opposant, par exemple, une golfeuse dont le handicap est de 9 à une autre dont le handicap est de 21, la différence de handicap est de 12. S'il s'agit d'un match en simple, il faut alors calculer les trois quarts de la différence, ce qui donne ici un nombre de 9. Sur la carte, on constate que la golfeuse possédant un handicap de 21 recevra un coup supplémentaire par rapport à celle dont le handicap est plus bas sur chacun des trous pour lesquels l'index des coups est de 9 ou inférieur à 9. Elle se verra donc accorder neuf coups au total et devra déduire un coup de son score avant de le comparer avec celui de son opposante. Si le match se termine sur un pied d'égalité et que les deux golfeuses disputent un 19e trou, elles devront utiliser de nouveau le même système de déduction des coups, en fonction de l'index.

Les règles du club sont formulées à l'arrière de la carte de pointage. Parmi les plus courantes, on retrouve celles qui permettent aux joueurs de retirer des cailloux dans les bunkers et de dropper la balle lorsque celle-ci se retrouve dans des arbres de petite taille. Les règles internes définissent avec précision les zones hors limites.

La carte de pointage comporte souvent des détails concernant le calcul du handicap pour les foursomes et les parties à deux, ainsi que pour les compétitions de type Stableford et bogey.

IMPORTANT
Vérifiez bien la carte de pointage avant de la signer.

Il y a des compétitions pour quatre joueurs ou des groupes plus nombreux, ce qui est pratique lorsque le terrain est très fréquenté, alors que d'autres favorisent un jeu rapide ou épargnent aux débutantes l'angoisse de prendre le départ devant plusieurs personnes au premier trou.

Voici une description des principales formes de compétition, outre le stroke-play et le match-play, déjà décrits aux pages 198 à 201. Elles peuvent servir de référence et faire l'objet d'adaptations ou de modifications selon les circonstances.

Le foursome

Dans ce genre de compétition, quatre golfeuses s'affrontent par équipes de deux, mais chaque équipe n'utilise qu'une balle, chacune des participantes frappant un coup à tour de rôle. Une des deux golfeuses choisit d'effectuer le coup de départ, puis frappera le coup de départ sur tous les trous de nombre impair, l'autre se chargeant des coups de départ sur les trous pairs. Cette compétition peut être disputée selon la formule du match-play ou du stroke-play. Aux États-Unis, ce genre de match est généralement appelé « Scotch Foursome ».

La meilleure balle

Jeu où quatre golfeuses s'affrontent, utilisant chacune une balle. Les participantes sont divisées en deux équipes et, selon la formule du match-play, on retient le meilleur résultat de chaque équipe. Cette forme de compétition peut aussi être disputée selon la formule du stroke-play. Le handicap des golfeuses est pris en compte sur la base des trois quarts. Ainsi, les joueuses se voient accorder un certain nombre de coups par rapport à celle dont le handicap est le plus bas.

Le greensome

Cette forme de compétition se dispute à quatre, par équipes de deux. Les quatre golfeuses frappent leur coup de départ à chaque trou. Les joueuses de chaque équipe choisissent le meilleur des deux coups de départ et complètent le trou en jouant à tour de rôle. La golfeuse dont le coup de départ n'a pas été retenu joue le deuxième coup. Certains clubs utilisent un système de handicaps en faisant le calcul de la moyenne des handicaps des joueurs de chacune des équipes. D'autres se servent d'un système généralement considéré comme plus juste, en ajoutant six dixièmes du handicap le plus bas à quatre dixièmes du handicap le plus élevé. Le greensome peut se disputer selon la formule du stroke-play, du match-play ou du stableford bogey.

Le Stableford ou stableford bogey (partie par points)

Voici une forme de compétition très populaire contre le par (bogey était l'ancien nom pour désigner le par). Les golfeuses se servent de leur handicap complet ou des sept huitièmes de ce handicap contre le par, selon l'index des coups. (Certains clubs utilisent le handicap complet, alors que d'autres préfèrent les sept huitièmes). Par exemple, dans ce dernier cas, une joueuse possédant un handicap de 24 recevrait 21 coups et se verrait accorder un coup pour chaque trou, plus un coup pour ceux dont l'index est 1, 2 ou 3.

Les joueuses inscrivent leur score global, puis déduisent mentalement les coups qui leur sont accordés, s'attribuent deux points par trou complété au niveau du par ou du par net, trois points pour un birdie ou un birdie net, quatre points pour un eagle ou un eagle net, et ainsi de suite. La golfeuse qui termine le parcours avec le plus grand nombre de points remporte le match, les scores victorieux s'échelonnant habituellement entre 35 et 42 points.

Le Stableford se joue à deux, à quatre, à quatre balles ou en greensome.

La compétition bogey

Il s'agit d'une variante du Stableford bogey. C'est une compétition de type match-play où vous jouez contre le parcours, en vertu du principe du trou gagné. La golfeuse reçoit les trois quarts de son handicap, sous forme de coups déduits du par en fonction de l'index des coups.

Contrairement à un véritable match, les golfeuses jouent les 18 trous et chacune note, pour chacun des trous, si, après déduction des coups attribués, elle a remporté ou perdu le trou contre le par. À la fin du match, chacune des participantes indique son résultat par rapport au par, qui peut s'avérer + 3 tout comme – 6. Il s'agit d'une forme de compétition ardue avec des pointages gagnants s'échelonnant habituellement entre + 2 et – 4.

La bisque

Une autre variante du bogey consiste à utiliser des «bisques». Il s'agit de coups que les participantes peuvent prendre au moment où elles le désirent et non sur des trous déterminés. Ainsi, une joueuse peut se voir attribuer 15 coups et décider, une fois qu'elle aura complété son trou, d'utiliser ou non l'une de ses bisques. De même façon, une joueuse peut décider, dans le cadre d'un match, d'accorder six bisques à une adversaire, cette dernière pouvant choisir de les utiliser au moment qui lui convient.

Compétition éclectique

Ce type de compétition dure généralement plusieurs jours, semaines ou mois, période pendant laquelle la golfeuse doit inscrire son meilleur pointage pour chacun des trous joués. Il existe plusieurs variantes de cette formule. Dans certains cas, les participantes ont droit à un nombre illimité de cartes et en d'autres occasions, il y a une limite. De façon générale, après la fin du premier match, les golfeuses tentent d'améliorer leur score sur chaque trou avant de déduire, comme le veut l'usage, la moitié de leur handicap.

La compétition à drapeaux

Dans ce type de match, les joueuses se voient attribuer un certain nombre de coups pour l'ensemble du parcours, en fonction du par plus leur handicap. C'est ainsi qu'une joueuse possédant un handicap de 20 jouant sur un parcours de par 70 aura droit à 90 coups. Après 90 coups joués à partir du tertre de départ, la joueuse plante un petit drapeau portant son nom à l'endroit où son quatre-vingt-dixième coup s'est retrouvé. La personne qui termine le plus près du dix-huitième trou ou le plus loin

sur l'allée du 1 ou du 2, sur un deuxième parcours, est déclarée gagnante.

Le greensome St Andrews

Cette compétition ressemble beaucoup au greensome classique, sinon que les participantes frappent le deuxième coup à tour de rôle. Ainsi, une des deux golfeuses choisit de jouer les deuxièmes coups des trous impairs, et l'autre ceux des trous pairs. Les deux effectuent chacune leur coup de départ et choisissent le meilleur coup pour poursuivre le trou. Parfois, elles frappent un deuxième coup à partir de leur propre coup de départ et d'autres fois à partir de celui de leur partenaire.

Le Texas scramble

C'est une compétition par équipes, chacune composée en général de quatre golfeuses. Chaque joueuse prend le départ au premier trou. La capitaine de l'équipe choisit ensuite le meilleur coup de départ et toutes les joueuses déposent leur balle à cet endroit. Chaque participante doit frapper un coup à partir de cet endroit. Le capitaine choisit le deuxième meilleur coup et toutes les joueuses placent leur balle à cet endroit. La partie se poursuit ainsi jusqu'à ce que l'une des participantes empoche sa balle. L'utilisation des handicaps dans le Texas scramble est à la discrétion des clubs de golf, les organismes de régie du golf n'ayant établi aucune règle à ce sujet.

Pour débuter

S'initier aux compétitions peut constituer un dilemme. Pour être admise, vous devez posséder un handicap. Sachez aussi que le stroke-play est la forme de compétition la plus redoutable. Si c'est possible, commencez par disputer un Texas scramble. Il s'agit d'une compétition amicale par équipes à laquelle vous pouvez participer sans avoir de handicap. Une fois que vous avez satisfait aux exigences de base pour obtenir votre handicap, commencez à disputer des matches de type Stableford ou bogey. Vous aurez plus de plaisir et serez moins portée à vous décourager si vous jouez mal. C'est encore la meilleure façon d'aborder le monde des compétitions.

IMPORTANT
Les compétitions peuvent être amusantes.

L'étiquette

Sur un terrain de golf, l'étiquette est importante au point de constituer le premier chapitre des Règles officielles du golf, publiées par le Royal and Ancient Golf Club of St Andrews et la United States Golf Association. Non seulement fait-elle partie de la tradition du golf, mais elle est également indispensable à la sécurité des golfeurs.

Familiarisez-vous le plus rapidement possible avec l'étiquette du golf. Même si vous êtes une débutante, vous serez toujours la bienvenue sur les terrains de golf si vous en respectez l'étiquette.

Voici quelques règles essentielles, qui ne sont simplement que des bonnes manières :

- Évitez de marcher et de bouger pendant que les autres jouent.
- Vérifiez toujours si des joueuses vous suivent et laissez-les passer devant vous si vous les retardez. N'oubliez pas qu'une golfeuse peut frapper sa balle à 225 mètres et être obligée de vous attendre, même si elle semble très loin de vous. Si vous prenez du retard sur l'équipe qui vous précède, soyez prête à céder le passage à celles qui vous suivent. Lorsque vous les aurez laissées passer, accordez-leur une certaine avance. Pensez toujours à céder le passage à celles qui vous suivent si vous perdez une balle.
- Soyez toujours ponctuelle pour prendre le départ et n'endommagez pas le tertre en effectuant des swings d'exercice.
- Replacez les divots et réparez les marques laissées par les coups d'approche sur les greens.
- Si votre balle tombe dans un bunker, entrez toujours par l'arrière et jamais par l'avant, à moins que la balle ne se trouve juste sous la lèvre avant du bunker. Ratissez soigneusement le bunker pour effacer vos empreintes. Utilisez votre club s'il n'y a pas de râteau.
- Quand vous êtes sur le green, ne traversez pas la trajectoire d'un autre joueur. Soyez très prudente si vous devez aller tenir le drapeau et assurez-vous d'abord que la hampe du drapeau n'est pas coincée et qu'il y a moyen de la retirer facilement. Placez-vous ensuite à l'écart du trou, en veillant à ce que votre ombre ne surplombe pas le trou et tenez le drapeau afin qu'il ne s'agite pas au vent. Pour terminer, n'oubliez pas de retirer le drapeau dès que le joueur a frappé sa balle.
- Annoncez le résultat de la partie après chaque trou si vous n'êtes pas la meneuse. Toutefois, si vous menez, n'annoncez le résultat que si votre adversaire oublie de le faire.

- Utilisez une pièce de monnaie ou un marqueur de balle pour marquer votre balle sur le green, que vous placerez derrière la balle avant de la ramasser. Replacez ensuite la balle à l'endroit exact où elle se trouvait, puis ramassez le marqueur. Si pour une raison quelconque vous devez demander à une joueuse de marquer sa balle sur le côté, rappelez-lui de la replacer au bon endroit.

L'étiquette concerne également la sécurité sur le parcours

- Tenez-vous toujours à droite du coup joué et jamais derrière une autre joueuse.
- Sur le tertre de départ, placez-vous toujours du côté droit pour regarder jouer une autre personne. Il s'agit d'une règle de sécurité essentielle. N'oubliez pas que sur un tertre de départ, une joueuse peut très bien frapper sa balle, puis, si elle n'est pas satisfaite de son coup, y aller d'un swing d'exercice alors que vous êtes susceptible de vous approcher pour jouer. Si vous êtes du côté droit, comme vous devriez l'être, vous pouvez commencer à vous avancer sur le tertre de départ en toute sécurité. Toutefois, si vous êtes du mauvais côté, vous devrez attendre plus longtemps pour être en sécurité.
- Ne passez jamais devant une autre joueuse et ne tournez jamais le dos à une personne qui joue, même s'il s'agit d'un joueur ou d'une joueuse d'expérience. Demeurez toujours à son niveau et du bon côté.
- S'il existe la moindre possibilité que votre balle frappe quelqu'un qui se trouve sur le terrain ou si la balle passe au-dessus des arbres, à proximité d'un fairway, criez Fore !
- Vous devez toujours attendre que les autres joueuses qui vous précèdent soient hors de portée avant de frapper votre balle. Attendez qu'elles soient parties et aient quitté le green avant de jouer vos coups d'approche.
- Pour terminer, essayez de jouer à une vitesse raisonnable. Si vous êtes la première à jouer, n'inscrivez pas votre score du trou précédent à votre arrivée sur le tertre de départ. Prenez

SUR LE GREEN

Vous devez toujours réparer les marques de pitches sur le green. Ne traversez pas la trajectoire de votre adversaire et respectez son besoin de concentration. On aperçoit ici Mayumi Hirase sur le parcours du Lytham St Anne's.

place aussi rapidement que possible sur le tertre de départ, mais prenez le temps de bien préparer votre coup. Ne vous attardez pas sur le green ni même aux abords pour inscrire le score une fois que vous avez terminé votre trou.

• Habituez-vous à laisser vos clubs du bon côté du green et veillez à ce qu'ils soient le plus près possible du tertre de départ du trou suivant.

• Si vous croyez avoir perdu une balle, habituez-vous à mettre en pratique la règle de la balle provisoire. Vous éviterez ainsi d'avoir à retourner au tertre de départ. Selon les règlements, vous disposez de cinq minutes pour retrouver votre balle. Ne dépassez pas le temps qui vous est accordé.

Coups de courtoisie

Existe-t-il des usages bien établis à respecter pour l'évaluation du handicap et les coups de courtoisie dans les parties mixtes? L'idée même du handicap consiste à permettre aux golfeurs et aux golfeuses de rivaliser à armes égales. Les hommes et les femmes pratiquent le golf de façon fort différente. La plupart des hommes dont les handicaps sont élevés ont des problèmes à bien diriger la balle, alors que chez les femmes, c'est le manque de distance qui fait problème. En match-play ou dans une compétition à quatre balles, les équipes masculines remportent généralement la victoire contre les équipes féminines. Un des membres de l'équipe masculine disputera un bon trou alors que l'autre jouera mal, tandis que les deux golfeuses obtiendront sans doute un score semblable. C'est la raison pour laquelle des coups de courtoisie sont accordés de façon individuelle en fonction des antécédents de jeu au sein du club, ce qui contribue à rendre le match plus intéressant et plus compétitif.

De façon générale, les hommes devraient toujours accorder des coups de courtoisie, d'abord s'ils effectuent leurs coups de départ sur un tertre qui se trouve plus près du green plutôt que sur celui d'après lequel leurs handicaps sont calculés, et si leur score scratch est plus bas que celui des femmes. Si le score scratch des hommes est de 70 et celui des femmes de 73, il faudra procéder à certains ajustements. Généralement, les femmes se voient accorder trois coups de courtoisie, ce qui signifie qu'elles peuvent ajouter trois coups à leur handicap. Il n'existe pas de règle stricte à ce sujet et l'interprétation de cet aspect du jeu diffère d'un club à l'autre. Voilà pourquoi les coups de courtoisie font partie de l'étiquette plutôt que des règlements ou du système de handicaps!

IMPORTANT
Essayez de suivre le rythme de l'équipe qui vous précède.

Quelques règles

Le golf comporte de nombreuses règles, dont quelques-unes sont très anciennes et complexes. En voici quelques-unes parmi les plus importantes.

La balle devrait être jouée à l'endroit où elle se pose, ce qui veut dire que vous ne pouvez améliorer sa position, sauf sur le tertre de départ, qui est le seul endroit du parcours où un joueur est autorisé à marcher derrière la balle ou à enlever des brins d'herbe, ce qui est formellement interdit en tout autre lieu du parcours.

Balle perdue

Si vous perdez une balle, jouez-en une autre depuis l'endroit où la balle a été frappée et ajoutez un coup. C'est ce qu'on appelle la pénalité de coup et de distance. En d'autres termes, si vous perdez une balle à la suite de votre drive, vous devez ajouter un coup à votre score et commencer à trois. Si vous perdez une balle à votre troisième coup, le suivant, que vous devrez exécuter à l'endroit où la balle perdue a été frappée, sera votre cinquième. Perdre une balle a des répercussions fâcheuses sur un score !

Si vous croyez avoir perdu une balle, vous pouvez jouer avec une balle provisoire jusqu'à l'endroit où vous jugez que la balle a été perdue. Ce qui veut dire que vous pourriez frapper plus d'un coup avec la balle provisoire. Vous devez annoncer que vous jouez avec une balle provisoire. Ne vous contentez pas de frapper une autre balle qui vous obligerait de considérer la première balle comme perdue, ce qui n'est peut-être pas le cas. Si vous avez perdu votre première balle, vous pouvez jouer avec la balle provisoire. Toutefois, si vous retrouvez votre première balle, vous devez recommencer à jouer avec la balle d'origine et oublier la balle provisoire, ou encore déclarer la première balle injouable.

Balle injouable

Si la balle est injouable (entre le tee et le green), ce qui veut dire n'importe où sauf dans les obstacles, sur le tertre de départ ou sur le green, vous disposez de trois options. Vous pouvez dropper la balle en calculant deux longueurs de club depuis sa position, sans toutefois la rapprocher du trou, moyennant un coup de pénalité.

Vous pouvez opter pour la pénalité de coup et de distance en retournant à l'endroit où vous avez frappé la première balle ou encore reculer à votre gré en prenant soin que l'endroit où s'est

posée la balle injouable reste entre vous et le drapeau.

Si votre balle est injouable dans un bunker, vous disposez des mêmes options. Cependant, si vous choisissez de dropper la balle à deux longueurs de bâton ou si vous reculez à votre gré, il vous faut rester à l'intérieur du bunker. La seule issue pour sortir du sable consiste à utiliser la pénalité de coup et de distance, autrement dit repartir de l'endroit où vous avez frappé la balle. N'oubliez pas que si vous tentez de sortir du bunker et que vous ratez votre coup, vous perdez automatiquement la possibilité d'utiliser la pénalité de coup et distance. Vous devez donc y penser à deux fois avant de faire votre choix.

La golfeuse est la seule à pouvoir juger si une balle est injouable ou non. Ce qui semble injouable à une joueuse peut paraître un coup normal à une autre. Personne ne peut contester votre décision.

Identifiez votre balle

Faites bien attention de jouer avec la bonne balle. Prenez note de sa marque et de son numéro, et lorsque vous participez à des compétitions, identifiez-la en lui apposant une marque particulière, qu'il s'agisse de vos initiales ou d'un signe facilement reconnaissable ! Si vous trouvez une autre balle de la même marque, vous serez en mesure de déterminer s'il s'agit ou non de la vôtre. Retenez cette règle un peu particulière. Si vous trouvez deux balles de même marque et de même numéro, et que vous n'êtes pas en mesure d'identifier votre balle, les règles du golf stipulent que vous ne pouvez prendre possession d'aucune de ces balles et que votre balle est officiellement perdue !

Si vous vous trompez de balle en stroke-play, vous recevrez une pénalité de deux coups pour chacun des coups où vous avez utilisé la mauvaise balle, et ce jusqu'à concurrence de quatre coups. Si vous vous trompez de balle en match-play, vous perdez le trou. Si vous jouez avec la mauvaise balle dans un bunker, vous ne serez pas pénalisée, pourvu que vous précisiez qu'il s'agit de la mauvaise balle et que vous n'utilisiez plus cette balle à l'extérieur du bunker. Vous devez alors revenir sur vos pas et essayer de retrouver votre balle.

Déplacer une balle par inadvertance

Si vous déplacez une balle par inadvertance, vous serez pénalisée, sauf sur le green, où il est possible de replacer la balle sans encourir de pénalité. Beaucoup de golfeuses écopent d'une pénalité dans ce dernier cas, alors qu'elles ne le méritent pas. Bien connaître les règles peut vous épargner des coups.

Les règles du golf sont passablement complexes. Prenons pour exemple la distinction qui existe entre une intervention fortuite et une balle déplacée. Si un chien s'empare d'une balle immobilisée et se sauve avec, vous pouvez remplacer cette balle sans pénalité. Toutefois, si un chien s'empare d'une balle qui roule en tout autre endroit du parcours que le green, cette balle doit être considérée comme déplacée et vous devrez poursuivre à l'endroit précis où le chien l'aura laissée. Si vous ne parvenez pas à retrouver la balle, elle sera considérée comme perdue. Toutefois, si vous frappez un coup de putter sur le green et qu'un chien s'empare de la balle, vous ne serez pas pénalisée et pourrez rejouer votre coup. Il es pratiquement impossible de connaître toutes les règles par cœur, mais il est important de savoir où les trouver dans le livre des règlements.

QUE FAIRE D'UNE BALLE INJOUABLE ?

Si vous jugez que votre balle est injouable, vous pouvez reculer d'une longueur de deux clubs de l'endroit où elle se trouve, sans toutefois vous rapprocher du trou, la laisser tomber et inscrire un coup de pénalité. On voit ici Rigo Higashio dans une telle situation durant le Women's British Open à Woburn Abbey, en Angleterre.

IMPORTANT
Ayez toujours un livre de règlements dans votre sac.

Autres règles

Voici d'autres règles du golf qui vous seront utiles à l'occasion.

Eau fortuite

Au départ, l'eau fortuite et le terrain en réparation ne font pas partie du parcours. L'eau fortuite inclut la neige et la glace, et désigne toute présence d'eau sur le parcours autre que les obstacles d'eau aménagés sur le parcours. Lorsque la balle tombe dans ce genre d'obstacle, la joueuse peut dropper la balle à une longueur de club de l'emplacement sans encourir de pénalité. Vous avez le droit de jouer à un endroit où il y a de l'eau fortuite ou sur un terrain en réparation, sauf s'il y a un écriteau portant l'inscription GUR, qui signifie *ground under repair* ou TERRAIN EN RÉPARATION. Le cas échéant, vous devez dropper votre balle à une longueur de club de l'emplacement. Toutefois, si vous devez exécuter un chip en direction du drapeau et qu'il y a de l'eau entre vous et le drapeau sur le green, vous n'avez pas le droit de vous déplacer.

Les obstructions

Les obstructions sont mobiles ou fixes. Ce qui est mobile pour un joueur masculin costaud, un banc en bois, par exemple, peut sembler fixe pour une golfeuse de petit gabarit. S'il s'agit d'une obstruction mobile comme un râteau ou une cannette de boisson, vous pouvez la déplacer et vous ne serez pas pénalisée si vous déplacez la balle par inadvertance. Les obstructions mobiles sont des objets fabriqués et ne comprennent pas des éléments naturels comme des brindilles ou des branches d'arbre. Lorsqu'il s'agit d'une obstruction fixe, il faut déplacer la balle en direction de l'endroit dégagé le plus proche, à une longueur de club de l'emplacement, sans toutefois la rapprocher du trou ni mesurer l'obstruction.

Par-dessus l'eau

Il existe deux types d'obstacles d'eau : les obstacles classiques et les obstacles latéraux. Lorsqu'il s'agit d'un obstacle classique, vous devez le franchir d'une quelconque façon. Si votre balle tombe dans l'eau, vous devez prendre une pénalité et dropper votre balle aussi loin que vous le désirez derrière l'obstacle, pourvu que l'emplacement où se trouvait la balle ; la dernière fois reste entre vous et le drapeau. Vous devez toutefois

frapper votre balle à nouveau au-dessus de l'obstacle. N'oubliez pas de reculer autant que vous le désirez, mais ne droppez pas la balle trop près d'une pente descendante ou d'un rough. La connaissance de ces règles vous sera fort utile.

Les obstacles d'eau latéraux bordent le côté d'un trou. Si votre balle se retrouve à l'eau, vous pouvez la reprendre moyennant un coup de pénalité et la dropper à deux longueurs de club d'un côté ou de l'autre de l'obstacle, de niveau avec l'emplacement où la balle a traversé le bord de l'eau. Les obstacles d'eau vous offrent aussi la possibilité d'opter pour une pénalité de coup et de distance et de retourner à l'endroit où vous avez frappé la balle, ce que beaucoup de golfeuses ont tendance à oublier.

Les obstacles d'eau classiques doivent toujours être marqués de piquets jaunes ou d'une ligne de peinture jaune, alors que les obstacles latéraux doivent être marqués de piquets rouges ou d'une ligne rouge.

Si vous perdez votre balle dans l'eau fortuite, sur un terrain en réparation ou dans un obstacle d'eau, faites exactement comme si vous aviez retrouvé la balle et droppez votre balle à l'extérieur de l'obstacle sans pénalité s'il s'agit d'eau fortuite ou d'un terrain en réparation, mais avec pénalité s'il s'agit d'un obstacle d'eau.

Conseils pour les coups de départ

Respectez l'ordre de départ, sinon vous encourrez un coup de pénalité, tant en match-play qu'en stroke-play. Si vous jouez à la place d'un adversaire ou si vous placez votre balle à l'extérieur du tertre de départ, votre adversaire peut vous demander de rejouer votre coup. S'il s'agit d'un bon coup, peut-être que votre concurrente court le risque que vous fassiez encore mieux, le coup suivant, peut-être même un trou d'un coup ! Si le coup que vous avez frappé à partir d'un emplacement incorrect était mauvais, il y a de bonnes chances que votre adversaire ne relève pas l'erreur. Elle peut, bien sûr, la souligner, mais ajouter qu'elle ne tient pas à ce que vous recommenciez votre coup ! En stroke-play, cette erreur équivaut à une pénalité.

Match-play et stroke-play

Il peut s'avérer payant de connaître les différences entre le match-play et le stroke-play. En match-play, une fois qu'un trou est complété et que vous avez frappé votre coup de départ suivant, il n'est généralement plus possible d'encourir une pénalité rétroactive, sauf si vous avez trop de clubs dans votre sac ou que vous êtes trouvée coupable d'un méfait suffisamment grave pour causer votre élimination. En stroke-play, si vous commettez une faute sur un trou et que vous avec déjà effectué le coup de départ sur le trou suivant, il n'est souvent plus possible de corriger la faute commise précédemment et votre élimination peut s'ensuivre. Ainsi, si vous jouez avec la mauvaise balle et que vous ne vous en apercevez qu'une fois rendue sur le fairway suivant, vous pourriez subir l'élimination. Vous devez donc être prudente.

Les détritus

Les détritus sont des objets naturels comme une feuille ou une brindille, alors que les obstructions mobiles peuvent être un morceau de papier, un mégot de cigarette ou le râteau du jardinier. Lorsqu'il y a des détritus à proximité de votre balle, vous devez, sauf sur le green, faire preuve de prudence avant de les déplacer. Si vous déplacez quelque objet que ce soit à une distance d'une longueur de club de votre balle et que celle-ci est déplacée, vous risquez d'être pénalisée, et ce même si le déplacement de l'objet n'est pas la cause du déplacement de la balle. Si vous déplacez un objet artificiel et que la balle est déplacée, vous n'encourrez aucune pénalité.

Il est interdit de déplacer un objet naturel dans un bunker, à moins qu'un règlement local ne stipule le contraire et permette d'enlever des roches. Vous pouvez toutefois retirer des obstructions mobiles, soit des objets artificiels, sans encourir de pénalité, sauf si vous déplacez votre balle en retirant ces objets.

Hors limites

Les terrains de golf couvrent une grande superficie, mais il est quand même possible de frapper un coup sur le terrain et de se retrouver hors limites. Un territoire hors limites est généralement identifié par des piquets blancs. La carte de pointage peut faire référence à d'autres secteurs hors limites, comme des routes, des murs, des clôtures et ainsi de suite. Les règles qui s'appliquent à ces éléments doivent être claires. Il est interdit de déplacer des marqueurs indiquant une zone hors limites, car ce sont des obstructions fixes. Pour que la balle soit déclarée hors limites, il faut qu'elle soit complètement hors limites. Si une partie de la balle se trouve en zone réglementaire, elle n'est pas hors limites. Il est intéressant de noter que vous pouvez frapper une balle depuis une zone hors limites!

Les autorités du golf

Le Livre des règles du golf comporte 34 articles, mais consacre une page entière aux clubs. On y décrit de façon détaillée, les tests (à 23 ºC) auxquels sont soumises les balles pour vérifier leur validité, y compris leur vitesse maximale sur le tertre de départ.

Les règles officielles du golf existent depuis 1774, mais depuis les années 1890, tous ont reconnu l'autorité suprême du Royal and Ancient Golf Club of St Andrews. Au cours des dernières années, le Comité des règles du golf a invité des représentants prestigieux des pays les plus importants du monde du golf à rejoindre à ses rangs et a conclu un accord avec la United States Golf Association pour procéder à l'uniformisation des règles du golf à l'échelle internationale.

Un sous-comité des décisions répond aux questions et quand celles-ci conduisent à des interprétations intéressantes, des révisions des règles sont alors diffusées à l'échelle mondiale. Récemment, un comité s'est penché sur la question des nouveaux matériaux et de la nouvelle technologie utilisés dans la fabrication des clubs et des balles, et s'est demandé si ces moyens ne privilégiaient pas certains joueurs ou n'invalidaient pas les intentions recherchées par les concepteurs des parcours de golf.

En 1952, une modification des règles éliminait du vocabulaire du golf le terme «stymie», qui décrivait une situation dans laquelle la balle de l'adversaire se trouve entre la vôtre et le trou. Auparavant, cette balle ne pouvait être déplacée, mais ce n'est plus le cas. Le mot «stymie» a été éjecté du vocabulaire du golf, mais il ne continue pas moins d'être utilisé pour qualifier d'autres situations frustrantes.

IMPORTANT
Bien connaître les règles peut faire gagner des coups.

Glossaire

Note de l'éditeur de la version française. La plupart des termes techniques utilisés dans ce manuel sont d'usage courant en français européen. On trouvera dans le glossaire ci-dessous, entre parenthèses, les équivalents français en usage au Québec ou recommandés par l'Office québécois de la langue française. S'il y a lieu, on trouvera également indiqué, entre parenthèses, le terme original anglais.

A

Adresse (position initiale) Position de la golfeuse lorsqu'elle s'apprête à frapper la balle.

Albatros Trou réussi en trois coups de moins que le par. Également appelé moins trois.

B

Backspin (effet rétro) Effet de rotation causé par le loft de la face d'un club. Une joueuse expérimentée peut mettre plus de backspin sur sa balle pour qu'elle reste pratiquement sur place, sans rouler, dès qu'elle touche le sol.

Backswing (montée) Première partie du swing correspondant à la montée du club vers l'arrière.

Balle perdue Si au bout de cinq minutes de recherches, une balle n'est pas retrouvée, la joueuse est pénalisée d'un coup et joue une autre balle, comptant pour le troisième coup, depuis l'endroit où elle a frappé la précédente.

Balle provisoire Balle de remplacement jouée lorsque la précédente semble égarée ou hors limites. Elle comptera pour un troisième coup si la première balle frappée n'est pas retrouvée, car vous écoperez aussi d'un coup de pénalité. Si la balle originale est retrouvée, il faut la reprendre et la jouer.

Bandage de protection (whipping)Désigne le matériel de protection utilisé pour couvrir l'espace compris entre la tête et le manche du club.

Birdie (oiselet) Trou réalisé en un coup de moins que le par.

Bisque Dans le cadre d'un match à handicap, coup qui peut être réclamé au moment choisi par le joueur, et non selon les coups enregistrés sur la carte de pointage. Ce coup est accordé une fois que le trou a été joué.

Blaster Nom utilisé autrefois pour désigner le club dont la face est la plus ouverte, soit le sand wedge.

Bogey (boguey) Trou réalisé en un coup de plus que le par. Autrefois, en Angleterre, le terme bogey s'utilisait comme synonyme de par (normale).

Le bogey est aussi une forme de compétition dans laquelle les golfeuses jouent contre le par. Les participantes reçoivent généralement les trois quarts de leur handicap et notent leur résultat contre le par, p. ex. + 2 (par rapport au par) ou - 3 (par rapport au par).

Bois de parcours ou bois d'allée Les bois 2, 3, 4, 5, 7 et 9 et parfois les autres portant des numéros plus élevés, qui sont conçus pour les coups d'avancement.

Bordure (fringe) Espace gazonné (dont le gazon est légèrement plus long que la surface très rase du green) entourant le green.

Bunker (fosse de sable)Dépression dans le sol, généralement couverte de sable, destinée à recevoir des balles mal frappées. Également appelée trappe ou trappe de sable.

Bye Terme utilisé dans le cadre d'un match-play lorsque le match est gagné avant le 18e trou et qu'il se poursuit de façon non officielle.

C

Caddie (cadet ou cadette) Personne qui accompagne la golfeuse, qui porte son sac et lui donne parfois des conseils sur le jeu et le parcours.

Chip (coup d'approche retenu) Petit coup sec exécuté avec un fer moyen à proximité du green.

Club à face fermée (hooded) Désigne un club dont la tête est fermée et la pointe est tournée vers l'intérieur, ce qui réduit son loft.

Col/douille (hosel) Extension de la tête d'un club de golf dans laquelle la tige est fixée.

Compétition individuelle (singles) Match opposant deux golfeuses.

Coup (stroke) Coup au golf.

Coup d'approche (approach shot) Coup qui vise à atteindre le green.

Coup dans le vide (airshot) Swinguer et donner un coup dans le vide.

Coup et distance (stroke and distance) Retour au point de départ du coup précédent et pénalité d'un coup, lorsqu'une balle est perdue, hors limites ou injouable.

Coup explosé (explosion shot) Coup effectué dans un bunker et qui soulève une certaine quantité de sable.

Coupe (cup) Réceptacle cylindrique en plastique ou en métal qui est inséré dans le trou. Désigne également le trou lui-même.

D

Départ à trois (three off the tee) Lorsque la balle est perdue, hors limites ou injouable à la suite d'un coup de départ, la joueuse reçoit un coup de pénalité et doit recommencer son coup de départ, qui comptera pour un troisième coup.

Détritus (loose impediments) Petits objets naturels (p. ex., feuilles et brindilles) entravant le jeu, qui n'adhèrent pas à la balle et peuvent être retirés sans pénalité. Toutefois, la balle ne doit pas être déplacée.

Distance de frappe (carry) Distance parcourue par une balle dans les airs. Désigne également la distance entre tout obstacle naturel ou autre et le fairway ou tout autre endroit du terrain qui est visé (voir également Trajectoire de balle).

Divot (motte de gazon) Plaque de gazon arrachée par l'impact de la tête d'un fer.

Dormie Dans une compétition de type match-play, situation dans laquelle une joueuse est en avance d'autant de trous qu'il en reste à jouer.

Downswing (descente) Deuxième étape du swing, correspondant à la descente du club jusqu'à l'impact avec la balle.

Drapeau (flag) Marqueur amovible indiquant la position du trou sur le green.

Drapeau Tournoi dans lequel chaque joueuse se voit allouer un nombre de coups établis par l'addition de la normale du parcours et de son handicap. Celle qui frappe sa balle le plus loin (en marquant sa position à l'aide d'un drapeau) est déclarée gagnante.

Draw (léger crochet intérieur) Coup maîtrisé par lequel la balle dévie légèrement de droite à gauche pendant son vol (concerne les droitières).

Driver (bois no 1) Club le plus puissant de l'ensemble, conçu pour les coups de départ afin d'atteindre la plus grande distance possible.

Drop (allégement) Le fait de ramasser sa balle pour la sortir d'un endroit injouable, avec ou sans pénalité, selon les règles du golf, et de la laisser tomber à partir d'un bras étendu à hauteur d'épaule, à un endroit désigné qui n'est pas à une distance inférieure du trou.

E

Eagle (aigle) Trou réalisé en deux coups de moins que le par.

Eau fortuite (casual water) Eau présente sur le terrain, y compris la neige et la glace, qui ne fait pas partie de son tracé, p. ex., flaques de pluie et zones trop arrosées. Lorsque la balle d'une joueuse se retrouve dans ce genre d'obstacle ou si la personne doit y prendre position pour jouer, elle peut la déplacer en la laissant tomber sans encourir de pénalité. S'il y a présence d'eau fortuite sur le green, la balle peut être déplacée jusqu'à l'endroit le plus proche, à distance égale du drapeau, qui lui permettra de putter sans se retrouver dans l'eau.

Éclectique Type de compétition organisée sur une période de quelques semaines ou mois et comportant plusieurs parties, dans laquelle les joueuses sélectionnent leur meilleur score sur chacun des 18 trous. Également appelé résultat sélectionné.

Égalité (all square) Situation qui se produit lorsque les marques de toutes les joueuses sont égales dans le cadre d'un match-play.

Emprunt (borrow) Inclinaison du green. Par extension, borrow signifie aussi jouer d'un côté ou de l'autre du trou pour compenser la pente du green.

Ensemble de clubs L'ensemble des clubs utilisés sur un parcours de golf. Le nombre maximal de clubs permis est 14 et comprend généralement 4 bois, 9 fers et 1 putter.

F

Face Surface avant de la tête du club comportant la zone d'impact. Désigne également le talus abrupt devant le bunker de sable.

Fade (léger crochet extérieur) Coup frappé de façon que la balle dévie légèrement vers la droite pendant son vol (concerne les droitières).

Fairway (allée) Grande allée gazonnée et entretenue menant du tertre de départ au green.

Fermé Se dit de la face du club ou du stance d'un joueur. On dit que la face du club est fermée lorsqu'elle est orientée vers les pieds; le stance est fermé lorsque le pied placé en avant croise la ligne d'objectif.

Followthrough (dégagé) Troisième partie du swing, postérieure à l'impact.

Fore (attention) Cri destiné à prévenir toute personne se trouvant sur le terrain et risquant d'être frappée par une balle.

Foursome (quatuor) Match disputé entre deux équipes de deux joueuses, dans lequel les équipières jouent alternativement la même balle. Les coups de départ sont joués à tour de rôle.

G

Grain Direction de la croissance du gazon sur un green. Effectuer un coup roulé contre le grain exige un effort plus important que dans le sens du grain.

Green (vert) Surface de putting dont le gazon est soigneusement entretenu et qui entoure le trou.

Greensome Match entre quatre golfeuses divisées en équipes de deux. Les deux partenaires jouent chacune une balle au départ de chaque trou, choisissent la balle qui est le mieux placée sur le terrain et terminent le trou en jouant cette balle à tour de rôle. Chaque équipe utilise un handicap constitué des six dixièmes du handicap le plus faible, plus les quatre dixièmes du handicap le plus élevé.

Grip (prise ou poignée) Manière de positionner les mains sur la poignée d'un club de golf. Désigne également la partie supérieure du manche du club, recouverte de cuir ou de caoutchouc sur laquelle les mains viennent se poser.

H

Handicap Classement d'une joueuse de niveau amateur par rapport à la normale d'un parcours. Une joueuse qui a un handicap de 20 devrait compléter un parcours de normale 70 en 90 coups. Cette marge d'erreur permet à des golfeuses de calibre différent de concourir à armes égales.

Honneur (honour) Privilège de jouer en premier sur un trou. Ce droit revient à la joueuse qui a gagné le trou précédent.

Hook (crochet intérieur) Désigne un coup non maîtrisé dont la trajectoire dévie vers la gauche (concerne les droitières).

Hors limite (out of bounds) Territoire se trouvant à l'extérieur de la zone de jeu réglementaire, délimité par des piquets ou des barrières. Une golfeuse dont la balle se trouve hors limites subit une pénalité de coup et distance, c'est-à-dire qu'elle doit rejouer à partir du même endroit, avec un coup de pénalité.

I

Index des coups (stroke index) Nombres inscrits sur la carte de pointage et indiquant l'ordre des trous pour lesquels un joueur à handicap se voit accorder des coups.

Injouable (unplayable) Une joueuse peut décider de déclarer sa balle injouable, prendre un coup de pénalité et laisser tomber la balle selon le principe de l'allégement, sans la rapprocher du trou. Lorsqu'une balle injouable se trouve dans un bunker, elle doit également être droppée dans le bunker à un endroit jouable, sauf si la personne choisit en lieu et place de subir une pénalité de coup et de distance.

Intervention fortuite (rub of the green) Arrêt ou déviation d'un balle en mouvement par tout élément étranger au parcours. La balle doit être jouée là où elle se trouve, sauf sur le green.

J-L

Jeu court (short game) Coups d'approche en direction du green et putting.

Jeu long (long game) Coups par lesquels les joueuses cherchent à frapper la balle à une distance importante.

Joueur au pair (scratch player) Joueuse qui ne bénéficie d'aucun handicap et qui peut réaliser le score normal de référence.

Lie (position de balle) Position de la balle sur le sol. Désigne aussi l'angle de la tête du club par rapport au manche, qui peut varier selon la taille des joueuses.

Loft (angle d'ouverture) Angle formé par la tige et la face du club, dont on mesure l'ouverture en degrés et qui permet aux joueuses de faire lever la balle plus ou moins haut.

M

Marque Permet d'identifier l'endroit du green où une joueuse a pris sa balle pour la nettoyer ou a laissé la place à une autre joueuse pour qu'elle exécute son putt.

Marqueuse Désigne la joueuse qui inscrit le pointage.

Match-play (partie par trou) Formule de jeu opposant deux joueuses ou deux paires et qui ne tient compte que du nombre de trous remportés.

Meilleure balle (better ball) Formule de jeu dans laquelle seul le meilleur pointage de chaque équipe est retenu comme score pour chacun des trous.

Morte Désigne une balle si proche du trou que le coup suivant est considéré comme impossible à rater. Dans une compétition de type match-play, ce genre de putt est souvent concédé.

Mouvements préliminaires Exercices d'échauffement exécutés à l'adresse.

O

Obstacle Tout obstacle présent à l'intérieur des limites du parcours, qu'il s'agisse d'obstacles d'eau, de fossés ou de bunkers de sable. Il est interdit de toucher le sol ou l'eau avec le club avant de frapper un coup dans un obstacle.

Obstacle d'eau latéral Fossé, étang ou lac parallèle à l'allée menant au trou. Ces obstacles sont indiqués par des jalons rouges. La joueuse peut tramasser sa balle et la rejouer du côté de son choix, mais écope en contrepartie d'une pénalité d'un coup.

Ouvert Désigne la pointe de la tête d'un club tournée vers l'extérieur. Se dit du stance lorsque la ligne des pieds est orientée à gauche de l'objectif (s'adresse aux droitières).

P

Par (normale) Nombre de coups à réaliser pour un trou ou pour le parcours complet par une joueuse qui ne bénéficie d'aucun handicap.

Parcours de golf (links) Le terme anglais links indiquait anciennement les parcours situés à proximité de la mer, particulièrement sur la côte est de l'Écosse. De nos jours, il est utilisé pour tous les types de terrains comprenant de l'herbe longue, du gazon tondu ras et du sable.

Partage On dit d'un trou qu'il est partagé lorsque les joueuses y obtiennent le même score. En cas d'égalité sur l'ensemble du parcours, la partie est partagée.

Pénalité Désigne une infraction aux règles qui coûte généralement deux coups de pénalité dans une compétition stroke-play. Dans un match-play, écoper d'une pénalité se traduit généralement par la perte du trou.

Pitch (coup d'approche lobé) Coup d'approche qui consiste à frapper la balle en lui donnant une trajectoire élevée et du backspin, de façon qu'elle s'immobilise ou ne roule que très peu lorsqu'elle retombe sur le green.

Plaque (insert) Matériau synthétique robuste enchâssé dans la zone de frappe d'un club en bois.

Poids d'équilibre (swingweight) Point d'équilibre établi avec précision en tenant compte du poids de la tête, de la tige et de la poignée d'un club à l'aide d'une balance. En théorie, tous les clubs d'un même ensemble devraient présenter le même poids d'équilibre.

Poignet armé Flexion naturelle du poignet qui commence lorsque le club est soulevé pendant le backswing.

Pointage net Résultat obtenu après déduction du handicap.

Pointage sans marge d'erreur (standard scratch score) Évaluation de la normale et du handicap de base d'un parcours.

Pointe Partie du club la plus éloignée de la tige.

Position de balle ascendante (uphill lie) Position de la balle qui oblige la joueuse à effectuer un coup en montée (concerne les droitières).

Position de balle descendante (hanging lie) Position de la balle qui oblige la joueuse à effectuer un coup en descente.

Pull (crochet de gauche) Coup frappé directement à la gauche de l'objectif (concerne les droitières).

Push (crochet de droite) Coup frappé directement à la droite de l'objectif (concerne les droitières).

Putt (coup roulé) Coup joué sur le green avec un putter.

Putt d'approche (coup roulé d'approche) Coup qui ne vise pas directement le trou, mais qui permet d'être suffisamment bien placé pour empocher la balle au coup suivant.

Putter (fer droit) à tige centrée (centre-shaft) Type de putter dont la tige est reliée au milieu de la tête.

Q-R

Quatre balles Match opposant quatre joueuses (généralement par équipes de deux) utilisant chacune une balle. Le meilleur score réalisé par chaque équipe est pris en compte pour chacun des trous.

Règles L'univers du golf est régi par le Royal and Ancient Golf Club de St Andrews (ou R & A) et la Fédération américaine (USGA). Il est toutefois possible pour un club d'établir des règles locales adaptées aux particularités de son parcours.

Règles locales Explications de règles s'appliquant à des conditions particulières ou à des obstacles inhabituels sur un terrain. Elles sont généralement inscrites au verso des cartes de pointage.

Rough (herbe longue) Partie du parcours qui comporte de l'herbe de longueur variable, plus ou moins entretenue, qui borde les fairways.

S

Sand wedge (cocheur de sable) Club dont la face est la plus ouverte et qui permet de sortir la balle des bunkers et de jouer des petits coups sur le green.

Score brut Nombre de coups nécessaires pour terminer le parcours sans tenir compte du handicap.

Score net Résultat d'une joueuse une fois que son handicap a été déduit.

Scramble du Texas (tournoi Las Vegas) Formule de tournoi par équipes dans laquelle toutes les joueuses frappent la balle à partir du meilleur emplacement, puis du deuxième et ainsi de suite.

Semelle Partie inférieure de la tête d'un club.

Shank (coup dérouté ou coup latéral) Partie de la tête d'un fer, située sur le col. Désigne également un coup frappé avec le col du club et projeté vers la droite (concerne les droitières).

Slice (crochet extérieur) Désigne une balle mal frappée dont la trajectoire s'incurve vers la droite pendant son vol (concerne les droitières).

Square (position alignée) Position du corps à l'adresse, alors que les pieds sont en ligne avec l'objectif visé.

Stableford Formule de jeu contre la normale qui préconise l'utilisation des sept huitièmes du handicap selon l'index des coups. Un par net vaut 2 points, un bogey 1 point et un birdie en vaut 3.

Stroke-play (ou medalplay) Forme de compétition dans laquelle tous les coups comptent.
Sur le parcours Désigne le terrain de golf sans les tertres de départ, le green du trou précédent et tous ses obstacles.

Swing plat (élan horizontal) Caractérise un swing à l'horizontale.

Swing vertical (upright) Swing amenant la tête du club directement à l'arrière et au-dessus de la balle, dans un plan presque vertical.

T

Talon Partie de la tête du club située sous le col.

Terrain en réparation Partie délimitée du terrain temporairement indisponible, sur laquelle le personnel d'entretien effectue des réparations. Il est permis de déplacer une balle hors du périmètre sans pénalité en recourant à la technique dite d'allégement si la joueuse se retrouve dans une situation dans laquelle elle devrait normalement frapper sa balle dans la zone en réparation.

Tertre de départ Surface plane et parfois surélevée où sont joués les premiers coups pour chacun des trous. Chacun des trous peut comporter plusieurs tertres de départ : compétitions masculines (départ des pros), départ régulier des joueurs masculins, départ des joueurs masculins moins aguerris et départ des femmes.

Throughswing (impact) Phase du swing où le club frappe la balle.

Top (coup calotté) Coup frappé dans la partie supérieure de la balle, qui résulte en un roulement au sol plutôt qu'une élévation.

Trajectoire de balle Distance parcourue par une balle dans les airs. Désigne également la distance entre tout obstacle naturel ou autre et l'allée ou tout autre endroit du terrain qui est visé (voir également Distance de frappe).

Trou Réceptacle de 108 mm de diamètre et d'au moins 100 mm de profondeur installé sur le green.

W

Wedge (cocheur) Fer très ouvert dont il existe deux types, un pour exécuter les pitches (pitching wedge ou cocheur d'allée) et l'autre pour soulever la balle dans les bunkers de sable (sand wedge ou cocheur de sable).

Photos studio par Laura Wickenden

L'auteur et les éditeurs remercient Wendy Dicks et Sarah Greenall, qui ont posé comme modèles pour plusieurs photographies.

Crédit photographique :
ActionPlus: pp. 22/3 (Chris Brown); p.213 (Glyn Kirk)
Allsport: pp.118/9, 211 (David Cannon); pp.147, 195 (Harry How); p.143 (Andy Lyons); pp.55, 81, 94/5 (Stephen Munday); pp.50, 56/7, 186/7 (Andrew Redington)
Peter Dazeley: pp. 63, 84, 113, 129, 173, 180, 196
Eric Hepworth: p.7
Mark Newcombe: pp. 9, 10
Phil Sheldon: pp. 154, 174, 194, 199, 200
Phil Sheldon/Jan Traylen: pp. 132/3, 149, 165, 168/9, 202
The Stock Market/Ed Bock: p.111